노아 홍수 콘서트

노아 홍수 콘서트

지은이 | 이재만
초판 발행 | 2009년 4월 17일
41쇄 발행 | 2024. 10. 29.
등록번호 | 제3-203호
등록된 곳 | 서울특별시 용산구 서빙고동 95번지
발행처 | 사단법인 두란노서원
영업부 | 2078-3333   FAX 080-749-3705
출판부 | 2078-3477

책값은 뒤표지에 있습니다.
▌ISBN 978-89-531-1156-1

편집부에서 독자의 의견을 기다립니다.
▌tpress@duranno.com   http://www.Duranno.com

▌이 책에 실린 본문 성구는 우리말성경과 표준새번역과 개역한글을 문맥과 흐름에 맞게 넣어 사용했습니다.

> 두란노서원은 바울 사도가 3차 전도여행 때 에베소에서 성령 받은 제자들을 따로 세워 하나님의 말씀으로 양육하던 장소입니다. 사도행전 19장 8-20절의 정신에 따라 첫째 목회자를 돕는 사역과 평신도를 훈련시키는 사역, 둘째 세계선교(TIM)와 문서선교(단행본·잡지) 사역, 셋째 예수문화 및 경배와 찬양 사역, 그리고 가정·상담 사역 등을 감당하고 있습니다. 1980년 12월 22일에 창립된 두란노서원은 주님 오실 때까지 이 사역들을 계속할 것입니다.

노아 홍수 콘서트

이재만 지음

두란노

"노아 홍수 사건으로 탐험하는 지구의 과거!"

적어도 한두 번은 퍼즐 조각 맞추기를 해본 적이 있을 것이다. 퍼즐 조각은 수십 개부터 수천 개까지 이르는데 최근에는 더욱 다양해져서 3차원 퍼즐까지 등장했다. 지금까지 상품으로 나온 가장 큰 '퍼즐'은 무려 24,000조각으로 구성되었다고 하는데, 크기만 해도 길이가 4m, 폭이 1.5m가 넘는다고 한다.

만약 어떤 사람이 퍼즐을 선물 받았는데 퍼즐을 맞출 단서가 되는 전체 그림이 없이 수북이 쌓인 퍼즐 조각만 받았다면 어떤 기분일까? 정말 난감하지 않을 수 없을 것이다.

퍼즐 조각은 어디서 나온 것일까? 원래 그림이 산인지, 강인지, 아니면 유명한 배우인지…… 답을 맞추기가 결코 쉽지 않을 것이다. 퍼즐을 완성하려면 전체 그림이 있어야 함은 두말할 나위가 없다.

산과 강, 퇴적지층, 계곡을 메우는 바위들…… 모두 주변에서 어렵지 않게 접할 수 있는 것들이다. 이것들은 언제, 어떤 과정을 거쳐서 이곳에 남아 있게 되었을까? 우리는 이것들을 보며 과거에 지구가 겪었던 일들을 상상해 보곤 한다. 마치 흩어진 퍼즐 조각 앞에 선 사람처럼 말이다.

그런 면에서 지질학자들은 지구의 과거 역사를 전체 그림 없이 조각만 가지고 맞춰 보려는 사람 같다. 아마도 그 지질학 퍼즐은 24,000개보다 훨씬 많은 조각을 갖고 있을 것이다.

그렇다면 과거 지질 역사를 밝히려고 하는데 당시 상황을 말해 줄 수 있는 어떤 사람을 만났다면 어떨까? 바로 당시를 증언하는 증인인 것이다. 실제로 과거 사실을 가장 쉽게 아는 방법은 당시 현장에 있던 사람을 만나는 것이다. 증인이 있다면 현재 산과 강이 어떤 과정을 거쳐 지금에 이르렀는지 훨씬 쉽게 이해할 수 있을 것이다. 왜냐하면 그 증인의 증언에 비추어 현재의 모습을 검증할 수 있기 때문이다. 그의 증언은 바로 퍼즐 맞추기의 전체 그림과 같다.

그런데 지구가 경험한 과거 사실을 본 증인이라고 자처하는 이가 나타났다면? 당시 상황을 적어 놓은 책을 남겨 놓았다면서 말이다. 그는 자신을 하나님이라고 소개하면서 그 책이 바로 성경이라고 말한다.

성경은 하나님이라고 하는 증인이 세상을 어떻게 창조했으며 지구와 인류가 어떤 역사를 경험했는지 기록하고 있다. 역사적인 현장에 있었다고 주장하는 그를 증인으로 채택해 현재 지구의 모습을 맞추어 보는 방법을 택하면 어떨까? 전체 그림을 보면서 퍼즐을 맞추듯이, 성경에서부터 시작해 역으로 가보는 것이다. 만약 그 책이 옳다면 지금 우리가 보고 있는 지질학 대상들과 그 기록이 서로 잘 맞아떨어질 것이며, 더 나아가 그 증인이 옳다는 것까지도 알게 될 것이다.

이 책은 퍼즐의 전체 그림을 갖고 있는 사람처럼, 자신이 증인이라고 주장한 하나님의 성경에서 출발하고자 한다. 오늘날 관찰되는 지층, 화석, 석탄, 산, 강과 같은 지질학적 대상들이 성경에서 언급한 기록과 잘 맞아 떨어지는지 아닌지를 상세히 검증해 볼 것이다.

그러나 증인을 만났다고 하는 사실 자체가 너무 주관적이지 않냐고 오해할 것을 고려해, 성경을 과거 사실로 여기지 않는 일반 과학자들의 연구 내용도 참고하여 진행할 것이다.

그런데 성경에서 '땅'에 대해 가장 많이 언급된 곳을 발견하게 되는데, 바로 전 지구적 심판을 말하는 '노아 홍수' 사건이다. 그러므로 우리가 하나님을 증인으로 택한 이상 노아 홍수라는 사건은 지구의 과거 역사를 밝히는 데 반드시 넘어야 할 산이라고 할 수 있다. 따라서 우리는 바로 이 사건부터 실마리를 풀어 나가려고 한다. 아울러 노아 홍수뿐만 아니라 이를 중심으로 그 사건의 전과 후도 함께 풀어 갈 것이다.

| 추천의 글 | •12
| 들어가면서 | 땅에게 물어보아라 •18

Step1 성경이 말하는 과거를 아는 법 _증인을 만나면 과거가 보인다_ •22

Step2 노아 홍수 일지 _대홍수 사건은 이렇게 진행되었다_ •29

노 아 홍 수 콘 서 트 | PART 1
노아 홍수 전기_ 홍수가 시작되고 세상은 이렇게 바뀌었다

① 홍수의 시작 •42
　－땅들이 부서지고 운반되어

② 왜 지층은 켜켜이 쌓일까? •48
　－쓰나미와 저탁류가 가져온 놀라운 결과

③ 사층리에 비밀이 숨어 있다 •61
　－물의 깊이와 속도를 말한다

④ 왜 화석은 살아 있을 때의 모습 그대로일까? •67
　－빠르게 몰려온 다량의 흙에 의해 매몰되다

⑤ 진화론자를 곤란하게 만드는 화석 •77
　－중간 단계의 화석은 있는가?

⑥ 지질계통표는 교과서에만 있다! •85
　－화석은 진화 순서로 발견되지 않는다

⑦ 존재하지도, 관찰된 적도 없는 표준화석 •89
　－진화론적 편견

⑧ 진화론의 믿음에서 발생된 결층 •97
　　−정말로 오랜 시간적 간격을 의미하는가?

⑨ 석탄은 이렇게 만들어졌다 •107
　　−나무 껍데기가 모이는 과정

⑩ 창조 때의 땅 vs 홍수 때의 땅 •119
　　−가장 쉬운 지질학적 구분

노 아 홍 수 콘 서 트 | PART 2
노아 홍수 후기_ 물이 감해진 후 세상은 이렇게 자리잡았다

① 물이 땅에서 물러가다 •138
　　−새롭게 형성된 바다와 땅

② 산, 골짜기, 강이 오랜 침식의 결과일까? •142
　　−산과 강은 격변으로 만들어졌다

③ 홍수 후기에 중요한 역할을 한 지판의 움직임 •154
　　−바다와 산맥이 만들어지는 과정

④ 산의 형성 시기가 말하는 것 •167
　　−한동안 퇴적작용만, 그 다음에 침식작용만

⑤ 홍수 후기에 일어난 퇴적작용 •170
　　−덜 융기된 곳에서 일어난 소규모의 퇴적작용들

⑥ 바람으로 감하다 •180
　　−화산 활동에 의한 증발과정

⑦ 그랜드캐니언은 이렇게 만들어졌다 •184
　　−지질학자들 사이에서 큰 변화가 일어나다

⑧ 노아 홍수 직후 그랜드캐니언이 만들어지다 •188
　　-노아 홍수 직후에 일어난 일들은?

노 아　홍 수　콘 서 트 | P A R T 3
진화론 패러다임_ 보암직도 하고, 먹음직도 한 유혹의 묶임

① 일반 과학자들은 창조과학을 어떻게 생각할까? •200
　　-과학자들도 패러다임에 묶여 있다

② 동일과정설 vs 격변설 •204
　　-과거 사실을 알고자 하는 과학자들의 두 가지 상반된 패러다임

③ 유럽을 휩쓸어 버린 강력한 두 패러다임 •208
　　-그들은 왜 동일과정설에 매료되었나?

④ 동일과정설에서 격변설로 •212
　　-새로운 패러다임의 출현

⑤ 패러다임의 피해자에서 영웅으로 •217
　　-유명한 지질학자의 예

⑥ 그런데 왜 아직도 진화론을 배워요? •220
　　-새로운 패러다임이 정착하기까지는 시간이 필요하다

⑦ 타협 이론(1) - 점진적 창조론 •227
　　-하나님이 진화 순서로 창조했다?

⑧ 타협 이론(2) - 다중격변설 •232
　　-하나님이 진화 순서로 창조와 멸종을 반복했다?

노 아 홍 수 콘 서 트 | PART 4
창조과학 깊이 들어가기_ 지구의 나이를 측정하는 다양한 연구들

① 수십억 년은 어디서 나왔나? •240
   −연대측정 속에 숨은 가정들

② 탄소 연대측정법의 원리 •247
   −탄소 14의 양이 많으면 젊고, 적으면 오래되었고

③ 화석의 나이를 측정한다고? •255
   −화석의 나이를 측정하지 않는 진화론자들의 편견

④ 암석을 측정하는 방법 •263
   −아르곤 가스가 모두 날아갈 수 있을까?

⑤ 더 발전적인 방법? - 등시선법 •271
   −문제들을 숨기려는 또 다른 문제들

⑥ 젊은 지구를 지지하는 결과들은 많이 있다 •279
   −지구의 나이를 측정하는 다른 방법들

⑦ 최근의 시도들 - RATE 프로젝트 •283
   −창조과학자들이 발표한 최근의 연구들

Step3 우리의 진짜 역사 •292
   하나님은 완전한 사실을 우리에게 전하길 원하신다

Step4 홍수가 끝나고 •297
   예수님 때문에 우리는 지금 여기서도 좋을 수 있다

| 참고문헌 | •302

| 추천의 글 |

※ **김정훈** _연세대학교 의대 교수, 한국창조과학회 부회장

지질학도이며 동시에 신학 훈련을 받은 저자는 우리가 발 딛고 선 이 땅에서 무엇을 발견할 수 있는지, 특히 성경 기록과 관련해서 이 땅이 어떤 의미를 내포하고 있는지를 가장 잘 말해 줄 수 있는 적임자임에 틀림 없다. 이 책은 지질학을 전공하지 않은 사람이 읽어도 충분히 이해할 수 있을 정도로 땅의 이야기를 쉽고 재미있게 풀어 썼다.

흔히 생물학의 주제로만 생각하기 쉬운 진화론이 사실은 동일과정설이라는 패러다임 위에 세워진 철학에서 출발했으며, 이론의 성격상 오래된 지구의 연대를 필연적으로 요구할 수밖에 없는 구조를 갖고 있음을 이 책을 통해서 새삼 발견하게 된다. 전 지구에 걸쳐 광범위하게 펼쳐진 노아 홍수의 증거들은 성경의 기록들을 입체적으로 살아나게 하고, "하나님 아는 것을 대적하여 높아진 것을 다 파하"(고후 10:5)는 강력한 힘을 발휘한다.

지구의 기원에 관심이 있는 분들과 과학과 신앙의 조화를 이루고자 노력하는 분들, 성경의 역사를 깊이 이해하고자 하는 분들에게 이 책이 좋은 참고서가 될 것이다. 다윈이 제시한 점진적인 방식의 진화론 혹은 성경과 타협하고자 나온 다양한 형태의 진화론적 해석에 절대적인 믿음을 갖고 있는 이들에게 이 책은 결코 간과할 수 없는 하나의 도전이 될 것이다.

※ **김철운** _광물공학 박사, 미국 모싸이 회사 수석엔지니어

이 책은 하나님을 모르거나 믿지 않는 독자들, 혹은 믿는 이들에게도 세상은 하나님이 창조하셨으며 성경이 사실임을 받아들이도록 인도할 것이다. 특히 별다른 고민 없이 자신도 모르게 진화론자가 된 이들이 꼭 읽어야 할 필독서다.

※ **노희천** _KAIST 원자력 및 양자공학과 교수, 창조과학회 이사

나는 20년 전에 『노아의 홍수는 역사적 사실인가』라는 만화책을 출간한 적이 있다. 그로부터 20년 후 이재만 선교사가 140여 개나 되는 광범위한 참고자료를 토대로 전문가뿐만 아니라 일반인들도 아우르는 참으로 의미 있는 노아 홍수와 지구의 나이에 관한 글을 썼다. 이 책은 여러 전문가의 감수를 거쳤을 정도로 깊이와 정확성을 갖췄을 뿐 아니라, 초등학생들도 이해할 수 있을 정도로 대중성을 확보하고 있다. 특히 중간 중간에 모두가 가질 법한 질문에 대한 대답을 주는 페이지를 두어 독자의 이해를 돕고 있다. 이 책이 창조과학 운동의 역사에 한 획을 그을 것이라 확신한다.

❋ **신동복** _공주대학교 지질환경학과 교수

이제까지 지질학이 진화론의 대변자였다면, 이 책은 지질학이 창조론의 첨병임을 웅변한다. 일반인들도 이해하기 쉽게 씌어진 이 책은 창조의 주인이자 증인이신 하나님을 만나는 가슴 벅찬 경험을 안겨 준다.

❋ **신윤근** _상지대학교 환경공학과 교수

저자와 함께했던 창조과학 탐사 여행은 지구과학을 집대성한 학문인 해양학 전공자인 나에게 큰 변화를 주었다. 이 여행을 통해 패러다임이 바뀐 이후 나는 더 이상 진화론과 창조론 사이에서 학문적 고민을 하지 않게 되었고, 더 나아가 진화론의 허구성과 노아 홍수가 가지는 학문적 가치를 학생들과 주변 사람들에게 전하는 데 주저하지 않게 되었다. 본 저서는 저자가 얼마나 지질학 분야에 정통한지, 그리고 학문적 양심에 충실한지를 알 수 있게 한다. 독자들도 동일한 패러다임의 전환을 경험할 것을 믿어 의심치 않는다.

❋ **정상협** _미시간 주립대학 바이오시스템 공학 교수

진화를 믿든지, 아니면 창조를 믿든지 잃어버린 역사에 대해서는 오

직 한 가지 답만 존재한다는 것에 우리 모두는 동의한다. 이 책은 독자들로 하여금 완전히 새로운 시각을 가지도록 하는 과학적으로 타당한 증거들을 제공하고 있다. 이 책을 읽으며, 나의 믿음이 그곳으로 한 발자국 더 가까이 다가감을 느꼈는데…… 그곳은 바로 '성경'이다.

※ **정선호** _건국대학교 생명공학과 교수

노아 홍수에 대한 진실을 볼 수 있는 좋은 책이다. 창조주 하나님을 만나고 싶은 모든 분들에게 추천한다.

※ **존 모리스** _지질학 박사, 미국 창조과학연구소 소장

그동안 이재만 선교사와 협력해 온 것은 하나님께서 나에게 주신 독특한 즐거움이며 놀라운 축복이었다. 그가 소속된 창조과학선교회의 사역은 창조주이며 구원자이신 예수 그리스도에 대한 강력한 고백을 담고 있다. 그의 과학적 진행, 특별히 그가 쓴 책과 인도했던 많은 그랜드캐니언 탐사 여행은 아주 효과적이었으며, 다른 어떤 사람도 이룰 수 없는 창조와 홍수 지질학의 진실을 밝혔다. 많은 사람들이 그를 통해 창조의 강한 증거를 직접 봤던 것만큼 그의

사역은 주님을 위해 영원하고도 많은 열매들을 맺었다.

❋ 최인식 _미국 클리어워터 통증 전문병원 의사, 창조과학선교회 회장

본서는 지난 200년간 현대의 지성을 지배해 온 진화론적 지질학의 아성을 하루아침에 무너뜨리는 능력 있는 책이다. 이재만 선교사는 그랜드캐니언 창조과학 탐사를 100회 이상 손수 인도한 열정적인 그리스도인이요, 첨단 지질학의 전달자다. 말씀을 사랑하는 저자는 그리스도를 알도록 하는 것을 막는 모든 이론을 폐하여 복종시키는 이 시대의 외치는 자의 소리다. 믿는 자, 믿지 않는 자, 창조론자, 진화론자 모두가 필독해야 할 책이다.

❋ 차성도 _강원대학교 물리학과 교수

지질학과 구약학뿐 아니라 창조과학을 전공한 저자는 날카로운 학문적 접근을 통해 마치 노련한 탐정 수사관처럼 노아 홍수를 파헤치고 있다. 그러나 그 접근은 신실하신 하나님의 증언인 성경에 근거하고 있다. 저자는 전 지구적인 격변인 노아 홍수에 대해 최근의 학문적인 정보를 제공하면서 일반인들도 쉽게 이해할 수 있도록 설명하고 있다. 아울러 최근 성경적 창조에 반하는 유사 창조론, 예

를 들어 점진적 창조론이나 다중격변설 등에 대해서도 날카롭게 반박하고 있다. 지난 10여 년 이상 창조과학 사역을 함께한 동역자이며 주 안의 형제로서 저자의 신실함뿐 아니라 창조과학의 전문성을 알고 있기에 이 책을 모든 독자들에게 강력히 추천한다. 이 책을 통해 우리 안에 견고하게 자리 잡고 있는 오래된 지층과 화석의 망상에서 벗어나 성경만이 역사적 진실임을 분명하게 증언하고 있음을 확신하기 바란다. 그렇기에 이 책을 읽고 나면 통쾌함과 동시에 시원함을 얻을 수 있을 것이다.

❋ **하용조** _온누리교회 담임목사

진화론은 이미 우리의 생활 깊숙이 자리잡고 있다. 학교에서 진화론을 확증된 이론이라고 가르치고 있으니 통탄할 노릇이다. 믿는 이조차 진화론이 옳다고 생각하는 경우를 얼마나 많이 보는지 모른다. 이 책은 진화론이 껍데기만 그럴듯한 거짓 이론임을 과학적 증거를 통해 샅샅이 밝히고 있다. 저자는 그랜드캐니언을 통해 '노아 홍수'가 역사적 사실임을 밝히고 있는데, 신나는 여행을 하는 듯 재미있게 글을 썼다. 창조론과 진화론 사이에서 고민하는 청년들, 창조론을 단순히 신앙의 영역이라고 생각하는 분들에게 꼭 읽어 보라고 권하고 싶다.

| 들어가면서 |

땅에게 물어보아라

지질학자들에게 '땅'이란 단어는 특별하게 다가옵니다. 지질학 연구의 모든 대상이 우리가 발을 딛고 있는 바로 이 '땅'이기 때문입니다.

성경에는 '땅'이란 단어가 많이 등장합니다. 영어성경은 '땅'을 지구라고 부르는 'earth'로 번역했습니다. 히브리 원어로는 '에레츠'인데, 이들 모두 우리가 발을 딛고 있는 이 땅을 의미하며 1,000번이 넘게 등장합니다. 지질학을 공부하는 필자는 성경에서 '땅'이란 단어를 만날 때마다 뜨거움이 있습니다. 가장 친근한 단어가 등장하기 때문입니다.

성경은 우리가 거하는 이 땅을 아주 특별한 곳이라고 말합니다. "하늘을 창조하신 주, 땅(earth)을 창조하시고…… 그분은 땅을 혼돈 상태로 창조하신 것이 아니라, 사람이 살 수 있게 만드신 분이다"(사 45:18)라고 했습니다. 땅은 하나님의 형상인 사람이 살도록 창조된 유일한 곳입니다. "땅에게 물어보아라. 땅이 가르쳐 줄 것이다(Speak to the Earth. It will teach you), …… 주께서 손수 이렇게 하신 것을, 이것들 가운데서 그 무엇이 모르겠느냐?"(욥 12:8-9) 욥의 이 질문은 마치 모든 지질학자들에게 말하는 것 같습니다. 땅을 연구

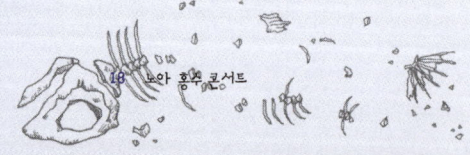

하면 하나님께서 행하신 사실을 알 수 있다는 것입니다.

성경의 첫 절인 창세기 1장 1절부터 땅이 등장합니다. "하나님께서 태초에 하늘과 땅(earth)을 창조하셨습니다." 하나님께서는 창조하신 후에 땅을 특별하게 다루시기도 했습니다.

아담과 하와가 범죄했을 때 땅을 저주하십니다(창 3:17). 동생 아벨을 죽인 가인은 그 대가로 땅에게 저주를 받습니다(창 4:11). 그러나 어느 때보다 하나님께서 땅을 구체적으로 다루신 때는 죄악이 가득해서 온 인류를 심판하셨을 때입니다. 바로 노아 홍수 사건입니다. 노아 홍수를 기록한 부분에 '땅'이라는 단어가 수십 번이나 등장합니다. 그러므로 노아 홍수는 분명히 땅에 관한 사건입니다.

이 책을 통해 땅에 새겨진 노아 홍수의 분명한 증거들을 보길 원합니다. "땅에게 물어보아라"고 했던 욥의 자신감과, 성경을 통하지 않고는 땅의 역사를 도저히 이해할 수 없다는 것도 확인하기 바랍니다. 더 나아가 땅을 창조하고 다루셨던 창조주를 만난 것과, 그분이 계시하신 책이 우리 손에 있다는 감격을 함께 나누기 원합니다.

이 책을 혼자 쓰는 것이 아니라는 사실을 알았을 때 하나님께 더욱 감사했습니다. 하나님의 귀한 인도로 많은 분들께 귀한 도움을 받을 수 있었습니다. 그분들의 교정과 조언으로 글을 마무리할 수 있었습니다.

한국에서 연세대학교 김정훈 교수님, 건국대학교 정선호 교수님, 강원대학교 차성도 교수님, 미국에서 창조과학선교회 최인식 회장님, 이동용 박사님, 창조과학 전임사역을 함께 하고 있는 최우성 박사님과 김남준 박사님, 그리고 존경하는 후배 미시건 주립대학의 정상협 교수님께서 꼼꼼히 교정해 주셨습니다.

특별히 지구과학 분야에서 네 분의 교정은 큰 격려가 되었습니다. 은사이신 강원대학교 원종관 교수님, 모싸이 회사 김철운 박사님, 공주대학교 신동복 교수님, 상지대학교 신윤근 교수님께 감사드립니다.

추천해 주신 온누리교회 하용조 목사님, KAIST의 노희천 교수님, 사역에 대하여 칭찬을 아끼지 않으신 미국창조과학연구소의 소장이신 존 모리스 박사님께 감사드립니다.

홍에스더 간사님과 늘 곁에서 마음의 조언을 주시는 이병무 장

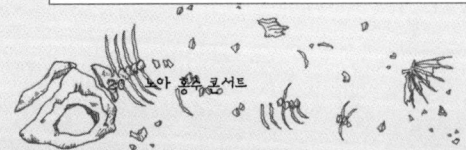

로님, 그리고 마무리 리뷰를 해주신 윤각춘 목사님과 조화영 사모님께 감사드립니다. 이름을 일일이 적지는 못했지만 창조과학선교회 사역에 기도와 도움의 손길을 주셨던 모든 분들께 감사의 마음을 드립니다.

끝으로 신앙의 씨를 심어 주시고 한결같이 기도해 주시는 부모님, 그리고 사랑하는 아내 향배와 두 딸 은지와 은실의 따뜻한 격려가 없었으면 이 책을 시작하지도 못했을 것입니다.
하나님 곧 우리 주 예수 그리스도의 아버지께 영광 돌립니다(롬 15:6).

2009년

이재만

 **Step 1** 성경이 말하는 과거를 아는 법

증인을 만나면 과거가 보인다

성경에는 등장인물들이 과거를 알려고 하는 장면이 여러 번 나온다. 다음에 소개되는 성경의 두 가지 예는 과거를 바르게 아는 데 누가 더 유리한지를 잘 말해 준다.

요한복음 2장에는 예수님이 첫 번째 이적을 행한 가나의 혼인잔치 이야기가 나온다. 예수님이 물을 포도주로 변화시키셨을 때, 잔치를 즐기던 사람들은 그 포도주를 맛보고 그것이 어디서 나온 것인지 알지 못했다. 그러나 물을 떠온 하인들은 알았다. 그렇다면 물 떠온 하인들은 어떻게 알았을까? 이유는 간단하다. 예수님이 물로 포도주를 만드신 것을 목격했기 때문이다. 그러나 잔치를 맡은 이는 포도주를 맛보고 감탄하며 신랑에게 다음과 같이 말한다.

"누구든지 좋은 포도주를 먼저 내놓고, 손님들이 취한 뒤에 덜 좋은 것을 내놓는데, 그대는 이렇게 좋은 포도주를 지금까지 남겨 두었구려!" 요 2:10

잔치를 맡은 이는 지금 포도주를 맛보고 과거 사실을 그려 보고 있다. 그러나 '지금까지 남겨 두었다'는 표현으로 보아, '신랑이 몇 년 동안 숙성시킨 포도주를 아껴 두었다가 포도주가 다 떨어지자 지금 꺼냈다'고 생각한 것 같다. 그러나 이것은 분명히 오답이다. 정답은 예수님이 물을 포도주로 순식간에 바꾸신 것이다.

사람들은 과거 사실을 알기 위해 어떻게 해야 했을까? 증인을 불렀어야 했다. 과연 이때 현장의 증인은 누구였을까? 당연히 그 자리에 있던 '물 떠온 하인들'이다. 포도주가 어떻게 만들어졌는지 알기 위해서는 증인인 하인에게 물어봐야 하는 것이다.

다른 예를 하나 더 들어 보자. 여호수아서 9장을 보면 이스라엘이 가나안 땅을 점령하는 과정이 기록되어 있다. 여기서 가나안 땅에 사는 기브온 사람들이 거침없이 진군하는 이스라엘을 속이는 장면이 등장한다. 기브온 사람들은 여리고 성과 아이 성을 점령한 이스라엘을 속이기 위해 첩자를 보낸다. 첩자는 발에는 낡아서 기운 신을 신고, 몸에는 낡은 옷을 걸치고, 마르고 곰팡이 난 빵을 든 채 이스라엘 사람들에게 간다. 사실은 가까이 살면서 멀리서 온 것처럼 꾸민 것이다. 그리고는 이스라엘 사람들에게 "우리는 먼 나라에서 왔습니다 지금 우리와 조약을 맺읍시다"라고 말한다(수 9:6~10).

지도자 여호수아는 기브온 사람들의 진술이 사실인지 판단해야 했다. 과연 여호수아는 어떻게 했을까? 만일 기브온 사람들이 이렇게 가장하는 모습을 목격한 증인이 있었다면 판단하기 쉬웠을 것이다. 그러나 성경은 그 순간 여호수아가 취한 행동을 다음과 같이 기록한다.

"이스라엘 사람들은, 어떻게 해야 할지를 주께 묻지도 않은 채, 그들이 가져 온 양식을 넘겨받았다. 여호수아는 그들과 화친하여……조약을 맺고……조약을 지키기로 엄숙히 맹세하였다" 수 9:14-15

큰 실수를 한 것이다. 그리고 사흘이 지난 뒤에야 그들이 자신들과 가까운 곳에 산다는 것을 알게 되었다(수 9:16). "주께 묻지도 않은 채"라고 한 것으로 보아 그 증인은 하나님임을 알 수 있다. 만약 그 사실을 알고 계신 하나님을 증인으로 채택했다면 이런 실수는 저지르지 않았을 것이다.

위 두 사건은 과거를 알기 위해 증인 없이 혼자 깨달아 알려는 것이 얼마나 부정확한 것인지를 단적으로 보여 주는 예다. 성경에는 하나님이 스스로 증인임을 주장하는 장면이 여러 번 나온다.

"나는 나의 아버지 앞에서 본 것을 말하고, 너희는 너희의 아버지에게서 들은 것을 행한다" 요 8:38

예수님은 자신이 처음부터 성부 하나님께서 행하신 것을 보았다고 말씀했다. 자신이 증인이라고 말한 것이다. 비슷한 내용이 이어서 등장한다. "너희의 조상 아브라함은 나의 날을 보게 될 것을 즐거워하였고, 마침내 보고서 기뻐하였다"(요 8:56). 그러자 유대인들이 "당신은 아직 나이가 쉰도 안 되었는데, 아브라함을 보았단 말이오?"라고 반문한다. 그들은 예수님을 처음부터 계셨던 증인으로 여기지 않는 것이다. 그때 예수님은 "아브라함이 있기 전부터 내가 있었다"(요 8:58)고 대답하면서 왜 자신이 증인인지 확인시키셨다. 바울 사도도 '하나님이 나의 증인'(롬 1:9, 빌 1:8)이라고 고백했다.

> "내가 땅의 기초를 놓을 때에, 네가 거기에 있기라도 하였느냐? 네가 그처럼 많이 알면, 내 물음에 대답해 보아라" 욥 38:4

하나님이 욥에게 던진 질문이다. 하나님은 자신이 땅을 창조할 때 거기에는 아무도 없었다고 말씀하신다. 그러므로 땅이 처음 창조되는 과정을 스스로 알 사람도 없다고 말씀하신다. 과거를 알기 위해서는 증인을 만난 사람이 절대적으로 유리한 것을 너무 잘 알고 있지 않은가? 마치 하나님께서 지질학자들 앞에서 "증인이 여기 있다!"라고 말씀하시는 것 같지 않은가? 자! 이제 증인이라고 하는 그분의 증언에서 출발해 보자.

> 창조과학을 안 후로
> 성경을 읽게 되었어요

You really wanna know?

5년 전 수련회의 세미나를 인도했던 교회로부터 다시 초청을 받아 세미나를 하러 간 적이 있다. '영커플 순'이라는 젊은 부부 구역 모임에서 창조과학에 대해 세미나를 했는데 그때 말씀 하나 때문에 모두들 뜨거웠던 기억이 난다. 이후 창조과학선교회는 교회와 계속해서 교제를 나누어 왔다. 교회의 성도 수가 매년 빠르게 늘어나는 것도 그렇고, 그때 참석했던 형제 자매들의 신앙이 성장하여 리더로서 섬긴다는 소식을 들으며 내 일처럼 마음 뿌듯했다.

오랜만에 만나 각자 지내온 이야기를 하다 보니 5년 전 수련회 이후 변화된 삶을 간증하는 이야기로 자연스럽게 흘렀다. 그 중 한 형제는 이렇게 말했다.

"예전에는 성경이 부분적으로는 맞고 부분적으로는 틀리다고 생각했습니다. 당시는 성경을 읽고 싶어도 집중이 잘 안 돼 아예 창세기부터 막혔어요. 그러나 창조과학세미나 후에 성경을 읽을 수 있다는 확신이 들었습니다. 확실한 동기부여가 됐거든요. 이후 금방 성경을 일독했습니다."

이분은 창조과학으로 톡톡히 덕을 본 사람이다. 창조과학은 성경이 아니다. 단지 진화론에 의해 풀리지 않던 의문들을 터주고 하나님이 성경대로 행하신 증거들이 세상에 산재해 있음을 알려 주는 학문이다. 성경이 역사적 사실이라는 확신을 심어 주는 도구인 것이다. 당연히 성도들이 성경 통독을 할 수 있도록 확실히 동기부여를 해준다. 우리가 성경을 읽으면서 어떤 부분은 역사적 사실이고 어떤 부분은 아니라고 한다면 과연 어느 것이 사실이란 말인가? 물론 성경에는 비유도 있고 시도 있다. 그러나 비유나 시는 과거에 일어났던 역사적 기록과는 어렵잖게 구분된다.

창조과학은 성경에 기록된 역사만큼은 사실이라는 것을 밝히는 학문이다. 이때 당연히 수많은 증거들을 제시한다. 그러므로 "그리스도에 관하여 증언한 것이 여러분 가운데 이렇게도 튼튼하게 자리잡았습니다"(고전 1:6)라는 말씀에 동참하는 것이다.

창조과학을 통해 우리는 하나님은 거짓말하시는 분이 아니라는 믿음을 갖게 된다. 모세도 "그는(하나님은) 거짓이 없고"(신 32:4)라고 말했다. 사무엘도 "이스라엘의 영광이신 하나님은 거짓말도 안 하시거니와"(삼상 15:29)라고 했고, 바울 사도 역시 "거짓이 없으신 하나님"(딛 1:2)이라고 고백했다. 우리는 하나님은 거짓말하시는 분이 아니라고 고백한 증인(히 12:1)을 수없이 많이 알고 있다. 하나님은 우리 역시 동일한 고백을 하기 원하신다.

하나님도 스스로 발람을 통해서 "하나님은 사람이 아니시다. 거짓말을 하지 아니하신다"(민 23:19)고 하셨다. 얼마나 다행하고 감사한 일인가! 우리가 알고 있는 그 증인이 거짓말하지 않는 분이라는 사실이.

하나님은 거기 계셨을 뿐만 아니라 과거 역사에 대해 사실만을 말씀하시는 거룩한 분이다. 우리는 그 하나님을 알기 때문에 담대하게 과거 사실을 선포할 수 있다.

하나님을 믿는다는 것은 성경에 대한 전적인 믿음을 의미한다. 만약 성경의 어떤 부분은 믿어야 하고 어떤 부분은 믿을 필요가 없다면, 하나님이 거짓말하기도 한다는 뜻이 된다. 엄밀히 말해 성경에 대해 이런 식으로 말하는 사람은 성경을 믿지 않는 사람이다. 하나님이 아니라 자신의 생각을 믿는 사람이기 때문이다.

하나님의 무오한 진리인 말씀을 믿을 때 "주님의 진리로 나를 지도하시고 가르쳐 주십시오"(시 25:5)라는 기도를 드릴 수 있게 된다.

"그 말씀에 아무것도 더하지 마라. 그렇지 않으면 그분이 너를 꾸짖으실 것이며 네가 거짓말쟁이가 될 것이다" 잠 30:6

Step2 노아 홍수 일지

대홍수 사건은 이렇게 진행되었다

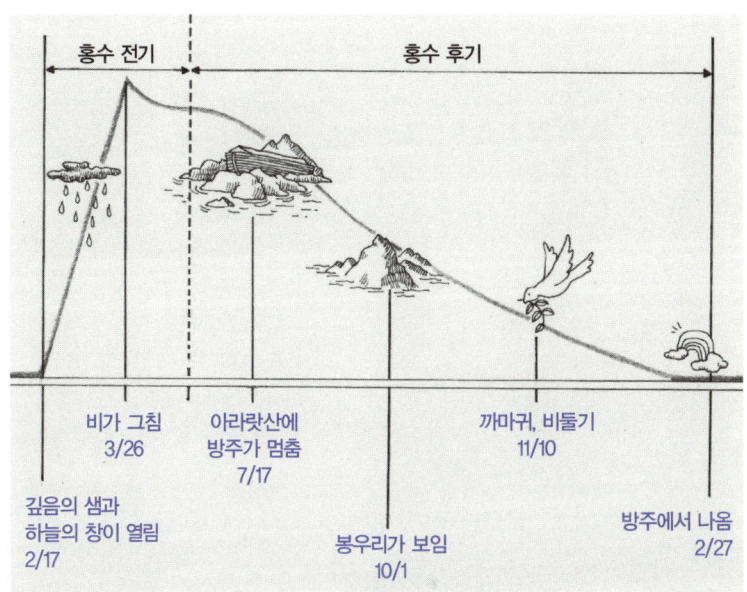

노아 홍수는 일차적인 근거와 동기가 성경이기 때문에 먼저 성경부터 언급할 필요가 있다. 성경에 기록된 여러 사건들 가운데 특별히 노아 홍수는 그 일지가 상세히 기록되어 있는데, 시작부터 끝나는 시기 그리고 그 사이에 일어난 상황과 날짜까지 상세하게 기록되어 있다. 그러므로 노아 홍수를 이해하기 위해서는 가장 먼저 성

경에 충실할 필요가 있다. 성경에 기록된 홍수 일지에는 특정한 날짜가 기록되지 않은 것도 있다. 다만 경과 기간이 적혀 있어 대략적인 날짜를 유추할 수는 있다. 다음의 표는 성경의 기록을 토대로 날짜와 기간을 유추한 개략적인 노아 홍수 일지다.

구분		날짜	내용	경과일
홍수 이전		2/10*	방주에서 기다림	7일
홍수 전기	물이 증가하는 기간	2/17 3/26*	홍수의 시작 비가 멈춤 물이 물러감	40일
홍수 후기	물이 줄어들고 마르는 기간	7/17 10/1 11/10* 12/2* 1/1 2/27	방주가 아라랏 산에 멈춤 산들의 봉우리가 보임 까마귀를 내보냄# 세 번째 비둘기를 내보냄 방주 뚜껑을 열어젖힘 방주에서 나옴	110일* 74일* 40일 22일* 28일* 57일*

＊: 성경에 기록된 날짜와 기간을 통해 유추한 숫자다(달이 넘어갈 때는 한 달을 30일로 보았다).
＃: 성경 문맥상 까마귀와 첫 번째 비둘기는 같은 날 내보냈을 수도 있다. 그렇다면 세 번째 비둘기를 내보낸 날짜는 11월 25일이 된다.

일지를 통해 알 수 있듯이 노아 홍수는 노아가 600세 되던 해 2월 17일에 "땅 속 깊은 곳에서 큰 샘들이 모두 터지고, 하늘에서는 홍수 문들이 열려서"(창 7:11)로 시작하여 다음 해 그러니까 노아가 601세인 2월 27일에 하나님께서 노아 가족에게 "방주에서 나가거라"(창 8:16)고 명령함으로써 막을 내린다. 그러니까 노아 홍수는 총 일년하고도 열흘 정도가 걸린 사건이다.

홍수의 구분

노아 홍수 과정은 크게 전기와 후기 두 단계로 나눌 수 있다. 홍수 전기는 홍수가 시작되어 물이 점점 증가하는 기간을 말한다. 한편 그 홍수는 하늘 아래 모든 산들을 덮으며 정점에 도달한 후에 어느 시점부터 물이 감하기 시작했을 것이다. 그 감하여 마르는 기간을 노아 홍수 후기라고 부른다. 앞으로 노아 홍수를 전기와 후기 두 기간으로 나누어 그 과학적 증거들을 다루어 볼 것이다.

전 지구적 사건 vs 지역적 홍수 사건

홍수의 규모는 "온 하늘 아래에 있는 모든 높은 산들이 물에 잠겼다"(창 7:19)는 말씀을 통해 짐작해 볼 수 있다. 이는 홍수의 양적인 면을 말하는데, 어떤 면에서는 "땅 위에서는, 홍수가 사십 일 동안 계속되었다"(창 7:17)는 말씀보다 전 지구적인 홍수에 대한 열쇠로서 더 중요한 구절이라 할 수 있다. 왜냐하면 물은 높은 곳에서 낮은 곳으로 빠르게 평형을 찾아 흐르므로, 지구 전체를 덮는 홍수만이 온 하늘 아래 모든 높은 산들을 물로 덮을 수 있기 때문이다. 더군다나 성경은 물이 높은 산보다 15규빗(약 8m) 더 올랐다고 기록하고 있다(창 7:20).

따라서 물이 불어나는 과정을 적은 창세기 7장을 보면 노아 홍수는 분명히 전 지구적인 홍수였다. '온' 하늘 아래 높은 산들을 덮

물은 높은 곳에서 낮은 곳으로 빠르게 평형을 찾아 흐르므로
그림처럼 지역적으로 높은 산만을 덮을 수는 없다

었고(창 7:19), 땅 위에 움직이는 생물이 '다' 죽었으며(창 7:21), 코로 숨을 쉬며 사는 것들이 '모두' 죽었고(창 7:22), 땅 위에서 '모두' 없애 버리셨다(창 7:23). 이처럼 홍수 일지는 노아 홍수가 전 지구적 사건이었음을 여기저기서 증언하고 있다.

'모두'라는 단어뿐 아니라, 홍수 기록 전체를 편견 없이 읽는다면 노아 홍수가 전 지구적이었음을 쉽게 알 수 있다. 노아 가족을 구원하기 위해 방주를 예비했다는 것도 그렇다. 만약 전 지구적인 홍수가 아니라면 그렇게 큰 방주는 낭비가 아닐 수 없다. 동물들을 방주로 모으는 것도 그렇다. 하나님께서 방주 안에 동물들을 신는 이유는 "살아남게"(창 7:3) 하기 위함이라고 하셨는데, 만약 지역적 홍수라면 홍수 피해가 없는 지역으로 이동시키는 편이 훨씬 쉬웠을 것이다. 더욱이 성경은 하나님께서 직접 동물들을 노아 앞으로 나아오게 하셨다고 말한다(창 6:20, 7:9, 15). 노아가 까마귀와 비둘기를 내보내는 과정도 전 지구적인 홍수가 아니라면 비상식적인 이야기가 되어 버린다. 노아의 이런 행위는 땅에서 물이 얼마나 빠졌는지 알아보려는 시도였는데(창 8:8), 만약 노아 홍수가 지역적이었다면 오히려 근처의 새들이 노아에게 먼저 날아왔을 것이다.

대격변적 사건–물보다 땅

노아 홍수가 전 지구적이라는 사실은 홍수의 양적인 면을 의미한다. 한편 성경은 양적인 면뿐 아니라, 홍수가 얼마나 격렬했는지 그 질적인 면도 증언하고 있다. 지구 전체를 덮은 노아 홍수는 단지 수위만 점점 높아졌던 고요한 홍수였을까? 홍수 기록을 제대로 읽으면 그런 생각을 곧 포기하게 된다. 노아 홍수를 말할 때 '홍수'라는 표현 때문에 물만 떠올리기 쉽지만, 홍수 기록을 자세히 읽어보면 물보다 '땅'(earth)에 대하여 더 많은 언급을 하고 있음을 알 수 있다.

하나님은 노아에게 홍수가 일어나기 전부터 "사람과 '땅'을 함께 멸하겠다"(창 6:13)고 하시며 땅을 강조하셨다. 홍수가 끝나 방주에

깊은 곳의 샘들이 터지다

서 나온 노아가 드린 번제물의 향기를 맡으신 후에 하나님은 "사람이 악하다고 하여서, '땅'을 저주하지는 않겠다"(창 8:21)고 하시며 홍수는 땅을 저주한 사건이라고 말씀하셨다. 이어서 무지개 언약을 하실 때도 "'땅'을 파멸시키는 홍수가 다시는 일어나지 않을 것이다"(창 9:11)고 하셨다. 영어로는 "flood to destroy the earth"로서, 땅을 파괴시킨 홍수라는 의미다. 노아 홍수를 기록한 말씀은 창세기 6장 5절부터 9장 10절까지 약 80절에 이르고 있는데, 이 중 '땅'이라는 단어가 무려 40회가량 등장한다. 그러므로 노아 홍수는 분명 물뿐 아니라 '땅'에 대한 사건이다.

홍수를 뜻하는 히브리어는 쉐테프(Sheteph), 나우하울(naw-hawr), 맙불(mab-bul) 등이다. 그러나 성경에서 노아 홍수와 관련된 단어는 언제나 '맙불'(מבול)만 사용된다. 그런 의미에서 맙불은 틀림없이 물과 땅이 함께 작용했던 대격변(catastrophe)을 의미하며 지구 전체를 덮었던 물 심판을 의미한다. 베드로후서 3장 6절에는 카타클루조(물의 넘침, kat-ak-lood-zo)라는 단어가 나오는데, 창일했던 당시의 대격변을 떠올리게 한다. 이처럼 노아 홍수는 결코 평범한 홍수가 아님을 성경에서 읽어 낼 수 있다.

   실제로 홍수의 시작도 "땅 속 깊은 곳에서 큰 샘들이 모두 터지고"(창 7:11)로 출발한다. 땅 밑을 흐르던 지하수가 터지고, 더 나아가 화산 폭발도 떠올리게 하는 표현이다. 시작부터 노아 홍수는 결코 일반적인 홍수가 아닌 대격변적 사건임을 말하고 있는 것이다. 노아 홍수는 양적으로 지구 전체에서 일어났을 뿐 아니라, 질적으로 땅들이 부서지는 대격변적 심판을 말하고 있다. 그러므로 우리는 지구 어느 곳에나 새겨진 노아 홍수에 대한 증거들을 볼 수 있다.

You really wanna know?

주일학교 시절 비 온 뒤 무지개를 보며 '이제는 비가 오지 않겠구나' 라고 생각했던 적이 있다. 왠지 무지개가 뜨면 더 이상 비가 오지 않을 것 같았다. 아마도 주일학교에서 배운 노아 홍수 이후의 무지개 이야기가 잠재적으로 그런 생각을 하도록 한 것 같다. 하나님이 무지개를 보여 주시며 다시는 홍수가 일어나지 않도록 하겠다고 말씀하신 장면을 떠올렸을 것이다. 그런데 얼마 안 있어 비가 오면 성경에 나오는 무지개의 이미지가 겹쳐져 혼란스러웠다.

자라면서 TV 뉴스를 통해 수많은 목숨을 앗아 간 홍수와 관련된 사건 소식을 접하면서 하나님의 무지개 약속은 점점 더 의심스러워졌다. 그리고 막연하지만 노아 홍수를 비롯한 창세기의 기록들이 소설처럼 지어낸 이야기라는 생각을 하게 되었다. 더욱이 학교에서 배운 진화론은 창세기의 기록을 더욱 허약하게 만들기에 충분했다. 나는 창조과학 사역을 하면서 이런 생각을 하는 사람이 나뿐이 아니라는 사실을 확인할 수 있었다. 창조과학 프로그램 중에 무지개 언약을 다룰 때면 "지금도 홍수가 일어나고 있잖아요?"라는 질문을 간혹 받기 때문이다.

노아 홍수는 '홍수'로 번역되었기 때문에 비가 평소보다 많이 내리는 홍수 정도로 상상하기 쉽다. 하지만 노아 홍수는 전 지구적으로 대격변의 심판을 의미하는 히브리어 '맙불'(מבּוּל)이며, 무지개 언약은 그 맙불과 같은 심판이 다시 있지 않겠다는 약속이다. 그러므로 무지개 언약은 지금까지 지켜지고 있는 것이다.

나는 노아 홍수 세미나를 마치고 하나님이 주신 무지개 언약(창 9:11-16)을 읽을 때면 '홍수' 대신에 '맙불'로 바꾸어 읽도록 한다. 독자들도 그 본문의 홍수를 맙불로 바꾸어 읽어 보길 바란다. 이전과 전혀 다른 느낌으로 다가올 것이다.

"내가 너희와 언약을 세울 것이니, 다시는, '맙불'을 일으켜서 살과 피가 있는 모든 것들을 없애는 일이 없을 것이다. 땅을 파멸시키는 '맙불'이 다시는 일어나지 않을 것이다. …… 내가 구름을 일으켜서 땅을 덮을 때마다, 무지개가 구름 사이에서 나타나면, 나는, 너희와 숨쉬는 모든 짐승, 곧 살과 피가 있는 모든 것과 더불어 세운 그 언약을 기억하고, 다시는, '맙불'을 일으켜서 살과 피가 있는 모든 것을 물로 멸하지 않겠다. 무지개가 구름 사이에서 나타날 때마다, 내가 그것을 보고, 나 하나님이, 살아 숨쉬는 모든 것들, 곧 땅 위에 있는 살과 피를 지닌 모든 것과 세운 영원한 언약을 기억하겠다" 창 9:11-16

"여러분, 하나님의 무지개 언약이 지금까지도 지켜지고 있습니까?" 내가 본문을 읽고 나서 세미나에 참가한 사람들에게 이렇게 물으면

무지개 언약

모두 확실하게 이해한 듯 고개를 끄덕거린다. 예수님이 자신이 오실 때의 상황을 직접 말씀하신 다음 구절을 똑같이 응용하면 더욱 분명해진다.

"노아의 때와 같이, 인자가 올 때에도 그러할 것이다. '맘불' 이전 시대에, 노아가 방주에 들어가는 날까지, 사람들은 먹고 마시고 장가 가고 시집 가며 지냈다. '맘불'이 나서 그들을 모두 휩쓸어 가기까지, 그들은 아무것도 알지 못하였다. 인자가 올 때에도 그러할 것이다." 마 24:37-39

노아 홍수가 이해되는 만큼 예수님이 다시 오실 때의 모습도 뚜렷해진다. 하나님께 은혜를 입은 노아 가족 여덟 명만을 구원시켰던 대홍수는 분명 죄악이 가득 찬 세상을 향해 하나님이 행하신 과거의 유일한 대격변적 심판이었다.

노아 홍수 전기

홍수가 시작되고 세상은 이렇게 바뀌었다

노아 홍수 전기는 홍수가 시작된 2월 17일부터 물이 점점 불어나 땅을 완전히 덮었던 기간이다. 가장 길게는 150일간으로 잡는데, 이는 이리저리 떠다니던 방주가 7월 17일에 아라랏 산에 걸렸던 날짜까지를 포함한다. 가장 길게 잡았다고 보는 이유는 그 정점이었던 시기가 홍수가 나기 시작한 후 비가 그쳤던 40일(약 3월 26일)부터 방주가 아라랏 산에 걸렸던 7월 17일 사이의 어느 시점이었을 것이기 때문이다. 이와 같이 수위가 점점 높아져 정점에 이르는 기간을 노아 홍수 전기라 부른다. 성경은 물이 불어나 방주가 떠오르고, 산들이 잠기고 천하의 모든 산들이 잠기는 전기 과정의 장면을 순서대로 기록하고 있다.

Step 1 2 3 4 5 6 7 8 9 10

홍수의 시작
땅들이 부서지고 운반되어

　노아 홍수 전기는 홍수가 시작된 2월 17일부터 물이 점점 불어나 땅을 완전히 덮었던 기간이다. 가장 길게는 150일간으로 잡는데, 이는 이리저리 떠다니던 방주가 7월 17일에 아라랏 산에 걸렸던 날짜까지를 포함한다. 가장 길게 잡았다고 보는 이유는 그 정점이었던 시기가 홍수가 나기 시작한 후 비가 그쳤던 40일(약 3월 26일)부터 방주가 아라랏 산에 걸렸던 7월 17일 사이의 어느 시점이었을 것이기 때문이다. 이와 같이 수위가 점점 높아져 정점에 이르는 기간을 노아 홍수 전기라 부른다. 성경은 물이 불어나 방주가 떠오르고, 산들이 잠기고 천하의 모든 산들이 잠기는 전기 과정의 장면을 순서대로 기록하고 있다.

토양액화

　노아 홍수는 시작부터 땅에 대하여 언급하고 있다. "땅 속 깊은 곳에서 큰 샘들이 모두 터지고"(창 7:11)는 땅 속의 모든 지하수가 터지고 더 나아가 지구 내부의 마그마가 분출되는 대규모의 격변을 연상케 한다. 땅 속 깊은 곳에서 큰 샘들이 터지는 과정은 홍수 시작 때 함께 언급된 '하늘에서는 홍수 문들이 열린' 과정보다 홍수 동안 일어났던 대격변에 더 큰 기여를 했을 것이다. 왜냐하면 일지를 보더라도 성경은 40일 만에 비는 그쳤지만 수면이 계속 불어났으며 150일간 물이 창일했다고 기록하고 있다. 이는 비가 그친 다음에도 샘들의 터짐은 계속되었으며 이것이 물이 불어난 원인이었음을 의미한다. 홍수는 깊은 곳의 샘들이 터지며 전 지구적인 지진과 함께 시작된 대격변이었던 것이다.

큰 지진에 따르는 지질학적 현상 중 하나가 바로 '토양액화'(liquefaction)다. 역사적으로도 큰 지진이 일어날 때마다 토양액화가 관찰되었으며, 지진 피해의 가장 주된 원인이었다. 토양액화는 '강한 지진으로 인해 토양이 액체처럼 행동하는 현상'을 말한다. 다닥

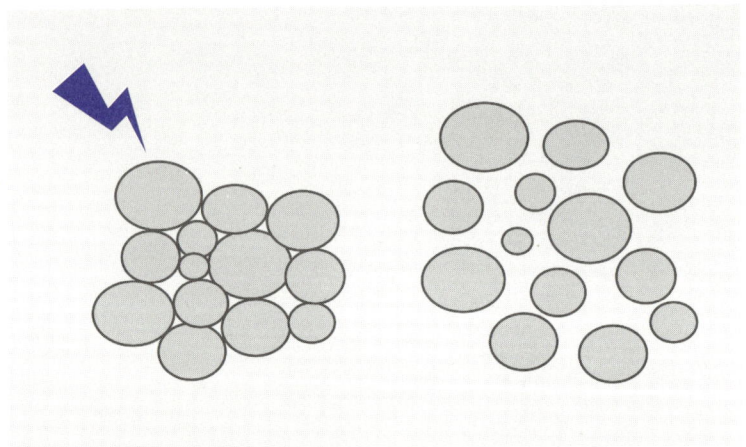

토양액화_ 강한 지진으로 인해 토양이 액체처럼 행동하는 현상

다닥 붙어 있던 흙들이 큰 지진 같은 강한 진동에 의해 들뜨게 되어 알갱이들이 흩어져 서로 만나지 않는 상태가 된다. 흙들 사이에 마찰력이 떨어져 흙 전체가 높은 밀도를 가진 액체처럼 행동하게 되는 것이다. 즉 큰 지진이 발생하면 땅이 부서지고 흙들이 느슨해져서 운반 가능한 상태로 바뀌는 것이다. 그러므로 노아 홍수는 시작부터 전 지구적인 지진에 의해서 운반 가능한 엄청난 양의 돌과 흙을 생산했던 토양액화를 일으킨 사건을 말한다.

쓰나미

홍수 전기에 불어나던 물은 양도 양이지만 매우 격렬했음에 틀림없다. 왜냐하면 해저에서 발생하는 지진이나 화산 폭발이 일어나면, 이어서 해일이 동반되기 때문이다. 이 지진에 의한 해일을 특별히 '쓰나미'라고 부르는데, 높은 에너지로 인해 엄청난 인명 피해를 입힌다. 특별히 수심이 얕아지는 해안선에 도달할 때면 파고가 급격히 높아지는데 30m에 이르기도 한다. 그러나 무엇보다 쓰나미의 가장 큰 특징은 막대한 에너지를 갖고 빠른 속도로 아주 먼 거리까지 이동한다는 것이다. 일반적으로 시속 600km가 넘으며 빠른 것은 시속 1,000km에 이르는 것도 있다. 그러니까 보통 국내선 항공기 속도이며, 빠를 때는 국제선 항공기 속도와 비슷하다고 생각하면 된다. 그리고 아주 먼 곳까지 이동한다.

예를 들면 1957년 알래스카의 안드리애노프 섬에서 발생한 9.1도의 지진으로 쓰나미가 발생했는데 하와이까지 도달하는 데 다섯 시간이 채 걸리지 않았으며, 남극까지는 18시간밖에 걸리지 않았다. 지진계가 만들어진 이래 가장 큰 지진으로 기록된 것은 1960년에 발생한 칠레 지진인데 강도가 9.5도였다. 이때 쓰나미가 발생해 태평양을 건너 일본에 도달하기까지 22시간밖에 걸리지 않았다. 2004년 인도네시아에서 발생하여 약 30만 명의 인명을 앗아 간 쓰나미는 스리랑카에 도달하는 데 두 시간이 채 걸리지 않았다. 이는 피해 지역 주민들에게 쓰나미 발생 경고를 전달하기도 역부족인 짧은 시간이다. 모두 비행기 속도와 맞먹는 쓰나미였던 것이다.

그러므로 노아 홍수의 전기 과정에서 두 가지 현상을 염두에 두어야 하는데, 바로 '토양액화'와 '쓰나미'다. 우리는 "땅 속 깊은 곳에서 큰 샘들이 모두 터지고" 큰 지진으로 인한 토양액화로 엄청난

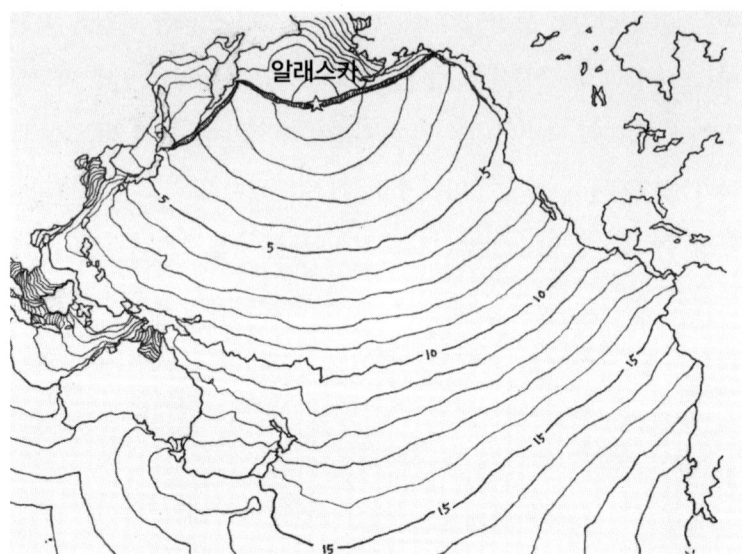

알래스카 지진과 쓰나미(1957)

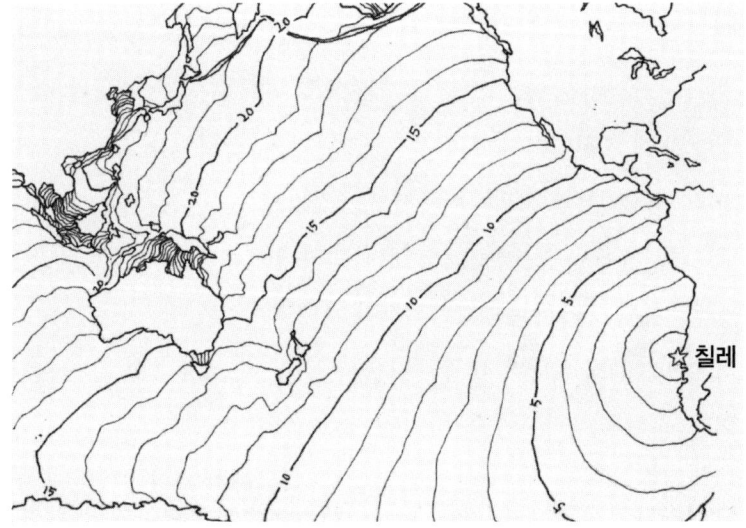

칠레 지진과 쓰나미(1960)

* 숫자는 쓰나미가 도착하는 시간

돌과 흙이 떠내려오며, 물이 불어나고, 쓰나미로 인해 이 돌과 흙들이 먼 곳까지 운반되는 모습을 그릴 수 있다. 앞으로 전개될 대부분의 지질학적인 증거들은 이 두 현상과 밀접하게 연관되어 있다.

왜 지층은 켜켜이 쌓일까?
쓰나미와 저탁류가 가져온 놀라운 결과

육지의 표면은 약 75% 이상이 퇴적지층으로 덮여 있다. 이 퇴적층이 단단하게 굳어 암석으로 변한 것을 퇴적암이라고 한다. 퇴적암의 두께는 수 m의 얇은 지역도 있지만 수 km에 달하는 두꺼운 곳도 있다. 이 퇴적암의 가장 일반적인 특징으로는 마치 시루떡같이 반복적으로 평행하게 쌓인 '지층'을 들 수 있다. 지층이 이런 반복적인 모양을 보이는 주된 이유는 지층을 이루는 굵은 입자들과 고운 입자들이 반복적으로 배열되어 있기 때문이다.

이 지층들이 어떻게 형성되었는지 밝히는 일은 지질학자들에게

지층

오랜 과제였다. 수십 년 전까지만 해도 대부분의 지질학자들은 이 지층들이 아래서부터 오랜 시간에 걸쳐 차곡차곡 쌓여서 형성되었다고 생각했다. 이 지층을 구성하는 입자들이 커졌다가 점점 작아지고, 또 커지고 하는 작업을 오랜 기간 반복하면서 지금의 지층이 되었다고 여겼다.

그러나 실제로 이런 생각은 실험에 의한 것이 아니다. 최근 수십여 년 동안 지질학자들의 관찰과 퇴적 실험들은 이와는 전혀 상반된 결과를 보여 왔다. 오히려 아주 빠른 퇴적 과정에서만 이런 반복된 지층들이 형성되었다. 지질학자 버타울트가 프랑스 과학협회에서 발표하기도 했지만, 굵은 흙과 고운 흙을 섞은 비커의 흙을 아래로 쏟아붓는 자유낙하 실험을 통해 지층이 짧은 시간에 형성되는 것을 보여 주었다.[1]

그가 시도했던 실험을 보자. 만약 굵은 흙과 고운 흙이 섞여 있는 비커를 기울여 자유낙하를 시킨다면 어떤 일이 일어날까? 굵은

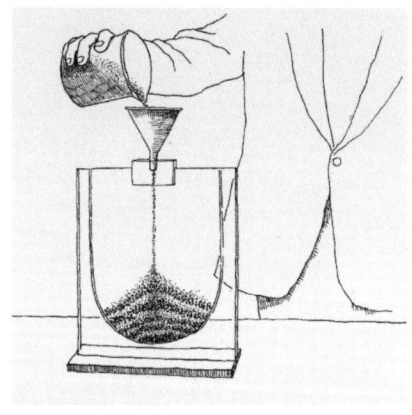
자유낙하 지층 실험

흙들이 가장 밑에 쌓이고 고운 흙들이 그 위에, 그리고 차곡차곡 쌓여 가장 고운 흙들이 맨 꼭대기에 쌓일까? 아니면 역순으로? 그러나 예상과는 달리 그런 모습은 결코 일어나지 않는다. 실제로 비커의 흙을 낙하시키면 굵은 흙과 고운 흙이 반복적으로 쌓인 수십 개의 층들이 순식간에 만들어진다.

이것은 직접 관찰해 보면 간단히 이해된다. 비커를 기울이면 굵은 흙과 고운 흙이 동시에 비커에서 빠져나온다. 흙이 쌓이는 순서는 어느 흙이 먼저 비커에서 나오느냐에 따라 일차적으로 결정되는데, 인위적으로 흙의 크기를 선택해서 꺼내지 않는 한 자연 상태에서는 모든 종류의 흙이 비커에서 함께 빠져나오게 된다. 그리고 낙하해 바닥에 떨어진 다음에는 흙들이 구르게 되는데, 이때 굵은 흙과 고운 흙이 나뉘기 시작한다. 각각의 흙들은 크기마다 굴러가는 패턴이 다르기 때문에 굵은 흙은 굵은 흙끼리, 고운 흙은 고운 흙끼리 모이게 되는 것이다. 그리고 여전히 흙이 비커로부터 계속 공급되기 때문에 기존에 만들어진 지층 위에 굵은 흙과 고운 흙이 반복해서 쌓이는 모습을 보여 준다. 이런 현상은 모두 아주 짧은 시간에 이루어진다. 이렇게 흙들의 크기가 분리되는 것을 지질학 용어로 '분급'(sorting)이라고 한다. 그러니까 분급이 일어나는 것은 기존 흙의 다양성, 흙의 양, 흙의 이동거리 등에 달렸지, 시간은 그리 중요한 요인이 아니다.

더욱 흥미로운 것은 흙을 공기 중에서 자유낙하시켰을 때뿐 아니라, 물과 함께 수평으로 이동시켰을 경우에도 지층이 형성된다는 점이다. 오히려 이 경우가 우리가 관찰하는 수평의 퇴적암 지층과 훨씬 더 가까운 모습을 보인다. 이런 지층 형성에 대하여는 자연 현상에서나 실험에서 증명되어 왔는데, 이 경우가 자유낙하 때보다 훨씬 더 뚜렷한 지층을 만들었다.

1994년 콜로라도 주립대학에서 실시한 '불균질한 모래 혼합물의 지층 형성에 대한 실험'이 가장 대표적인데, 이를 통해 퇴적학에 기념비적 성과를 이룩했다.[2]

그 실험 과정은 다음과 같다. 커다란 물탱크에 굵은 흙과 고운 흙을 섞어 넣은 다음 수로를 따라 흙과 물을 수평으로 **빠르게** 흘려 보낸다. 그러면 흙이 이동하면서 지층을 만들어 내는데, 이 경우도 지층 형성 과정은 자유낙하의 과정과 동일하다. 물탱크에서 나올 때는 굵은 흙과 고운 흙이 함께 나오지만, 이동하는 과정에서 그 흙의 크기에 따라 이동하는 패턴이 다르므로 서로 같은 패턴을 가진 같은 크기의 흙끼리 모이게 된다. 결과적으로 굵은 흙은 굵은 흙대로, 고운 흙은 고운 흙대로 띠를 이루는 뚜렷한 지층이 형성된다. 그리고 물과 함께 계속해서 흙을 이동시키면 뒤따라오는 흙들이 앞서 형성된 지층 위에 계속 쌓이며 순식간에 여러 겹의 지층이 형성된다.

여기서 중요한 사실이 관찰되었는데, 이때 지층은 수평으로 계속 확장됨과 동시에 그 지층 위에 수직으로도 계속 쌓인다는 것이다. 즉 지층은 수평과 수직으로 동시에 형성되었다! 지층이 아래 있다고 해서 먼저 쌓인 것이고, 위에 있다고 해서 나중에 쌓인 것이 아닌 것이다. 흙들의 근원지에서 가까이 있을수록 먼저 형성될 가능성이 높고, 근원지에서 멀리 있을수록 나중에 형성될 가능성이 높다. 따라서 근원지에서의 거리가 더 중요했다.

53쪽의 그림이 이 실험 과정을 가지고 지층이 형성되는 모습을 이해하기 쉽게 그린 것이다. 여기서 t는 시간을 의미한다. t_1, t_2, t_3는 각각 같은 시간에 퇴적된 지층을 의미한다. 즉 t_1이 먼저이고 t_2와 t_3가 그 다음에 형성된 것이다. 그림에서 보는 것과 같이 A는 위쪽 지층에 있지만 t_1선상에 있기 때문에 t_3선상에 있는 B보다 먼저 퇴적된 것이다.

이 실험은 기존 지질학의 원리를 전적으로 뒤엎는 중요한 시도라고 할 수 있다. 만약에 이 실험을 보지 않고 나중에 쌓인 지층만 관찰한다면 기존 지질학의 관점으로는 아래 있는 B가 먼저이고 위에 있는 A가 나중이라고 생각했을 것이다. 게다가 이 실험은 지층들이 형성되는 시간적 차이가 그리 크지 않음을 보여 준 중요한 예이기도 하다.

이와 같이 빠르게 퍼져 나가는 물과 흙에 의해 지층이 형성되는

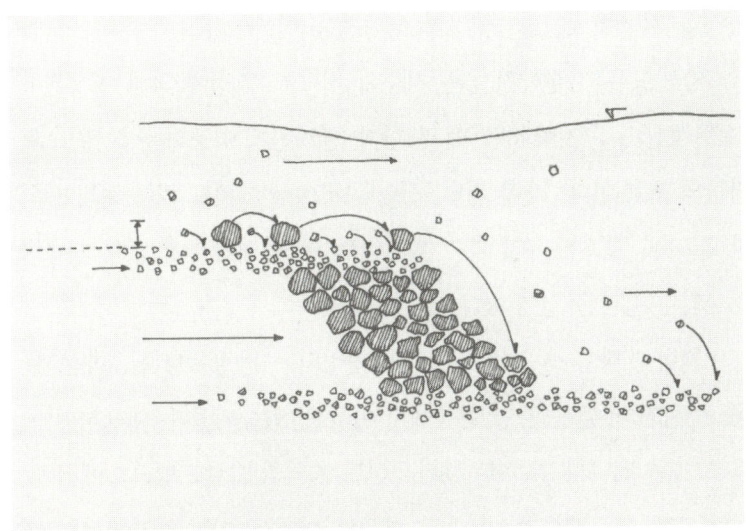

저탁류에 의해 지층이 만들어지는 과정_
흙들의 이동하는 패턴이 크기에 따라 다르기 때문에 지층이 형성된다

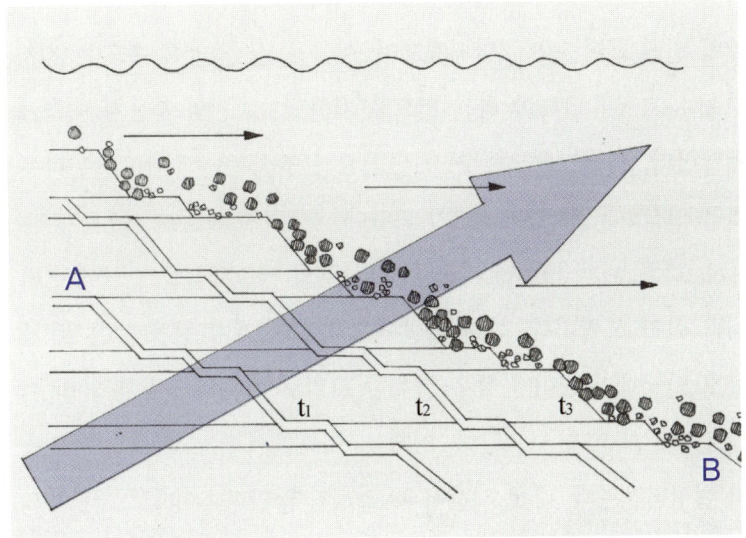

저탁류에 의한 지층 형성 실험

과정을 저탁류(또는 혼탁류, turbidity current) 이론이라고 부른다.[3] 오늘날 거의 모든 지질학자들은 지층이 저탁류 과정에 의해 형성된다고 인정한다.[4,5] 저탁류란 '물과 함께 한꺼번에 이동하는 고밀도 퇴적물의 흐름'이다. 과학 저널 「사이언스」(2008)에서도 퇴적 실험에 의한 결과를 발표했는데 역시 빠른 유속에서 저탁류에 의해 지층이 형성되는 결과를 얻어 냈다.[6]

이처럼 저탁류에 의해서 지층이 형성되는 과정은 지진, 화산 활동, 산사태와 같은 자연 현상에서 여러 번 입증되었다. 대표적인 예가 1929년 캐나다 북동부 뉴펀들랜드 지역의 그랜드뱅크스에서 발생한 7.2도의 강한 지진이다. 이때 쓰나미가 일어나 해저에서는 모래와 진흙의 저탁류가 대서양 경사면으로 쓸려 내려갔다. 이때 1m 이상의 뚜렷한 지층이 짧은 시간에 형성되었다. 당시 저탁류는 12개의 전신 케이블을 절단시켰으며, 이들을 끊을 만한 속도는 최저 시속 100km에 달해야 하는 것으로 계산됐다.[7] 거의 자동차 속도에 해당한다. 그랜드뱅크스 지진은 저탁류에 의해 지층이 형성된다는 것을 인식하는 중요한 계기가 되었다.

또 다른 예가 1980년 미국 워싱턴 주의 세인트헬렌스 산에서 발생한 화산 폭발이다. 화산 폭발에 의해 화산재가 산을 덮은 뒤 대규모 산사태가 일어나 물을 함유한 고밀도 진흙의 저탁류가 산 아래로 빠르게 흘러 내려갔다. 이때 산 아래에서 7.5m의 뚜렷한 지층이 형성되었는데, 다섯 시간이 채 걸리지 않았다.[8] 이때도 저탁류의 시속은 100km를 넘었다. 아마 오랜 시간에 걸쳐 지층이 형성된다

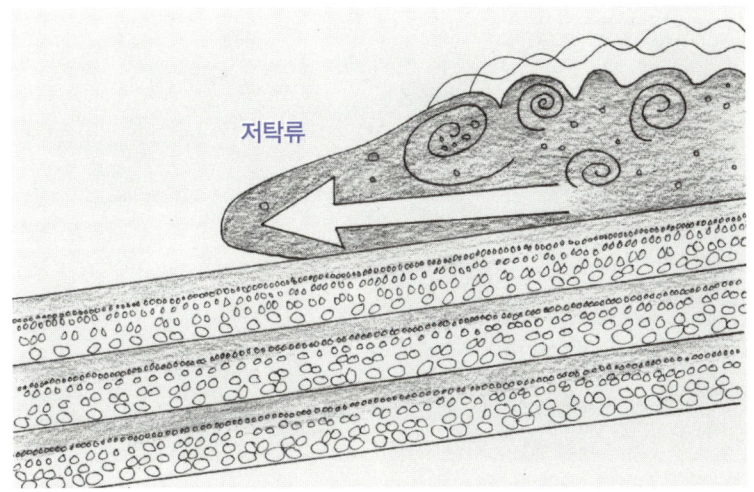
저탁류에 의해 지층이 형성되는 과정

고 해석하려는 지질학자가 그 사실을 모르고 나중에 이 지층을 보았다면 수백만 년에 걸쳐 차곡차곡 쌓여서 이루어졌다고 말했을 것이다.

대학과 대학원에서 퇴적학의 교과서로 많이 사용되는『실제적인 퇴적학』(Practical Sedimentology)에서도 루이스는 한 단원에 걸쳐 퇴적이 일어날 당시 시간보다 에너지를 강조하고 있다. 아울러 실제 공학적인 실험에서 오랜 시간에 걸친 퇴적작용이라는 종전의 개념과는 정반대의 결과가 관찰됨을 지적하기도 했다.[9]

앞에서 예를 든 실험과 자연 현상들은 지층의 너비와 두께는 시간이 아닌 저탁류의 규모에 좌우된다는 것을 보여 준다. 그러나 지구 표면에 펼쳐진 퇴적층의 규모는 위의 예들과는 비교할 수 없을

세인트헬렌스 산에서 저탁류에 의해 형성된 지층_
중간에 잘 발달된 지층이 형성되는 데 다섯 시간밖에 걸리지 않았다

정도로 수평으로 넓게 연결되며 두께도 엄청나다.

여기서 연결된다고 표현한 것은 그 너비의 폭이 단지 수 km가 아니라 수십에서 수백 km에 이르기 때문이다. 어떤 것은 1,000km가 넘기도 한다. 두께 역시 수 m가 아닌 수백에서 수천 m에 달하며, 지층들은 서로 평행하여 지층 사이에 어떤 심각한 시간적 간격도 보여 주지 않는다.

즉 지구상에 펼쳐진 지층들은 오늘날과는 비교할 수 없는 거대한 사건, 즉 엄청난 양의 흙들이 생산되고 이를 운반할 엄청난 양의 물이 필요한 대격변적 사건으로만 설명 가능한 것이다.

우리는 이 엄청난 양의 흙과 물이 유입된 대규모의 사건을 성경 역사 속에서 찾을 수 있다. 땅 속 깊은 곳에서 모든 샘들이 터지며

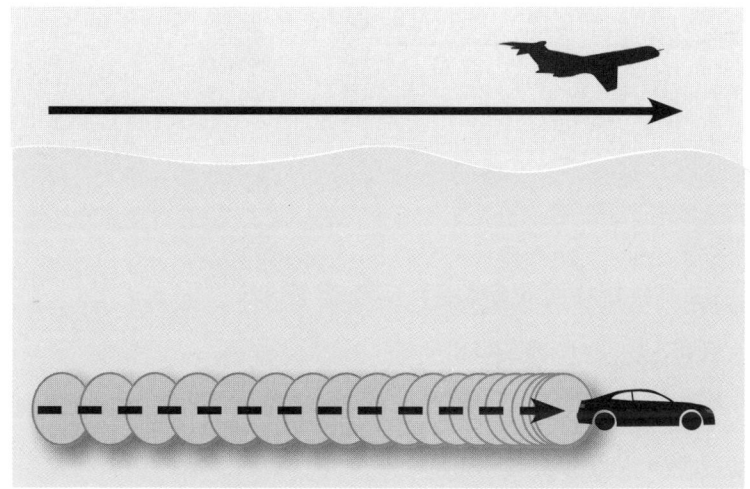

쓰나미와 저탁류_ 쓰나미는 비행기 속도, 저탁류는 자동차 속도로 움직인다

다량의 흙이 생산되고, 천하의 높은 산을 잠기게 했던 물의 쓰나미에 의해 그 흙이 이동하는 격변적 과정이 바로 노아 홍수 사건이다. 홍수 기록을 읽으며 쓰나미가 비행기 속도로 이동하고 바닥에서는 대규모의 저탁류가 자동차 속도로 이동하며 빠르게 지층을 만드는 사건을 그릴 수 있다. 수평과 수직으로 빠르게 성장하는 거대한 지층을 그리는 것이다.

You really wanna know?

창조과학 탐사 여행 중에 듣는 질문 중 하나가 있다.
"에덴동산은 어디에 있나요?"

그리스도인으로서 늘 궁금하기도 하고 꿈에 그리는 곳이 에덴동산이다. 과연 우리의 첫 조상이 죄 짓기 전에 살았던 에덴동산은 어떻게 생겼을까? 그래서인지 고고학자들 중에는 에덴동산을 찾아 나서 '이곳쯤 되는 것 같다'고 대략적인 위치를 지목하는 사람도 있다.

그러나 에덴동산의 위치를 찾는 사람들에게서 발견되는 공통점 하나가 있다. 이들은 모두 노아 홍수가 전 지구적인 사건이 아니라 지역적 홍수라고 믿는다는 점이다. 그래서 어딘가에는 에덴동산의 흔적이 남아 있을 것이라고, 그래서 대략적으로나마 추적할 수 있을 것이라고 믿는다. 그러나 노아 홍수가 성경에 기록된 대로 전 지구적인 격변이라면 에덴동산을 찾으려는 시도는 무의미하다. 실제로 노아 홍수가 성경에 기록된 대로 일어났다고 믿는 고고학자들은 에덴동산을 찾는 일에 의미를 두지 않는다.

아마 고고학자들이 에덴동산을 찾는 가장 큰 동기는 창세기 2장에서 티그리스와 유프라데스와 같은 현재의 지명이 언급되기 때문일 것이다. 그러나 노아 홍수 이전의 모든 지형이 파괴되었기 때문에 오늘날

불리는 모든 지역 이름은 홍수 이후에 붙여진 것들이다. 그러므로 이는 노아 가족이 방주에서 나와 홍수 이전을 회상하며 붙였을 가능성이 높다. 창세기 2장에 나오는 앗시리아나 구스와 같은 지명이 창세기 10장에서도 동일하게 등장하는데 노아나 그의 아들들이 홍수 이전의 지명을 그대로 사용했거나 자기 아들들에게 그대로 이름 붙였을 것이다.

오늘날에도 사람들이 다른 지역으로 이주할 경우 새롭게 정착한 곳의 이름을 자신들이 이전에 살던 곳의 지명을 따서 부르는 예를 얼마든지 발견할 수 있다. 미국의 많은 도시와 강의 이름이 유럽의 지명과 동일한 것이 대표적인 예다. 미국에 건너온 많은 유럽인들이 자신들이 살던 고향 땅의 이름을 새롭게 정착한 곳의 이름으로 삼았기 때문이다.

전 지구적인 심판 이후에 노아 홍수 이전과 이후의 이름이 같은 곳

오늘날 중동지역 지도

이 발견된다는 것은 어쩌면 노아 가족 여덟 명이 홍수 전후를 산 중요한 연결고리라고 할 수 있다. 그리고 그 지역의 이름을 지었던 것을 보면 지금보다 훨씬 좋았던 홍수 이전의 지구 환경을 그리워하는 여덟 명의 마음이 느껴진다.

한편으로 노아 홍수가 성경에 기록된 대로 전 지구적인 사건임을 믿는 것은 참으로 중요하다. 성경을 믿지 않는 사람들이 "에덴동산이 어디에 있냐?"고 공격적으로 질문할 때 분명하게 대답해 줄 수 있는 근거가 되기 때문이다.

언젠가 탐사 여행 중에 이런 질문도 받았다.

"우리가 왜 그랜드캐니언에서 노아 홍수 증거를 봐야 하는 건가요?"

노아 홍수가 전 지구적 사건이라고 보지 않으면 당연히 이런 질문을 하게 된다. 이스라엘 역사에 등장하는 노아 홍수를 어째서 멀리 떨어진 북미 대륙의 그랜드캐니언에서 찾아보겠다는 것인지 도무지 납득되지 않는 것이다. 그러나 노아 홍수는 그랜드캐니언뿐 아니라 지구 어느 곳에서나 설명할 수 있다. 노아 홍수는 전 지구적인 사건이었기 때문이다(벧후 3:6). 그랜드캐니언도 그 중 한 곳일 뿐이다.

당연히 우리가 살고 있는 한국에도 노아 홍수의 증거들을 쉽게 접할 수 있다. 지층뿐 아니라 앞으로 다루게 될 사층리, 화석, 석탄, 산, 강 등이 널려 있기 때문이다. 주위에서 볼 수 있는 모든 지질학적 모습들은 노아 홍수를 포함해서 하나님께서 성경대로 행하신 훌륭한 증거들이다.

Step 3

사층리에 비밀이 숨어 있다
물의 깊이와 속도를 말한다

　퇴적암의 특징 중에 사층리가 있다. 지층 하나하나의 반복적인 작은 단위를 '층리'(bedding)라고 부르는데, 그 층리가 경사를 보인다고 해서 '사층리'(cross-bedding)라고 부른다. 사층리는 퇴적암에서 쉽게 발견할 수 있으며 일반적으로 모래로 구성된 사암에서 가장

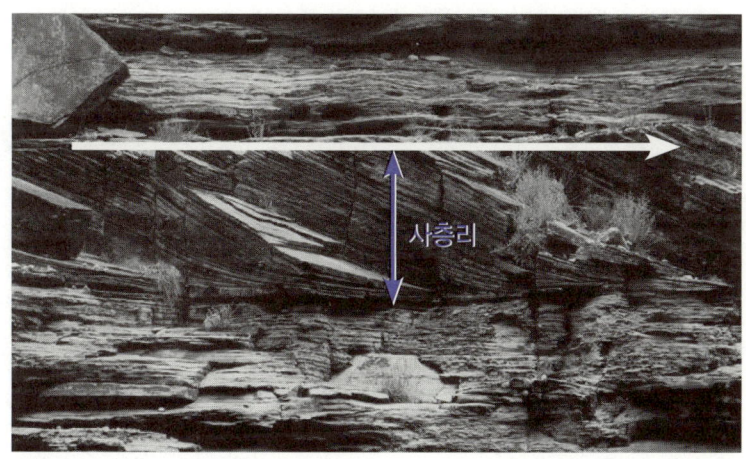

사층리

잘 관찰된다. 하지만 모래보다 입자가 더 작은 경우나 석회암에서도 관찰된다. 모래는 일반적으로 물에 의해서 운반될 때 물 속에서 튀면서 이동하기 때문에 많은 경우 그 흐르는 방향에 따라 경사를 이루며 쌓이는 사층리를 보여 준다. 실제로 물의 깊이와 속도에 따라 모래가 튀며 이동할 것인지, 떠서 이동할 것인지, 아니면 구르며 이동할 것인지가 결정되는데, 이에 따라 퇴적 양상이 다양해지기 때문에 사층리의 모양은 당연히 물의 깊이와 속도에 따라 좌우된다.

지질학자들이 사층리를 발견하면 몇 가지 퇴적 당시 상황의 중요한 단서를 얻을 수 있다. 먼저 경사 방향을 가지고 당시 사층리가 형성될 때 물이 흐르던 방향을 가늠할 수 있다. 일반적으로 물이 모래를 운반시킬 때 흐르는 방향에 따라 사층리 방향이 결정되기 때문이다. 그러나 물이 흐르는 방향보다 사층리를 통해 알 수 있는 가장 귀한 정보는 사층리 형성 당시에 모래를 운반했던 물의 깊이를 예측할 수 있다는 것이다. 지질학자들은 단일 사층리의 두께로 이들을 형성시켰던 최소한의 물의 깊이를 계산해 왔다. 그 결과를 그린 것이 63쪽의 그래프다.[10]

그런데 이 그래프를 야외에서 관찰된 사층리에 적용시켰을 때 놀라운 결과를 얻게 된다. 세계에서 퇴적 지층을 가장 잘 보여 주는 그랜드캐니언을 예로 들어 보자. 그랜드캐니언의 상부에 있는 코코니노 사암층은 사층리가 잘 보이는 지층으로 유명한데, 이 사암층의 어떤 것들은 단일 사층리의 두께가 18m에 이르는 것도 있다. 이

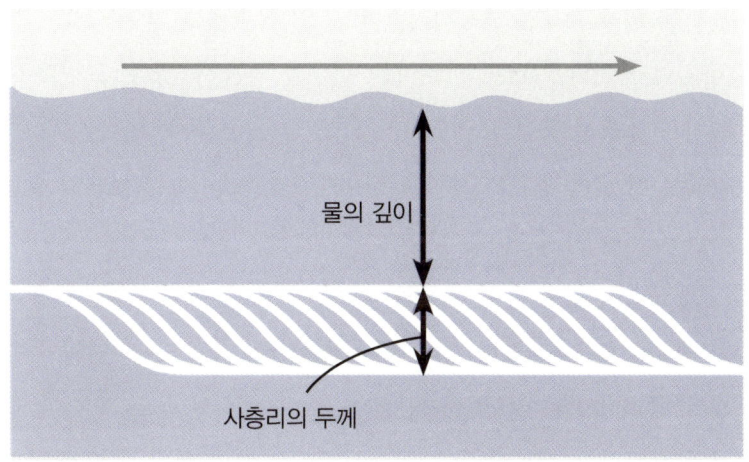

사층리 두께로 당시 물의 깊이를 계산할 수 있다

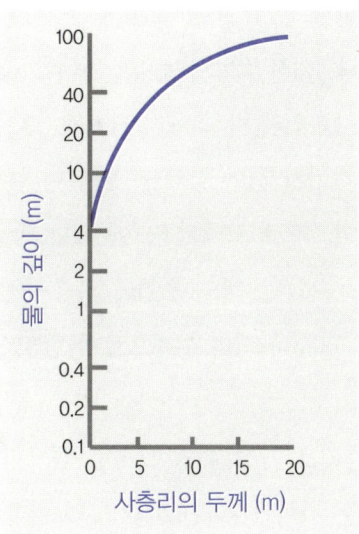

사층리 두께로 물의 깊이를 계산한 그래프

를 63쪽의 그래프에 적용시키면 당시 이 사층리를 만들게 했던 물의 깊이가 거의 100m에 이른다는 결론을 얻을 수 있다. 그런데 63쪽의 그래프는 고운 모래를 가지고 실험한 결과이므로 실제로 관찰되는 더 굵은 입자의 사암을 적용시키면 훨씬 더 깊은 물이 필요하다는 것을 알 수 있다.

이 실험을 했던 팀들은 물의 깊이뿐 아니라 사층리 형성에 필요한 물의 속도도 계산해 냈다. 이들의 실험을 그랜드캐니언의 사층리에 적용시키면, 바닥에서의 물의 속도가 초속 1m는 되어야 형성 가능하다는 계산이 나온다. '이 정도는 그리 빠른 속도가 아니잖아?'라고 의문을 가질지 모르지만, 아직까지 밀물과 썰물 심지어 허리케인조차도 깊은 바다 밑바닥에서 이 정도의 유속을 보여주었던 경우는 없다. 마찰 때문에 밑바닥에서는 수면보다 물의 속도가 훨씬 느리다. 해저 밑바닥에서도 이러한 속도를 가질 수 있는 가능성은 단 하나뿐인데 바로 해저 지진에 의한 쓰나미다.[11]

물의 깊이도 깊이지만 더 심각한 것은 이 엄청난 모래들이 어디서 왔냐는 것이다. 바로 모래의 '양'에 대한 궁금증이다. 그랜드캐니언의 코코니노 사암만 해도 수겹의 사층리를 합한 누적된 전체 두께가 평균 약 100m나 되며 수평으로 한반도 면적의 수배로 연결되어 있다.

세계에서 사층리로 가장 유명한 곳을 꼽으라면 단연 미국 유타주 남서부에 있는 자이언캐니언(Zion Canyon)이다. 사층리가 마치 음악의 선율처럼 느껴지는 아름다운 곳이다. 이곳의 사층리도 단일

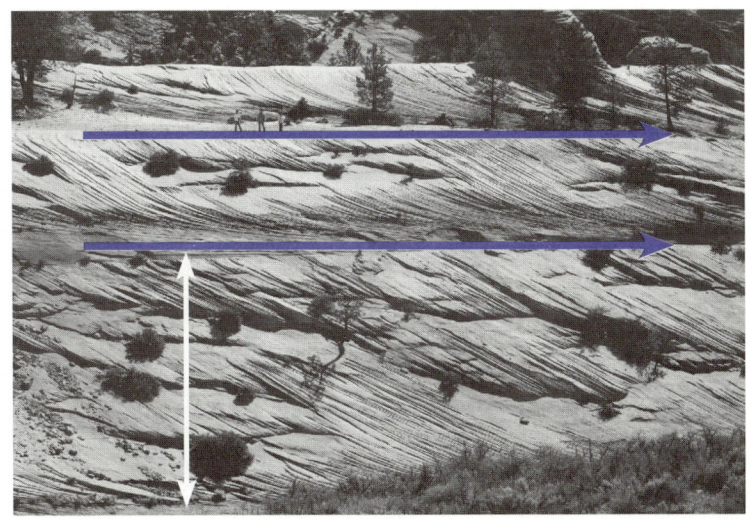

자이언캐니언의 사층리_ 두 번째 사층리 위에 세 명의 사람이 보인다

사층리로 가장 두꺼운 것이 16m이며, 누적된 사층리의 전체 두께는 평균 100m에 달한다. 그 면적도 거의 남한 넓이에 해당한다. 자이언캐니언의 사층리를 그래프에 동일하게 적용하여도 엄청난 에너지를 동반한 흙과 물이 필수적이다. 사층리는 그랜드캐니언과 자이언캐니언에만 있는 것이 아니라 지구상 거의 모든 나라에서 쉽게 발견된다.

실제로 해저 지진에 의해 산사태가 일어날 경우 대륙 사면 아래로 저탁류가 빠르게 흘러 지층과 사층리가 함께 만들어진다. 그러나 규모 면에서 볼 때 오늘날 만들어지는 사층리는 우리가 관찰하는 퇴적암에서 보여 주는 사층리와는 비교할 수 없을 정도로 두께도 얇고 면적도 좁다. 이들은 단지 사층리가 얼마나 빠르게 형성되는지에 대한 정보만 제공할 뿐이다.

이런 자연 현상과 실험의 결과로 우리는 퇴적암에서 발견되는 사층리는 지금과는 비교할 수 없이 큰 대격변적 사건으로만 형성 가능하다는 결론을 내릴 수 있다. 이런 점에서 노아 홍수는 지구상에 관찰되는 사층리에 대하여 유일하게 접근 가능한 사건이라고 할 수 있다. 전 지구적인 토양액화에 의해 생산된 엄청난 양의 흙과 이를 운반할 막대한 양과 빠른 속도의 물이 있었기 때문이다. 또한 성경에 기록된 대로 일어난 노아 홍수 대격변은 지금 지구상에 관찰되는 수많은 사층리들을 만들 수밖에 없다. 그런 면에서 지구상에 발견되는 사층리는 노아 홍수에 대한 필요충분 조건이라 할 수 있다.

1 2 3 **Step** 5 6 7 8 9 10
4

왜 화석은 살아 있을 때의 모습 그대로일까?
빠르게 몰려온 다량의 흙에 의해 매몰되다

    지구상의 퇴적암 속에는 수백억 구가 넘는 화석들이 존재한다. 어떻게 보면 지구는 동식물의 사체로 가득 찬 묘지처럼 느껴진다. 이 수많은 화석들은 무엇을 경험했다고 말하고 있는 것일까?

    화석 중에는 물고기 화석도 있다. 물고기는 호수나 바다에서 죽게 되면 바로 박테리아와 같은 미생물에 의해 부패되어 그 형체를

비늘까지 생생한 물고기 화석

부패되는 물고기

알아볼 수 없게 된다. 그러나 물고기 화석들은 한결같이 살아 있을 때의 모습을 그대로 보존하고 있다. 등뼈, 아가미, 지느러미뿐 아니라 심지어는 비늘까지도 생생하게 간직하고 있다. 이렇게 온전하게 보존된 것을 보면 그 물고기가 정상적인 죽음을 겪지 않았음을 알 수 있다. 그러니까 물고기가 살아 있을 때 흙들이 갑자기 덮쳐야만 가능한 것이다. 또한 물고기는 적은 양의 흙 정도는 쉽게 벗어날 수 있으므로 다량의 흙이 몰려왔어야 했을 것이다.

즉 물고기 화석에서 얻을 수 있는 결론은 물고기가 죽은 다음에 화석이 형성된 것이 아니라 물고기를 화석으로 만들 만한 다량의 흙이 빠르게 몰려왔던 '사건'이 일어났음을 알 수 있다. 물고기 화석은 시간이 아니라 오늘날과 전혀 다른 격변을 경험한 것이다. 그리고 그 사건 이래로 지금까지 돌로 변한 흙 속에 갇혀 남게 된 것이다.

저탁류에 의한 화석의 형성

화석 가운데 가장 많이 발견되는 것이 조개와 같은 해양 무척추 동물이다. 전체 화석 가운데 약 95%나 차지한다. 조개도 물고기와 마찬가지로 죽은 후에는 모래와 물에 의해 마모되어 그 무늬를 잃어버리게 된다. 그러나 조개 화석을 보면 한결같이 그 무늬를 그대로 간직하고 있다. 또한 바닷가 모래사장에 있는 죽은 조개들은 모두가 입을 벌리고 있거나 낱장으로 흩어져 있는 반면, 많은 조개 화석들은 입을 다문 채로 발견된다. 이 역시 조개 화석들이 물고기 화석과 마찬가지로 오늘날과 같은 자연 상태가 아닌 비정상적인 대격변을 경험하였음을 보여 준다. 엄청난 양의 흙들이 몰려와서 매몰된 것이다.

입을 다물고 있는 조개 화석

그 밖에 다른 화석들도 마찬가지다. 게, 새, 가재, 곤충, 박쥐 등의 화석들도 그 몸체가 거의 온전하게 보존되어 있는데, 모두 천재지변을 겪은 듯한 모습을 보여 준다. 화석이 단단한 부분만 보존된다는 생각은 맞는 말이 아니다. 실제로 화석들은 부드러운 부분까지 고스란히 간직하고 있다. 곤충, 새, 해파리 화석들을 봐도 부드러운 부분까지 고스란히 간직하고 있다.

길다란 모습을 보여 주는 화석들은 일정한 방향으로 배열되어 있는데, 이것 역시 빠른 속도의 저탁류 퇴적 환경을 지지한다. 그랜드캐니언에 그런 재미있는 화석의 예가 있다. 그랜드캐니언의 레드월(Red Wall) 석회암에는 특이한 조개 화석이 발견되는데 오징어처럼 길쭉하게 생긴 나우틸로이드(nautiloid, 앵무조개로 번역하기도 함) 화석이다. 이들은 손가락보다 작은 것부터 팔뚝만 한 것까지 다양하며 이 지층에만 수억 개 이상이 존재하는 것으로 보인다. 재미있는 것은 이 화석들의 대부분이 같은 방향으로 누워 있다는 점이다. 이런 현상은 자연 상태에서는 결코 일어날 수 없다. 그러니까 화석이 매몰될 당시 빠른 저탁류의 흐름만이 이런 배열을 만들 수 있다. 이런 배열을 만들 만한 저탁류의 속도를 계산했을 때 초속 7m 이상이 나왔다.[12] 그러나 앞서 사층리 형성에서 언급했듯이 오늘날 기록된 어떤 허리케인도 바다 밑에서 이런 속도를 낸 것이 없다. 오직 쓰나미에 의해서만 가능한 결과다. 더군다나 이 나우틸로이드 화석을 보여 주는 지층은 단지 그랜드캐니언에만 국한된 것이 아니라 지층을 연결하면 면적이 한반도의 수배에 걸쳐 펼쳐져 있다.

화석에는 몸체가 아니라 그 흔적만 보여 주는 경우도 있다. 새, 공룡, 파충류, 양서류 등의 발자국 화석들이 그 대표적인 예다. 그런데 과연 정상적인 상태에서 이 발자국들이 보존될 수 있을까? 발자국을 만들었다면 그 흔적을 보존했던 부분은 단단한 돌이 아니라 진흙과 같이 부드러운 상태였을 것이다. 그리고 발자국이 사라지기 전에 연이어 그 위에 새로운 흙이 덮쳐야 한다. 여기에 대한 구체적인 실험이 브랜드에 의해서 실행되었는데 발자

나우틸로이드 화석

국 화석도 다른 화석과 마찬가지로 물속 모래에서 가장 선명하게 보존된다는 것으로 밝혀졌다.[13]

노아 홍수 동안에 일어났던 토양액화와 쓰나미에 의한 저탁류는 이런 면에서 화석 형성에 대한 충분한 답을 제공해 준다. 지구상에 펼쳐진 화석들도 역시 오늘날에는 결코 관찰된 적이 없는 전 지구적인 대격변, 엄청난 저탁류를 생산하고 운반시켰던 노아 홍수 과정을 통해서 쉽게 이해될 수 있다. 성경은 이 격변을 통해서 "새와 집짐승과 들짐승과 땅에서 기어다니는 모든 것과 사람까지, 살과 피를 지니고 땅 위에서 움직이는 모든 것들이 다 죽었다"(창 7:21)고 기록하고 있으며, 화석들이 그 증거가 된다.

You really wanna know?

"사람 화석은 발견되지 않습니까?"

노아 홍수 강연을 마치면 거의 어김없이 받는 질문이다.

지구상에 수많은 화석들이 존재하지만 사람 화석은 거의 발견되지 않는다. 사람 화석인 것 같다고 보고된 것들이 있긴 하지만 확실한 것은 별로 없다. 왜 사람 화석은 발견되지 않을까? 과연 사람 화석은 모두 어디로 간 것일까? 사람 화석뿐 아니라 육지 동물 화석은 해양 생물 화석에 비하면 그 발견 빈도가 현저하게 떨어진다. 이런 빈도 차이를 설명하려면 어떻게 화석이 형성되는지 먼저 이해할 필요가 있다.

어느 생물이 물에 빠졌다고 해서 화석이 되는 것은 아니다. 빠르게 흐르는 저탁류에 매몰됐을 때 형성된다. 그러나 사람을 포함한 육지 동물은 살아 있는 동안에는 물 위에 뜬다. 노아 홍수 때 이들의 대부분은 물에 떠 있었기 때문에 바다에서 흐르던 저탁류에 의해서 매몰되기가 쉽지 않았을 것이다. 만약 오늘날의 바닷물이 지표 전체를 다 덮었다고 한다면 평균 2.6km 깊이가 되는데, 노아 홍수 당시에 같은 양의 물이 지구를 덮었다고 한다면 수면과 저탁류의 거리 차가 너무 커서 물 위에 떠 있던 생물들이 바다에 흐르는 저탁류에 매몰되기란 쉽지 않았을 것이다.

그렇다면 화석이 만들어질 수 있는 잠재성은 물 밑에 사는 해양 무척추동물이 첫 번째일 것이다. 그리고 해조류와 바다 식물들, 이어서 물속에서 헤엄치는 물고기의 순서일 것이다. 이런 예상은 화석의 빈도(%)를 보면 정확하게 일치한다. 조개와 같은 해양 무척추동물이 전체 화석의 95%를 차지한다. 나머지 5% 중에서 다시 95%는 해조류와 같은 바다 식물들이다. 그리고 나머지는 대부분 물고기와 곤충 화석이다. 여기서 알 수 있는 사실은 화석은 대부분 살아 있을 때 물속에서 살았다는 것이다(곤충은 다른 물질에 붙어 가라앉을 가능성이 있기 때문에 육지에서 살지만 그나마 가능성이 약간 높다). 실제로 육지 동물 화석은 0.0025%밖에 되지 않는다. 이 화석들의 빈도는 노아 홍수 모델로는 쉽게 이해될

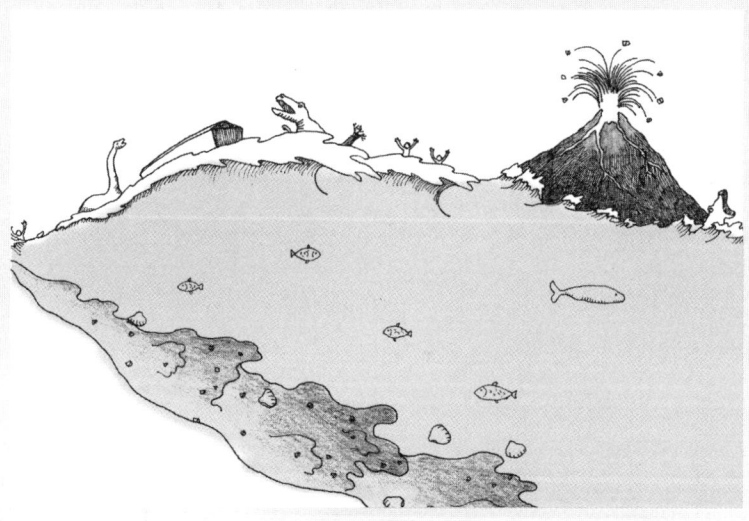

홍수 동안에 물 위에 떠 있는 포유류와 사람들, 그리고 물 밑에서 이동하는 저탁류

수 있는 수치다.

이때 사람들은 공룡 화석과 비교하곤 하는데, 공룡이 유명하기 때문에 그렇지 박물관에 소장된 것만 따지면 2,100구 정도밖에 안 되며, 실제로 전체 화석에 비하면 아주 극소수다. 그것도 뼈의 일부만 발견된 것이 대부분이기 때문에 그 중에 많은 것들이 공룡 화석인지 아닌지 분간하기도 쉽지 않다.

이런 화석 발견 빈도와 관련해 진화론이나 동일과정설 지지자들은 설득력 있는 설명을 하지 못한다. 만약 쌓이고 쌓이는 퇴적작용에 의해서라면 빈도에서 이렇게 차이가 날 수 없기 때문이다. 그러나 화석 발견 빈도는 전 지구적인 노아 홍수 대격변 모델과 잘 조화를 이룬다.

이와 비슷한 예를 하나 더 들 수 있다. 바로 석탄이다. 석탄은 대부분이 탄화된 나무 껍데기다(p 107 '석탄은 이렇게 만들어졌다' 참고). 지구상에는 엄청난 양의 석탄이 매장되어 있다. 그러나 나무 껍데기인 석탄에 비하면 나무 자체의 화석은 드물게 발견된다. 만약 발견 빈도만 고려한다면 나무 화석은 석탄에 비해 거의 발견되지 않는 셈이다. 그렇다면 그토록 많은 나무 껍데기를 제공한 수많은 나무들은 다 어디로 갔단 말인가?

이유는 간단하다. 동물 화석들과 같이 대부분의 나무들은 물 위에 떠 있었기 때문에 화석이 될 수 없다. 단지 느슨해지고 무거워진 나무 껍데기만이 가라앉은 뒤 저탁류가 이를 매몰시켜서 석탄이 된 것이다. 사실 지질학자들이 기존 습지 이론으로 석탄 형성을 설명할 때 가장 어려웠던 문제 중 하나가 바로 석탄과 나무 화석의 빈도 차이였다. 만약 습지에서 나무가 쌓이고 또 쌓일 경우 이 둘의 빈도가 그렇게 차이 나기 어렵기 때문이다.

또 사람 화석에 대한 다른 하나의 변수는 당시 인구 수다. 오늘날 전 세계 인구를 한 곳에 모으면 제주도 정도의 면적에 거의 들어갈 수 있다. 제주도는 전 지구를 볼 때 아주 작은 크기다. 노아 홍수 당시 인구가 얼마였는지 확실치는 않으나 지금과 비슷하다고 하더라도 사람이 화석으로 남기는 어려웠을 것이다.

성경에 기록된 노아 홍수 사건 속에서 사람 화석에 대한 답을 더 확실하게 찾을 수 있다. 성경은 방주에 타지 않은 동물과 사람들에 대하여 '쓸어 버리셨다'는 말을 세 번이나 반복하고 있다(창 6:17, 7:4, 7:23). 영어로는 'destroy'로 번역되었는데, 현재 발견되는 화석의 모습과 빈도에서 하나님이 사람과 동물들을 쓸어 버리신 장면을 떠올릴 수 있지 않은가?

진화론자를 곤란하게 만드는 화석
중간 단계의 화석은 있는가?

화석은 생물들이 과거 언젠가 살았던 적이 있었음을 의미한다. 한편 진화론자들은 생물들이 과거 수억 년 동안 오늘날의 생물로 진화되었다고 말한다. 만약 진화론자들의 생각이 사실이라면, 화석과 진화론은 모두 과거를 말하므로 서로 분명한 조화를 보여 줘야 할 것이다. 과연 이런 조화를 보여 주는지 알아보자.

진화론자들은 조개와 같은 해양 무척추동물에서 물고기로 진화했다고 말한다. 그러나 화석은 지금까지 진화론자들의 이런 기대에 반대되는 결과만을 보여 주고 있다. 고생물학자들은 해양 무척추동물이 수백억 개가 넘을 것으로 추정한다. 그리고 물고기 화석도 수없이 많이 발견된다. 그러나 지금까지 지질학의 어떤 논문에서도 이들이 서로 진화 관계를 보여 준다는 중간 화석이 발표된 예는 없다.

동물학자 로스는 해양 무척추동물과 물고기 화석이 진화를 지지하지 않는다는 사실을 지적하면서, 그럼에도 불구하고 일반인들은

노아 홍수 전기 77

마치 진화론을 지지하는 중간 화석이 있는 것으로 잘못 알고 있다고 다음과 같이 지적했다.

"화석 기록이나 그밖에 어디에서도 엄청난 시간 동안에 무척추동물에서 물고기로 진화했다는 어떤 증거도 없다. 그러나 일반 사람들은 이런 문제점을 전혀 듣지 못한다."[14]

해양 무척추동물과 물고기의 중간 화석의 부재는 아주 중요하다. 왜냐하면 이 두 부류가 화석의 95% 이상을 차지하기 때문이다. 가장 풍부한 종류에서 중간 화석이 발견되지 않는다면 그 밖의 다른 화석에서 중간 화석을 찾기란 거의 불가능하다는 것을 의미하기 때문이다.

실제로 물고기에서 진화되었다는 양서류, 양서류에서 파충류, 파충류에서 조류나 포유류도 중간 화석이 없기는 마찬가지다. 과거에 간혹 중간 화석이라고 발표된 것들조차도 더 많은 조사를 할 경우 결국 더 큰 반대론에 부딪히고 진화 과정의 화석일 수 없다는 결론에 이르게 된다. 대표적으로 물고기와 양서류 사이의 중간 단계로 알려진 실러캔스(coelacanth)는 1938년에 인도양에서 잡혔는데 완전한 물고기로 결론났다.[15] 파충류와 조류 사이의 중간 단계

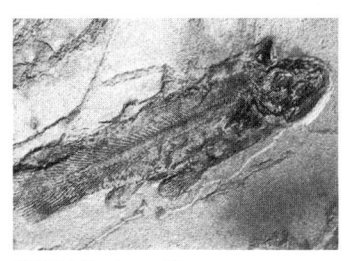
실러캔스(Coelacanth)

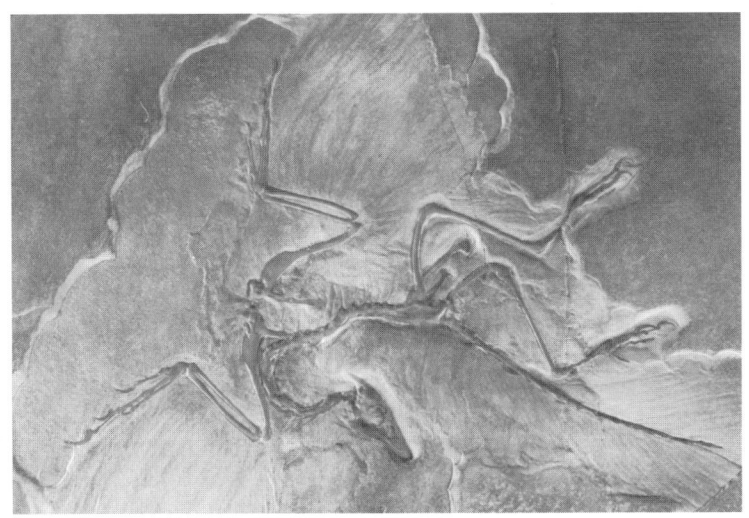

시조새

로 알려진 시조새는 완전한 깃털이 있는 전형적인 작은 새로 결론 났다.[16] 실제로 시조새의 크기는 까마귀 정도인데, 길이가 약 30cm 밖에 되지 않는다. 이 책에서 중간 단계로 발표되었던 화석들이 결국 무엇으로 결론났는지를 모두 다룰 필요는 없다고 본다. 왜냐하면 지금까지 창조과학에 관련된 많은 책들이 이들에 대하여 반복적으로 설명했기 때문이다.

화석에서 중간 단계 화석을 찾지 못했다는 과학 논문들은 어렵잖게 찾을 수 있다.

"100년 이상 동안(찾아본 결과), 고생물학자들은 화석 기록에서 커다란 간격이 있다는 것을 알게 되었다."[17]

"나는…… 화석 기록에서 조상과 후손의 관계를 객관적으로 알 수 없다는 것에 동의한다."[18]

옥스퍼드 대학 교수였던 리들리도 다음과 같은 결론을 내렸다.

"어떤 경우에도, 어떤 진화론자도…… 특별히 창조의 반대인 진화의 증거로 화석 기록을 사용하지 않는다."[19]

진화론자의 리더 격인 루스와 스탠리의 표현을 빌려도 화석 기록이 진화를 지지하지 않음을 알 수 있다.

"사람들은 화석 기록에서 아주 많은 간격이 있다는 것…… 그리고 이런 모든 간격들이 연결될 리 없다는 것을 알아야 한다."[20]

"화석 기록 자체는, 어떤 종류의 동식물에서 아주 다른 형태로의 단계적 전이를 보여 주는 어떤 연속적인 기록도 보여 주지 않는다."[21]

이는 단지 최근의 진화론자들만 갖고 있던 고충은 아니다. 진화론을 처음 집대성한 다윈 역시 화석 때문에 딜레마에 빠졌다. 『종의 기원』을 출판한 지 13년이 지난 뒤 여섯 번째 개정판을 펴내면서 그는 화석이 오히려 진화론을 반박한다고 고백하고 있다.

> "왜 모든 지질층이 중간 고리로 가득 차 있지 않는 걸까? 지질학은 그러한 훌륭한 단계적인 고리를 제시하지 않는다. 그리고 이것은 이 이론(진화론)이 반박 받을 수 있는 가장 분명하고 치명적인 반론이다."[22]

여기서 우리는 진화론의 실체를 알아야 한다. 진화론은 화석과 같은 증거에서 먼저 출발한 것이 아니다. 단지 간단한 생물에서 복잡한 생물로 변해 왔으리라는 것, 그리고 비슷한 것끼리 서로 관련이 있을 것이라는 '믿음'에서 출발했다. 물론 이는 '그릇된' 믿음이다. 그런 믿음을 가지고 150여 년간 화석에서 그 증거를 찾으려고 시도했으니, 지금까지도 여전히 시도에 그칠 수밖에 없는 것이다.

지질학 가운데 '층서학'이라는 분야가 있다. 지층의 순서를 정하는 학문으로서, 층서학의 몇 가지 원리 가운데 가장 기본적인 원리가 '누중의 원리'(principle of superposition)다. '누중'이란 말 그대로 지층이 밑에서부터 점점 쌓였다는 뜻이다. 그러므로 누중의 원리란 아래 지층이 형성될 때 위의 지층은 아직 존재하지 않는다는 원리를 말한다. 즉 아래 지층이 가장

> ♥ 동일과정설 : 과거의 자연환경에 작용했던 과정이 현재의 자연 현상과 같을 것이라는 가설이다. 따라서 다분히 시간 의존적인 설명을 한다. 이와 상대적인 용어는 지금의 모습은 언젠가 일어난 사건에 의해 이루어졌다고 하는 격변설이다('3장 진화론 패러다임' 참고).

오래되었으며 그 위의 지층은 그보다 더 최근에 쌓였다고 말하는 것이다. 이 원리는 실제로 동일과정설적 지질학 해석의 가장 근본이다. 그리고 이 원리는 화석을 진화론으로 해석하는 중요한 초석이 되었다.

그러나 오늘날 저탁류 지층 실험은 이 누중의 원리가 틀렸다고 말하고 있으며, 진화론을 뿌리째 흔들고 있다. 앞의 지층 실험에서 설명했듯이, 아래 지층이 수평으로 성장하고 있는 동안 이미 위의 지층이 함께 성장하였으며, 아래 지층에서 생물이 매몰되는 동안 위의 지층에서도 생물이 함께 매몰되었음을 알 수 있었다. 그리고 그 위의 지층, 또 그 위의 지층에서도 동일한 시간에 생물이 매몰되었다.

따라서 아래 지층에 있는 화석이라고 해서 먼저 산 생물이고, 위의 지층에서 발견된 화석이어서 나중에 살았던 생물이라는 생각은 잘못된 것이다. 화석은 생물이 매몰될 당시의 '진화 순서'를 말하는 것이 아니라, 저탁류의 근원지에 어떤 생물들이 살았는지 또는 화석이 매몰될 당시 그 생물의 매몰 위치를 의미할 뿐이다. 이는 누중의 원리를 통해 화석으로 진화를 밝히려는 시도에 결정적인 문제점을 제시한다.

진화론이 나온 당시 다윈을 옹호하며 진화론을 퍼뜨리는 데 가장 앞장섰던 사람이자 '다윈의 불독'이라고도 불리는 헉슬리는 런던 지질학회 기념 연설에서 진화론이 등장한 근본적인 동기를 말하였다.

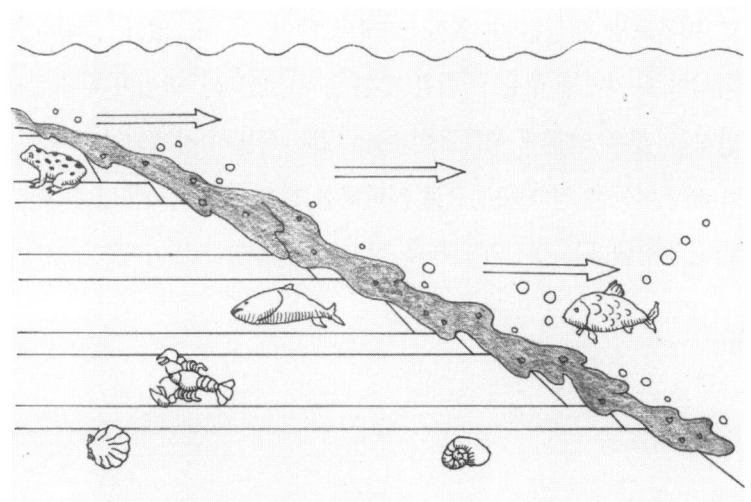
화석은 저탁류에 의해 매몰된 위치를 말한다

"생물학은 지질학으로부터 시간을 취한다. 우리가 생명체의 느린 변화 속도를 믿는 유일한 이유는 지질학에서 이야기하듯이 일련의 퇴적암이 형성되는 데 오랜 시간이 걸린다는 주장 때문이다. 만일 이 지질학 시계가 틀렸다면, 모든 자연주의자(진화론자)들은 변화의 급속성에 대한 개념으로 수정해야 할 것이다."23

헉슬리의 말대로 지층이 저탁류에 의해 형성된다는 것이 확인된 이상 진화론을 받아들일 필요도 없으며, 화석이 진화의 증거도 아닌 것이다.

결론은 무엇인가? 화석은 갑작스럽고 엄청난 양의 저탁류에 의한 매몰로만 형성될 수 있다. 더구나 중간 화석도 없다. 그렇다면 화석이 우리에게 주는 명백한 결론은 무엇인가? 화석이 우리에게 말하는 것은 언젠가 생물들이 '종류대로' 특별히 창조되었으며(창세기 1장), 이들은 전 지구적으로 저탁류를 발생시켰던 노아 홍수 대격변을 경험했다는 성경의 기록을 잘 설명하고 있는 것이다.

Step 6

지질계통표는 교과서에만 있다!
화석은 진화 순서로 발견되지 않는다

    화석을 다룰 때면 반드시 짚고 넘어가야 할 부분이 있는데, 바로 지질계통표다. 지질계통표는 고생대, 중생대, 신생대라고 하는 지구의 진화 역사표다.[24] 지질계통표는 간단한 생물에서 복잡한 생물로 진화했다는 순서를 보여 준다. 그리고 그 생물들이 살았던 '시대'의 이름을 함께 붙여 놓았다. 지질학자들은 이 시대를 '기'라는 더 짧은 11개의 세분된 단위로 나누었다. 그리고 어떤 이들은 이 11개의 기들을 더 잘게 나누기도 한다.

    지질계통표는 일차적으로 화석만을 근거로 만든 것이다. 지질계통표가 내포하는 바는 단순한 몸체의 생물이 오랜 시간이 지남에 따라 좀 더 복잡한 생물로 진화되었으며, 그런 진화 과정이 계속 진행되어 인간을 포함하여 오늘날 지구상에 살고 있는 모든 동식물이 되었다는 것이다.

    여기서 먼저 짚어 볼 것이 있다. 많은 사람들은 화석을 연대 측정함으로 지질계통표의 순서가 정해졌다고 생각하기 쉬운데, 그것은

노아 홍수 전기   **85**

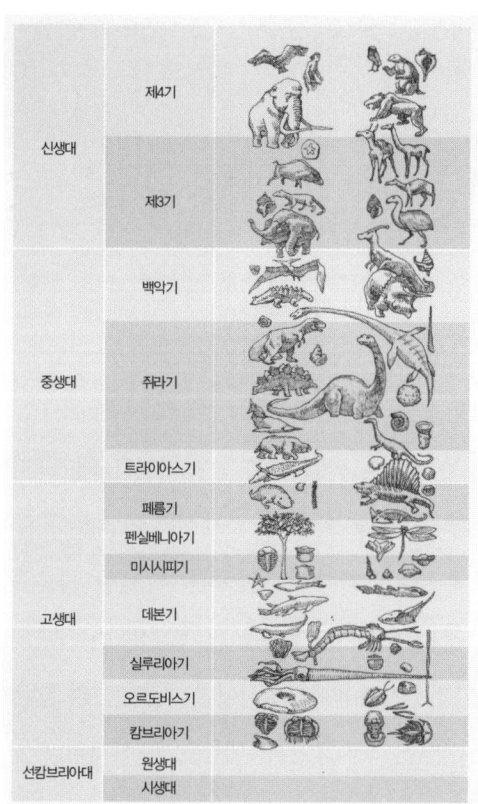

지질계통표

천만의 말씀이다. 진화론자들은 자신들의 논리상 동위원소 방법으로 화석의 나이를 측정하지 않는다. 이 부분은 '4장 창조과학 깊이 들어가기'에서 자세히 다룰 것이다.

지질계통표의 가장 근본적인 문제는 화석들이 옆의 그림과 같은 순서대로 발견되는 곳은 지구상 어디에도 없다는 점이다. 이 그림을 볼 수 있는 곳은 단지 교과서뿐이다! 즉 우리가 살고 있는 어떤 곳을 지표에서부터 땅 밑으로 파고 들어갈 때 진화의 역순으로 사람 화석부터 가장 단순한 해양 무척추동물 화석까지 차례로 발견되는 곳은 어디에도 없다는 말이다. 단지 15~20%의 퇴적암에서만 지질계통표상의 지질 시대를, 그것도 3분의 1정도만 순서대로 보여 줄 뿐이다.[25] 다시 말해 나머지는 이보다 훨씬 적은 부분만을 보여 준다. 심지어 11개의 '기'를 대표하는 지층을 한 곳에서 모두 보여 주는 지역도 있다고는 하지만, 앞으로 다루게 될 소위 '표준화석'이라 부르는 각 지층의 대표 화석들이 지질계통표상의 순서대로 발견되지는 않는다.

실제로 화석들은 조각조각, 다분히 단편적으로 어떤 특정한 곳에만 모여서 발견된다는 표현이 더 맞다. 예를 들면 미국 샌디에이고 토리파인 해안 절벽의 지층에는 수평으로 수십 km에 걸쳐 조개와 같은 무척추동물 화석이 펼쳐져 있다. 그러나 이곳에는 무척추동물 화석만이 발견될 뿐이다. 이보다 더 진화된 물고기나 덜 진화된 다른 화석은 발견되지 않는다. 이런 현상은 샌디에이고뿐 아니라 지구상 대부분의 지역에서 발견되는 공통점이다.

이와 같이 지질계통표는 다분히 수평적으로 분포하는 화석들을 인위적으로 진화론의 틀에 맞게 수직적으로 모아 놓은 것에 불과하다. 많은 경우 여러 화석들이 순서 없이 뒤섞인 채로 발견되기도 하며, 진화의 순서와 맞지 않다고 보고된 경우는 수백 건이 넘는다. 다음은 그런 문제점을 총괄적으로 지적한 논문 중 하나다.

"우리는 화석의 시대적 순서와 일치하지 않는 지층 순서의 무질서를 인정한다. 지층 순서가 무질서하다는 것은 오래된 화석이 젊은 화석 위에 있다는 말이다. 무질서의 규모는 수 mm에서 수 m에 이른다. …… 이 무질서는 아마도 모든 화석 기록의 일반적인 현상일 것이다."[26]

이 논문은 화석이 실제로 진화론 순서로 발견되지 않는, 그러니까 진화론적으로 오래되었다는 화석이 젊은 화석보다 위에서 발견되는 경우를 '무질서'라고 표현했다. 그리고 모든 화석이 다양한 규모의 무질서를 보여 준다고 했다. 실제로 이런 식의 논문은 어렵지 않게 발견되며 위의 논문은 그 논문들의 총괄적인 결론을 말하고 있다. 미국의 창조연구회(Creation Research Society)의 우드모라페는 이와 같이 화석의 순서가 뒤바뀐 지역을 모아 문서화했는데, 무려 500곳이 넘었다![27]

최근에 발표된 예를 들어보자. 가장 대표적인 과학 저널인 「네이처」에 따르면, 진화론자들이 무척추동물만 존재한다고 믿어 왔던 캄브리아기의 가장 밑에서 물고기 같은 500여 마리의 척추동물이 발견되었다는 보고가 있었다.[28]

화석의 몸체뿐 아니라 발자국과 같은 동물의 흔적이 발견되는 경우에 대하여는 앞에서 다루었다. 당연히 발자국은 그 몸체의 흔적이므로 서로 시대를 비교한다면 같은 시대로 맞아떨어져야 할 것이다. 브랜드는 800여 편의 기존 논문에 있는 발자국 화석과 몸체 화석을 지층 위치를 통해 서로 비교 연구하였는데 여기서도 각 화석들이 서로 불일치함을 발견했다.[29]

존재하지도, 관찰된 적도 없는 표준화석
진화론적 편견

　진화론적 지질학자들이 지질계통표를 만들기 위해 사용한 도구가 바로 '표준화석'이다. 표준화석은 지질계통표에 있는 시대를 결정하기 위해 사용되는 화석을 말한다. 다른 말로는 시대를 정하는 기준이 된다고 하여 '시준화석'이라고도 한다. 지질학에서 표준화석은 '넓은 지역에서 발견되지만 생존 기간이 짧아야 한다'고 정의한다. 여기서 '생존 기간이 짧아야 한다'는 것은 진화론적으로 긴 지질시대 가운데 어떤 '특정 시대'를 의미할 수 있어야 한다는 말이다. 즉 생존 기간이 길어서 여러 시대의 지층에서도 발견된다면 시대 결정을 위해 사용이 불가능하기 때문이다.

　그러므로 당연히 표준화석이라고 결정됐던 화석이 만약 다른 시대의 지층에서 발견된다면 '특정 시대'를 가리키는 표준화석으로서의 가치를 상실할 수밖에 없다. 그러나 과연 표준화석이라는 것이 존재할까? 진화론이 등장한 19세기의 지질학자들은 화석이 진화론을 지지할 것으로 기대하고 당연히 표준화석의 존재를 믿었다. 그리고 경쟁이라도 하듯이 표준화석을 발표하였다. 실제로 이들이 발표한 표준화석은 진화 순서를 정하고 지질계통표를 확립(!)하는 데 큰 기여를 했다.

그러나 표준화석은 화학 분석과 같은 실험의 결과로 대표성이 부여된 것이 아니다. 오직 진화론적 편견으로만 결정된 것이다. 또한 표준화석의 결정은 지질학자들이 직접 가본 적이 있는 근처의 한정된 지역에서부터 시작됐다는 것을 알아야 한다. 만약 타당한 표준화석이라면 어떤 지역에서 결정된 것이 광역적으로 그리고 더 나아가 전 지구적으로 확대될 때에도 동일한 순서를 보여야 한다. 그러므로 이렇게 지역이 점차 확대됨에 따라 국부적으로 얻어진 순서가 다른 지역에서 뒤바뀔 수 있는 가능성이 언제나 존재한다는 사실을 전제해야 한다.

실제로 표준화석이 발표된 이래 화석의 데이터가 추가되면서 '다른 특정 시대'(물론 진화론적 특정한 지질 시대임)에서도 발견되어 표준화석에서 제외된 경우는 너무나 많다. 맥스웰은 척추동물의 화석들을 지층 순서와 함께 비교했을 때 240과(분류학상의 과) 이상이 표준화석으로 사용되기에 회의적이거나 다른 지층에서도 중복되어 발견되므로 사용이 불가능하다고 발표했다.[30] 또한 시카고 대학의 셉코스키는 해양 무척추동물의 경우 513과가 표준화석으로 사용 불가능하다는 결론을 내렸다.[31] 이 말은 어떤 좁은 지역에서 발견되었던 화석의 순서가 더 넓은 지역으로 확대될 때 예상했던 순서를 보이지 않는다는 것을 의미한다.

실제로 표준화석이 사라지는 것은 예외가 아니라 지질학의 '법칙'이다. 만약 표준화석이 사라진다면 어떻게 될까? 그러면 지질계통표는 어떤 의미도 없으며, 지금까지 표준화석으로 정했던 이전의 지질 시대 구분은 원점에서 재검토해야 한다. 지질계통표는 '사실'보다는 진화론자들의 인위적인 '보이지 않는 진화론적 합의'에 의해 결정되었다는 것을 볼 줄 알아야 한다.

이미 진화론이 대두되던 19세기부터 표준화석을 통해 시대를 결정하는 방법에 대한 문제는 계속 지적되어 왔다. 스펜서는 『비논리적인 지질학』에서 지질계통표의 작성이 비논리적이라는 것을 지적했다.[32] 그는 확고한 무신론자였음에도 화석을 통해서 지층의 순서를 정하려는 시도의 문제점을 지적하였을 뿐 아니라, 특정 화석이 다른 지층에서도 자주 발견됨에도 그 방법을 고수하려는 자세에 이의를 제기하였다. 그럼에도 당시에 이러한 지적은 묵살되었고, 아직까지 그 패러다임을 버리려 하지 않고 있다.

이런 지적은 20세기 중엽에도 계속 등장했는데, 다음 앨런의 논문을 보더라도 잘 알 수 있다. 그는 문제가 있음에도 화석을 통해 시대를 결정하려는 노력을 버리려 하지 않는 당시 학계의 풍토를 비판하였다.

"개념의 빈약함 때문에 고생물학이나 층서학 등의 역사지질학은 새로운 것을 제시한 적이 없다. 현재 사용되고 있는 시대 결정은 의심스럽다. 시대를 서로 맞추려는 시도는 논리적으로 약점이 많다. 지질 시대의 결정은 그 기본적 원리의 문제 때문에 의심스럽다. 이들은 수정되어야 하며, 잘못되었고, 버려져야 한다. 그러나 우리는 버리거나 수정하기를 거절하고 있으며, 이것이 바로 오늘날 우리 학문의 슬픔이다."[33]

2002년 사망하기 전까지 진화론을 이끌던 굴드 박사의 다음 글은 화석이 진화론의 순서를 나타내지 않기 때문에 갖는 어려움을 잘 표현하고 있다.

"나는 화석 기록의 가장 곤혹스런 현실로서 생물 역사의 분명한 '진보 방향'을 발견하는 데 실패했다고 여긴다. …… 우리는 실제로는 보여 주지 않지만, 발견하기를 희망하는 어떤 패턴 때문에 부담을 가져 왔다."[34]

다른 논문에서 굴드는 표준화석으로 지질 계통을 정하는 원리의 모호함을 지적하였다.

"지질학자들은 오랫동안 (지질 계통) 원리를 추상적으로 인정했으나, 제대로 된 기준을 발견하지는 못했다. …… 더욱이 암석이란 화학 법칙에 의해 만들어지는 단순한 물리적 대상이기 때문에 어떤 특정한 시간적 의미를 내포하지는 않는다."[35]

화석들의 분포를 보면 국부적으로는 맨 아래 해양 무척추동물, 그 위에 물고기, 그리고 그 위에 양서류가 발견되는 듯이 보인다. 그러나 이런 순서는 화석이 저탁류에 의해 형성된다는 것을 이해하면 쉽게 해결된다. 즉 진화론자들이 가장 아래서 발견되었기 때문에 오래됐다고 여기는 화석은 실제로 홍수 당시 가장 낮은 지역에 서식했던 생물을 의미한다. 그러므로 개략적으로 그 순서가 무척추동물, 물고기, 양서류 등으로 발견되는 것은 어쩌면 아주 당연하다. 화석은 진화의 순서를 보여 주는 것이 아니라 매몰될 당시의 그 생물이 살았던 위치나 저탁류가 어떤 생물을 포함했는지를 말한다. 그러나 대체적인 순서를 유지하지만 많은 곳에서 뒤섞인 양상을 보인다는 것은 오히려 전 지구적인 격변 모델에 잘 맞아떨어진다.

지질계통표는 아주 묘하다. 지구상에 결코 관찰된 적이 없는데 마치 존재한 것처럼 기정사실화된 아주 특이한 경우다. 당연히 지금과 마찬가지로 다윈의 『종의 기원』이 출판된 1859년 당시에도 지질계통표의 실체는 존재하지 않았다. 진화론은 지질계통표가 존재하기 때문에 등장한 것이 아니다. 오히려 진화가 맞다는 '믿음'을 갖고 지질계통표의 순서로 화석들을 모아 온 것이다. 그러므로 지구가 겪어 보지도 않았고 오늘날 관찰된 적도 없는 지질계통표 그 자체가 진화론인 것이다.

표준화석의 범위가 넓어지는 예

You really wanna know?

다음의 화석들은 진화론자들이 어떤 시대에만 살았다고 정하기 위해 표준화석으로 사용하던 것인데 시간이 지남에 따라 그 발견되는 범위가 점점 넓어진 예 중 일부다.

일반적으로 화석 이름은 분류를 정확히 하려다 보니 길어지게 되었고, 그 결과 일반인들은 그 이름들을 이해하기 어렵게 되었다. 그러나 이름보다는 그 화석들이 다른 시대 지층에서 중복되어 발견된다는 사실에 주목하기 바란다.

Dasycladalean은 해조류로서 중생대 말과 신생대의 표준화석이었으나 고생대 중엽까지 확장되었다.[36]

Pipiscids는 후생동물로서 고생대 석탄기에만 발견되었지만 훨씬 이전인 고생대 캄브리아기에서도 발견되었다.[37]

Agnathan fishes는 고생대 가장 하부인 캄브리아기 지층에서 발견되었는데 지금은 오르도비스기 지층에서도 발견되었다.[38]

Neoguadalupia는 해면동물로서 고생대 페름기 이후에는 살지 않았다고 했으나 중생대 트라이아스기 후기 지층에서도 계속 발견되고 있다.[39]

Camptochlamys는 중생대 백악기와 신생대 제3기의 경계 표준화석으로 사용되던 조개 화석인데 고생대 캄브리아기까지 확대되어 발견된다.[40]

Parafusus는 중생대 백악기 후기의 표준화석으로 사용되던 조개류 화석인데 신생대 제3기 팔레오세 암석에서 아주 많이 발견되고 있다.[41]

Lystrosaurus는 초기 트라이아스기에 살았다고 한 파충류였으나 나중에 고생대 페름기에서도 발견되었다.[42]

이미 앞에서도 언급했듯이, 수백 개의 표준화석이 그 위치를 박탈당하고 있다. 그렇다면 지금까지 이들을 기준으로 구분됐던 지층의 시대 구분은 어떻게 해야 할까? 고생물학자들은 오늘날 한 종류 안에서 충분히 다양할 수 있는 미세한 차이를 가지고 더욱 긴 이름을 사용하며 화석을 분류한다. 그리고 이 화석이 '이 특정한 지층에서는 이렇게 변했다'는 식으로 설명하는 경향이 있다. 그러나 이들이 과연 다른 종류

> ♥**변이**: 생물이 한 종류 안에서 다양해질 수 있는 변화를 말한다. 실제로 생물학자들이 발견한 것은 한 종류에서 다른 종류로 변하는 진화가 아니라 한 종류 안에서의 변이일 뿐이다.

의 생물일까? 이는 오늘날 변이에 의해서 한 종류 안에서 여러 비슷한 조개가 나올 수 있듯이 충분히 가능한 차이들이다. 이를 지층 아래와 위에서 따로 발견되었다고 해서 다른 시대로 분류하는 진화론적 해석은 무리한 시도라 할 수 있다.

신생대에 살던 것이 고생대까지 확장되고, 고생대에 살던 것이 신생대까지 확장된다면 이들이 모두 함께 살았다는 생각으로 이어지지는 못할까? 그만큼 인간 스스로 만들어 놓은 과거의 역사를 버리고 싶지 않은 걸까, 아니면 진화론적 세상의 흐름에서 벗어나는 것이 두려운 걸까?

❖ 위의 화석의 예들은 John Woodmorappe의 "The fossil record: Becoming more random all the times", *Technical Journal* 14(1):110-116에서 인용된 것들임.

진화론의 믿음에서 발생된 결층

정말로 오랜 시간적 간격을 의미하는가?

　전통적으로 오랜 지구 역사를 믿는 지질학자들은 일련의 퇴적암이 오랜 세월에 걸쳐 형성되었다고 믿는다. 그리고 그들은 지구의 긴 역사 동안에 땅이 물 속으로 침강했다가 물 밖으로 융기하는 과정이 반복적으로 일어났다고 여긴다. 그리고 물속에 침강했던 시기는 퇴적작용이 있었고, 반면에 물 밖으로 나와 융기했던 기간은 침식작용만 일어났다고 말한다. 그리고 융기해서 침식만 일어났던 기간에는 침식작용만 일어났기 때문에 지층이나 화석과 같은 흔적을 남겨 놓지 않았지만, 다시 물속으로 침강하는 기간이 왔을 때는 다시 퇴적작용이 일어나 지층이 형성되었다고 말한다. 그러므로 이런 곳은 지층이 서로 상하로 접촉하고 있지만 실제로는 긴 시간적 간격이 있다고 생각한다. 이런 긴 시간적 간격을 '결층'이라고 한다.

　그러나 진화론자들이 결층(또는 부정합)이라고 평가하는 것은 두 지층 사이의 지질학적 특징의 차이보다는 진화론적 믿음에서 비롯된 것이다. 즉 표준화석을 통해 시대를 결정하는데 표준화석이 존재하지 않기 때문에 그 지층을 어느 시대로 할당해야 할지 모른다는 것이다. 예를 들어 어떤 지층에서 고생대 캄브리아기의 표준화석이 발견되었는데, 그 위에 있는 지층에서 오르도비스기 표준화석이 발견되지 않고 실루리아기의 표준화석을 포함하는 지층이 발견되었다고 하자. 그러면 진화론자들은 이 지역은 오르도비스기 기간에는 융기가 일어나서 퇴적작용이 없었으므로 지층을 남겨 놓지 않았다고 생각한다(p. 86 지질계통표 참고).

앞에서 다룬 것처럼 표준화석이란 것이 존재하지 않는다면 이런 해석의 근거는 사라진다. 실제로 지질계통표의 순서로 화석이 고스란히 발견되는 곳은 지구상 어디에도 없기 때문에, 진화론자들은 표준화석이 부재한 수많은 지층을 결층 관계로 설정해 놓았다. 그리고 그 결층이 있는 기간은 그 지역이 지표에 노출되어 있었기 때문에 오랜 기간 동안 침식작용만 있었다고 해석한다. 진화론자들은 이렇게 결층이라는 용어를 사용하면서 지구가 오랜 세월 동안 융기와 침강을 반복했다고 믿는다.

정말로 이런 과정을 겪었다면 퇴적과 퇴적 사이의 융기 기간 중에 침식을 겪었다는 분명한 흔적이 있어야 할 것이다. 즉 융기로 인해 드러난 지층은 오늘날에도 일어나는 풍화와 침식으로 인한 골짜기, 산, 강 등의 지형학적 흔적이 있어야 한다. 만약 그러한 시간적 간격으로 오랫동안 침식만 일어났다면 어떻게 지층이 서로 평행한 관계로 남아 있을 수 있을까? 과연 침식이 일어난 지구상의 어느 지표가 그렇게 평평할 수 있을까? 단언하건대 어디에도 없다.[43] 어디에나 골짜기가 만들어지고 강이 흐르고 드러난 산들로 이루어져 있다. 그러나 실제 야외 조사에서 오랜 기간 침식만 일어났다는 결층면을 관찰할 경우 그런 기대에 맞는 증거를 찾기는 어렵다.

수평의 지층을 가장 잘 드러내는 그랜드캐니언을 예로 들어 보자. 그랜드캐니언의 지층에는 고생대의 오르도비스기와 실루리아기 지층이 존재하지 않는다. 다시 말해 그랜드캐니언에서 진화론자들이 주장하는 두 시대를 지칭하는 표준화석이 발견되지 않았다는 얘기다. 고생대 최하부인 캄브리아기 지층 위에 바로 데본기와 미시시피기 지층이 놓여 있다. 이 말은 캄브리아기 화석을 포함하는 지층 위에 오르도비스기와 실루리아기 화석 없이 바로 데본기 화석이 발견되는 지층이 놓였다는 뜻이다(p. 86 지질계통표 참고).

이 두 층 사이의 기간은 진화론자들의 표현을 빌리면 1억 5,000만 년이 넘는다. 그렇다면 진화론자들은 이들 지층을 보고 과거의 역사를 어떻게 설명할까? 당연히 지금 보고 있는 그랜드캐니언 지역은 캄브리아기 시대에는 물속에서 침강 상태였기 때문에 계속 퇴적작용이 있었고 그 시대에 살던 화석들도 함께 퇴적되었으며, 이후에 그 지층이 융기되어 오르도비스기와 실루리아기인 1억 5,000만 년 넘게 퇴적작용 없이 침식만 일어났다고 주장한다. 그리고 어느 때부터 그러니까 1억 5,000만 년이 지나 데본기에 이르렀을 때 다시 침강하여 다시 퇴적작용만 일어났고 그때 형성된 지층 속에 당시 살았던 생물들이 화석으로 남게 되었다고 말한다.

그런데 문제는 캄브리아기와 데본기나 미시시피기의 두 지층 사이에서 오랜 간격을 보여 주는 침식의 흔적을 전혀 발견할 수 없다는 사실이다. 당연히 그렇게 오랜 세월 동안 침식작용이 있었다면 캄브리아기 맨 위층에서는 산도 있고, 골짜기도 있고 강이 흘렀던 높고 낮은 흔적이 있어야 한다. 그러나 실제는 그렇지 않다. 그저 시루떡같이 평평한 지층의 경계만 있을 뿐이다. 만약 그렇게 오랫동안 침식만 일어났다면 시루떡 모양으로 평평하게 남아 있는 것은 불가능하다.

수평의 지층뿐 아니라, 상하로 인접한 두 지층은 절리, 단층, 변성도 등 지질학적 특징에서도 전혀 차이점을 보여 주지 않는다. 단지 두 지층에서 두 시대의 표준화석만 없을 뿐이다. 실제로 캄브리아기 지층과 미시시피기 지층이 만나는 경계면은 두 지층이 반복되다가 위로 올라갈수록 미시시피기 지층이 점점 우세해지는 모습을 보인다.[44] 그렇게 오랫동안 침식작용만 있었던 긴 기간은 이 사이에 들어갈 틈이 없다.

표준화석이라는 것이 세상에 존재하지 않으며 화석은 시대가 아니라 저탁류가 포함하던 생물들을 의미한다면, 해석이 쉽고 간단해진다. 두 지층의 시간적 간격은 거의 없으며 연이어 몰려온 저탁류 속에 진화론자들이 표준화석으로 정한 생물이 없었다는 것뿐이다.

우리나라에도 지질학자들이 결층이라는 용어를 사용하는 곳이 있다. 고생대 실루리아기 초부터 석탄기 초기까지의 화석이 발견되지 않는 것이다. 지질학자들은 이를 당시에는 한반도 전체가 융기되어 육지로 드러나서 침식작용만 있었다고 설명한다. 이 역시 단지

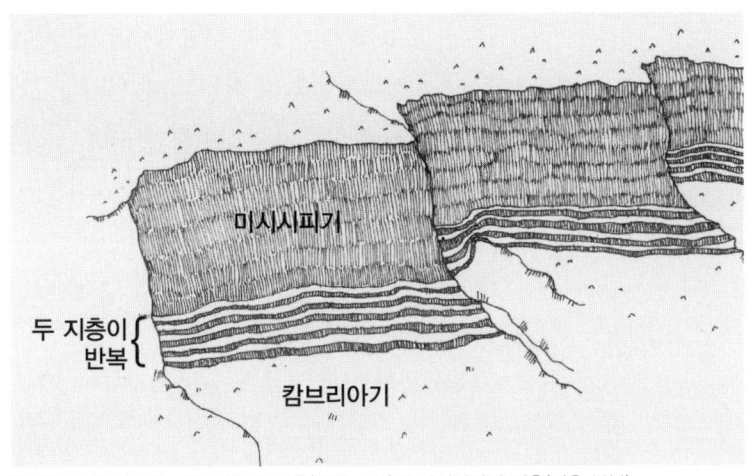

반복된 관계를 보이는 캄브리아기 지층(하얀 부분)과 미시시피기 지층(검은 부분)

화석으로만 해석한 설명이다. 한반도에서 아직 그 시대의 화석이 발견되지 않으므로 내린 결론이다.

진화론자들이 구분해 놓은 수많은 결층들은 과연 무엇을 의미할까? 진화론자들이 말하는 것처럼 엄청난 시간적 간격인 것일까? 거기에는 수많은 세월의 진화론적 믿음만 있으며 실제로 어떤 시간적 간격을 보여 주지 않는다.

월콧(1888)은 일찍부터 그랜드캐니언의 이 두 지층을 보고 다음과 같이 말했다.

> "부정합(결층) 면은 조금도 간격이 없으며, 그 뚜렷한 수평선을 바라보고 있는 지질학자들의 눈을 제외하고는 어떤 것(간격)도 존재하지 않는다."[45]

♥ 패러다임 : 사람들이 갖고 있는 사고의 틀을 의미한다

실제 지구상에서 발견되는 증거와 지질학자들의 주장 사이에 얼마나 큰 차이가 있는지를 지적한 말이다. 결층의 오랜 기간은 증거가 말하는 것이 아니다. 진화론적 패러다임이 지질학자들의 눈을 가리고 있는 것이다.

> **순환논리 :**
> 이 화석이 얼마나 오래됐습니까?

You really wanna know?

    만약 한 지질학과 학생이 야외에서 발견한 화석을 들고 와서 교수님께 그 화석의 시대를 물어 보았다고 하자. 과연 교수님은 화석의 시대를 어떻게 결정할까? (편의상 이 학생이 들고 온 화석이 표준화석으로 결정됐던 것이라고 하자) 앞으로 그 이유를 설명하겠지만, 진화론자들은 방사성동위원소 연대측정법으로 화석의 나이를 측정하지 않는다('4장 창조과학 깊이 들어가기' 참고). 교수님은 아마도 화석 그림들이 순서적으로 그려진 지질계통표를 펼치고 그 학생이 들고 온 화석과 가장 닮은 화석을 그림에서 찾아낼 것이다. 그러고는 "이 화석은 (예를 들어) 고생대 데본기 화석이다"라고 말할 것이다.

    교수님은 학생이 가져온 화석의 시대를 결정하기 위해 기존에 다른 사람이 발견했던 화석을 사용한 것이다. 풀어서 쓰자면, '앞서 발견된 화석'을 가지고 인위적으로 만든 지질계통표에 따라 '나중에 발견된 화석'의 시대를 결정한 것이다. 뭔가 이상하지 않은가? 뭔가 빠진 것 같지 않은가? 그렇다. 바로 '시대'가 없다. 단지 그때 발견했던 화석과 지금 손에 들고 있는 화석만 존재하고 있는 것이다. 정말 필요한 시대는 오직 진화론자들의 마음에만 있다. 그러니까 여기서 시대라는 것은 완전히 진화론적 발상에서 만들어진 세상에 없는 상상의 산물이다. 우리가 가지고 있는 것은 오직 '화석'뿐이다. 이와 같은 논리를 '순환논리'(circular reasoning)라고 부른다. 당연히 그릇된 논리다.

순환논리의 이해를 위해 재미있는 예를 들어 보자. 어느 날 한 부부가 복권을 샀다. 발표하는 날 남편은 직장에 가서 복권을 맞춰 보려고 아내에게 전화를 걸었다. 그런데 서로 불러 주는 숫자가 정확하게 일치하는 것이 아닌가. 복권에 당첨된(?) 것이다. 부부는 너무 기뻐서 당첨금을 타기 위해 서둘러 은행으로 향했다. 은행으로 가는 길에 서로에게 물어보았다. "여보, 복권 꺼내 봐요." 그러나 둘 중 누구도 복권을 들고 있지 않았다. 어처구니 없게도 전화를 할 때 서로가 들고 있던 것은 복권이 아니라 당첨번호가 적힌 그날의 조간신문이었던 것이다! 둘 다 당첨번호만 갖고 있을 뿐 정작 필요한 복권은 없었다. 이것이 바로 빙글빙글 도는 순환논리다. 이는 화석은 들고 있지만 정말 필요한 시대가 없는 지질계통표의 예와 같다고 할 수 있다.

캔자스 주립대학의 웨스트(1968)는 이 문제점을 정확히 지적하였다.

"과학자들의 주장과 반대로, 화석 기록의 해석을 위해 사용한 것이 진화론이기 때문에 대부분의 화석 기록은 (실제로) 진화론을 지지하지 않는다. 그러면서도 화석 기록이 진화론을 지지한다고 말한다면 순환논리의 죄를 범하는 것이다."[46]

이 글을 쉽게 풀어 보면 다음과 같다. 즉 흩어져 있는 화석들을 자신들의 의도대로 진화의 순서로 배열하여 지질계통표를 만들어 놓고 그 지질계통표를 가리키며 "봐라, 화석은 진화를 지지하잖냐?"라고 말하는 것은 전형적인 순환논리라는 것이다.

오루크(1976) 역시 순환논리에 대하여 잘 지적했다.

"표준화석들은 새로운 암석지층의 연대를 추정하는 데 이용된다. 그러나 동시에 새로운 화석들은 그것이 발견된 암석지층의 연대에 따라 그 화석 연대가 추정된다. 이것이 바로 최악의 상태에 있는 순환논리다"[47]

화석을 가지고 지층의 순서를 정하는 것 자체가 순환논리 속에 있는 심각한 문제지만, 야외 지질 조사를 할 때 어떤 지층에서 그 시대를 결정할 만한 표준화석이 발견되는 경우는 소수에 불과하다는 것이 더 큰 문제다. 더군다나 앞에서도 다루었듯이 기존에 표준화석으로 사용되던 것들이 시대 구분을 위한 도구로서 사용 불가 판정을 받고 있다면, 어떤 지층의 시대를 결정하는 것은 자신들의 원리인 진화론에서조차도 훨씬 멀어졌다는 것을 의미한다.

표준화석에 의한 지질계통표가 지구 역사가 아니라는 점은 아주 중요하다. 왜냐하면 이것이 진화론 자체를 무너지게 하는 이유이기도 하지만, 그동안 교회 안에서 진화론과 성경을 조화시키려는 수많은 이론들이 바로 지질계통표가 존재한다는 가정 하에 나왔기 때문이다. 노아 홍수가 지역적 홍수라든지, 하나님께서 지질계통표 순서대로 생물을 창조했다고 하는 점진적 창조론이나, 지질계통표의 순서대로 하나님께서 창조하시고 멸종시키는 여러 번의 격변이 있었다는 다중격변설 등의 타협 이론들은 그 뿌리를 들춰 보면 모두 지질계통표에 대한 신뢰나 미련에서 나온 것들이다(p. 227~237의 '타협 이론' 참고). 그러나 화석 증거들은 각기 종류대로 창조되었던 생물들이 함께 살다가 전 지구적인 대격변에 의해 매몰되었다는 노아 홍수 틀 안에서 명확하게 설명된다.

석탄은 이렇게 만들어졌다
나무 껍데기가 모이는 과정

　지구상에 엄청난 양의 식물 화석으로서 검고 가벼운 에너지원이 있다. 바로 석탄이다. 규모에 차이가 있을 뿐이지 석탄은 모든 나라에서 발견된다. 그동안 에너지원으로 상당량을 사용했음에도 불구하고 지구상에는 아직도 많은 양의 석탄이 남아 있다. 과연 석탄이 의미하는 바는 무엇일까?

　석탄은 한마디로 탄화된 나무다. 그런 면에서 마치 숯과 같다고 할 수 있다. 공기에 노출된 나무는 시간이 지나면 산화되어 재로 변하지 탄화되어 숯같이 되지 않는다. 그러므로 석탄이 형성되는 과정에서 먼저 고려해야 할 점은 숯을 만들 때와 같이 공기가 차단된 상태에서 진행되어야 한다는 것이다. 또 하나는 석탄은 나무 자체나 나뭇가지라기보다는 대부분 나무 껍데기로 구성되어 있다는 것이다. 물론 석탄층 가운데 나무 자체나 나뭇가지가 없는 것은 아니지만 대부분은 나무 껍데기다. 그러므로 석탄이 형성되는 과정을 말할 때 나무에서 분리된 나무 껍데기가 모이는 과정도 설득력 있게 설명되어야 한다.

그동안 동일과정설적 지질학자들(uniformitarian geologists)이 내세웠던 석탄 형성의 모델은 '습지 모델'이다. 잔잔한 습지에서 오랫동안 나무가 쌓이고 쌓여서 석탄이 만들어진다는 것이다. 그러나 석탄의 모든 증거들은 습지 환경과는 반대되는 것들이다. 먼저 석탄을 이루는 대부분의 나무 껍데기들은 습지가 아닌 배수가 잘 되는 곳에서만 자라는 식물의 것이다.

또한 석탄은 습지 같은 민물 환경이 아니라 바다 환경을 말해 준다. 왜냐하면 석탄은 다른 화석들과도 함께 발견되는데 대부분이 물고기, 연체동물 그리고 조개와 같은 무척추동물들의 화석으로서 모두 바다에서 서식하는 생물들이다.[48] 한편 석탄은 가끔 커다란 바위들과 함께 발견되는데, 이는 수력학적으로 볼 때도 잔잔한 물에서 이동될 수 있는 모습이 아니다. 어떤 것은 무게가 70kg 이상인 바위도 있다.

무엇보다도 습지이론으로 설명하기 어려운 점은 석탄층의 규모가 수백 km^{2}를 넘는다는 사실이다. 지금 지구상 어디에도 이렇게 광범위한 습지는 없다.[49] 그리고 습지에서 퇴적되었다면 석탄층 밑에 토양이 있어야 하는데 그런 흔적이 전혀 없다.[50] 또한 석탄층은 매우 두꺼운데 어떤 것은 두께가 60m에 달하는 것도 있다. 어떤 습지 환경도 이렇게 대규모로 나무 껍데기가 쌓이는 과정을 설명하지 못한다. 더구나 석탄은 다른 물질에 의해 오염되지도 않았다. 즉 이 나무 껍데기들은 나무에서 벗겨지자마자 퇴적되어 곧바로 매몰되었음을 알 수 있다.

 그렇다면 석탄은 어떤 환경에서 형성될까? 우리가 갖고 있는 데이터를 종합하면 가장 설득력 있는 환경은 홍수 조건이다. 그것도 오늘날 일어나는 일반적인 홍수가 아닌 노아 홍수와 같은 전 지구적인 대격변을 의미한다. 이 대격변적 홍수 동안 나무들은 어떤 일을 겪었을까? 깊은 곳의 샘들이 터지는 조건 하에 나무들은 토양액화에 의해 뿌리째 뽑히고 물 위로 떠올랐을 것이다.

 그리고 수많은 수목들이 서로 엉겨 붙어 거대한 매트처럼 물 위에 떠다녔을 것이다. 떠다니던 수많은 나무 껍데기들은 물에 의해서 느슨해지고 무거워져서 밑으로 가라앉았고, 이어 몰려오는 저탁

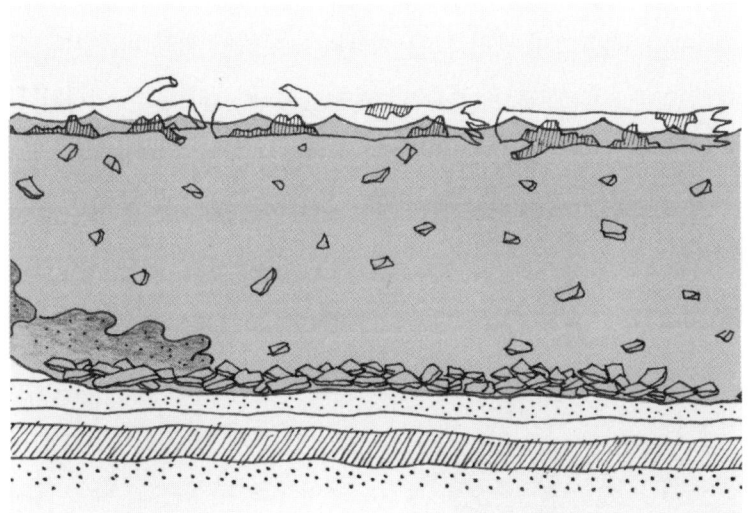

석탄 형성의 홍수모델

류에 의해 갑작스럽게 매몰되었을 것이다. 그리고 열과 압력을 받아 오늘날 탄화된 석탄으로 변했을 텐데 이것이 바로 '홍수 모델'이다. 일반적으로 석탄은 여러 퇴적지층들 사이에 끼어서 반복적으로 발견된다. 이는 떠다니던 나무 껍데기들이 아래로 가라앉아 퇴적되어 저탁류에 의해 매몰되고, 또 그 위에 나무 껍데기가 가라앉아 쌓이고 그 위에 저탁류가 밀려오는 과정이 빠르게 반복되었음을 보여준다. 이 모델에 의하면 나무와 나무 껍데기의 분리, 해양 화석, 커다란 바위, 갑작스런 매몰 등 석탄에서 관찰되는 내용들과 조화를 이룬다.

앞서 지층 형성의 예로 다루었던 세인트헬렌스 산에서 석탄의 형성 과정을 볼 수 있다. 화산 폭발로 인해 나무들이 뿌리째 뽑히고 이들 중 많은 나무들이 근처의 스피릿 호수로 떠밀려 내려갔다. 그 호수에는 자그마치 백만 그루 이상의 나무들이 밀려 내려왔다. 그런데 얼마 지나지 않아 호수에 가 보았을 때 나무들은 여전히 물 위에 떠 있었지만 껍데기들은 모두 사라지고 없었다. 이 껍데기들은 모두 어디로 사라진 것일까? 스피릿 호수 아래로 내려가 보니 놀랍게도 나무에서 분리된 나무 껍데기들이 호수 바닥으로 가라앉아 고스란히 쌓여 있었다. 그 두께가 약 1m나 되었다. 이들을 '토탄'이라고 부르는데, 나무 껍데기들이 쌓인 석탄의 초기 단계를

석탄과 지층이 반복되어 있다

말한다. 이들이 저탁류에 의해 매몰된 다음 열과 압력의 조건만 맞으면 탄화되어 석탄이 되는 것이다.

석탄 형성에 관한 홍수 모델을 제안한 대표적인 사람은 창조과학자이자 지질학자인 스티브 오스틴 박사다. 그는 '떠다니는 매트 이론'(Floating Mat Theory)이라는 석탄 형성 모델로 펜실베이니아 주립대학에서 박사학위를 받았다. 그 내용은 앞서 설명한 홍수 이론과 동일하다. 그리고 그의 논문이 검증된 실제 사건이 발생했으니, 바로 세인트헬렌스 산의 화산 폭발이다. 오스틴 박사가 이 논문으로 박사학위를 받은 1979년에는 그의 이론을 검증할 만한 석탄 형성의 예가 없었다. 그러나 10개월 후인 1980년 세인트헬렌스 산이 화산 폭발을 하자 그가 논문에서 제시한 이론인 석탄의 초기 단계인 토탄 형성을 입증할 수 있었다. 오스틴 박사가 노아 홍수 기록을 기초로 한 모델이 실제로 검증된 것이다.

그런데 과연 나무 껍데기에서 석탄이 만들어지는 데는 얼마나 오랜 시간이 필요할까? 1964년 스팩크먼은 석탄 형성에 대한 실험 결과를 발표했다.[51] 석탄이 탄화되는 정도는 시간과는 관계 없으며 단지 열과 압력의 조건이 주어지면 바로 만들어진다는 것이다. 실제로 석탄은 아주 짧은 시간에 형성된다. 과학자들은 실험실에서 수시간, 또는 더 짧은 수분 내에도 석탄을 만들 수 있었다.

석탄은 현재 지구상에 엄청난 규모와 면적으로 분포하고 있다. 세인트헬렌스 산 화산 폭발로 토탄이 만들어졌다고 하더라도 그 규모는 현재 탄광에서 볼 수 있는 것과는 비교할 수 없게 소규모

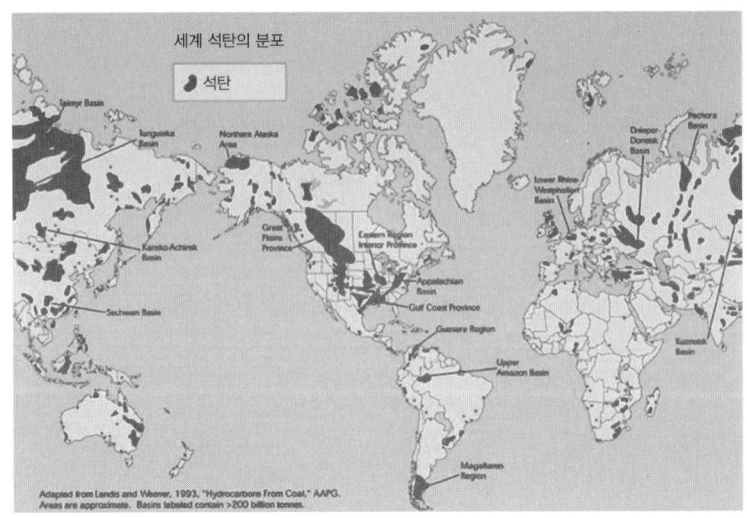

세계 석탄의 분포

다. 과거를 해석하는 진화론자들의 가장 큰 맹점 중 하나는 사물을 '역학적'인 관점이 아니라 '시간적'으로 해석하려는 데 있다. 석탄에 대한 기원도 마찬가지다. 엄청난 석탄을 보면서 자꾸 시간을 부여하려고 한다. 그러나 모든 과학적 접근은 석탄 형성이 시간이 아니라 '사건 발생 당시 에너지의 규모'를 말하고 있다. 다시 말하면 시간이 아니라 당시의 압력이나 열과 같은 조건이 갖추어지기만 하면 형성되는 것이다.

일반인들도 진화론자들의 사고로 사물을 보는 데 길들여져 있다. 여기에는 석탄뿐 아니라 지금까지 다루었던 지층, 사층리, 화석도 마찬가지며, 앞으로 다루게 될 홍수 후기의 증거도 마찬가지다. 석탄을 포함해서 오늘날 관찰되는 지질학적 특징들은 전 지구적인 노아 홍수의 대격변 틀 안에서 해석 가능하다.

또한 지금 관찰되는 석탄의 양을 통해 노아 홍수 이전의 환경을 엿볼 수 있다. 만약 오늘날 성경에 기록된 대로 노아 홍수와 같은 격변이 일어난다 할지라도 이런 엄청난 매장량의 석탄이 형성되는 것은 불가능하다. 오늘날의 지구는 이 정도 매장량을 형성할 만큼 나무가 울창하지 않기 때문이다. 그렇다면 분명 노아 홍수 이전에는 지금과는 비교할 수 없이 나무가 울창했음을 상상할 수 있다.

여기서 중요한 성경적 세계관을 가져 볼 수 있다. 즉 우리가 지금 살고 있는 환경은 점점 좋아져서 여기까지 온 것이 아니라는 것이다. 오히려 예전이 지금보다 훨씬 좋았으며, 더 나아가 처음이 가장 좋았다. 하나님이 세상을 창조하시며 계속해서 반복하신 말씀이 '보시기에 좋았다'이다. 이 시작에 관한 세계관은 어떤 종교와 철학에도 들어 있지 않은 독특한 출발이다.

진화론자들이 말하는 것처럼 세상이 점점 좋아졌고, 점점 고등한 생물로 진화한 것이 아니다. 오히려 우리는 처음이 가장 좋았으며, 죄에 의해서 더 나빠졌다(창 3:17-19). 그리고 죄악이 가득 찼기에 물로 심판했던 노아 홍수를 기점으로 더 악화되었다. 화석과 석탄 등은 우리가 살고 있는 지금이 그 심판으로 이루어진 '더 안 좋아진' 모습이라고 말하고 있는 것이다.

해양 무척추동물 화석도 같은 적용이 가능하다. 만약 오늘날 노아 홍수가 일어난다 할지라도 지금 발견되는 것처럼 수많은 해양 화석을 만들 수는 없다. 그렇다면 수많은 해양 화석은 무엇을 말할까? 석탄과 동일하게 홍수 이전에는 지금으로서는 상상할 수 없을 만큼 바다에 해양 생물이 풍부했음을 알 수 있다. 오늘날 바닷가에서 어쩌다 소라나 조개를 발견하면 신기해하는데, 홍수 이전에는 널린 것이 소라요, 조개였던 것이다.

  이 역시 처음이 좋았으며 죄로 인해 좋지 않은 환경으로 변했고, 노아 홍수를 통해 더 악화되었다는 성경적 세계관을 대변하는 것이다.

사막이 아름답다고요?

You really wanna know?

창조과학 탐사 여행을 하려면 LA나 라스베이거스에서 출발해 그랜드캐니언을 향하는 길에 반드시 건너야 하는 곳이 있다. 바로 모하비 사막이다. 남캘리포니아, 네바다, 애리조나, 유타 등 4개 주에 걸쳐 있는 넓은 사막으로서 연간 강수량이 150mm가 안 되는 곳이다. 현재 이곳 사막의 생태에 대하여 많은 연구가 진행되고 있어 더욱 유명해졌다.

이 사막을 버스를 타고 건너면서 참가자들에게 던지는 질문이 있다. "사막이 보기 좋으세요? 사막에서 살고 싶으세요?"

한반도는 다행히 사막이 없다. 그래서 그런지 우리나라 사람들은 사막을 몹시 신기해한다. 하지만 어느 누구도 사막에서 살고 싶어 하지 않는다. 이곳은 여름이면 45℃가 넘으며, 바람도 무척 세다. 아무리 봐도 사람이 살 만한 곳은 아니다.

성경에도 사막이 여러 번 등장한다. 그러나 사막을 좋다고 표현한 곳은 찾아보기 힘들다.

"그는 사막의 덤불과 같아서 좋은 일이 생겨도 보지 못하고 광야의 메마른 땅에서, 아무도 살지 않는 소금 땅에서 살 것이다" 렘 17:6

예수님이 오셔서 회복시키실 때 다음 말씀과 같이 변할 텐데, 그때는 더 이상 지금과 같은 사막이 아닐 것이다.

"여호와께서……그 광야를 에덴처럼 만드시고 그 사막을 여호와의 동산처럼 만드셨으니 그곳에는 기쁨과 즐거움이 있고 감사의 노랫소리가 그곳에 울려 퍼질 것이다" 사 51:3

"사막에서 물이 터지고 강물이 광야로 쏟아질 것이다" 사 35:6

그런데 하나님이 세상을 창조하실 때 반복한 표현이 있는데 바로

모하비 사막

"보시기에 좋았더라"이다. 사막과는 어딘가 어울리지 않는다. 그렇다. 사막은 하나님께서 처음 창조하셨을 때의 모습이 아니다. 마찬가지로 오늘날 우리가 살고 있는 지구도 하나님이 처음 창조하셨을 때의 모습이 아닌 것이다.

우리는 처음이 좋았다. 그런데 첫 번째 인간의 죄로 인해 가시덤불과 엉겅퀴가 나서 더 이상 좋았던 상태를 유지할 수 없게 되었다. 그리고 죄악이 가득 차자 하나님은 대격변을 일으켜 쓸어 버리셨다. 그 후 상황은 더욱더 나빠졌다.

하나님이 창조하셨을 때 추위와 더위가 언급되지 않는다. 추위와 더위는 노아 홍수 사건 다음에 처음으로 언급된다(창 8:22). 그러니까 추위와 더위는 하나님의 심판이 남겨 놓은 결과다. 처음에는 아담과 하와가 벌거벗어도 전혀 문제가 없을 정도로 날씨가 좋았다. 그러므로 홍수 전에는 뜨거운 사막이 있을 리 없다. 여기서 우리는 사막이 창조의 모습이 아니라 노아 홍수 이후에 등장했다는 것을 알 수 있다.

낙타는 '사막의 배'라고 불린다. 그런 낙타에게 물을 주면 좋아할까? 당연히 좋아한다. 낙타는 물 없이도 오래 버틸 수 있는 능력이 있을 뿐이며, 단지 참고 살 뿐이다. 모하비 사막에도 많은 생물이 살고 있다. 뱀이나 도마뱀 같은 파충류뿐 아니라 토끼 같은 포유류도 산다. 그러나 이들이 물 없는 환경을 좋아하기 때문에 사막에 사는 걸까? 이들에게 물을 주면 모두 좋아한다. 참고 사는 것뿐이다.

로마서 8장은 이것에 대하여 잘 표현하고 있다.

"우리는 모든 피조물이 지금까지 함께 탄식하며 함께 해산의 고통을 겪고 있다는 것을 알고 있습니다" 롬 8:22

그리고 이 피조물들이 바라는 것은 하나님의 자녀들이 나타나는 것이고 처음 좋았던 상태가 오기를 기다리는 것이다.

"피조물은 하나님의 아들들이 나타나기를 고대하고 있습니다" 롬 8:19

이들은 정말로 사막에 샘이 넘치는 상황을 고대하고 있는 것이다. 이 소망에 대하여 우리도 마찬가지다.

"그뿐 아니라 또한 성령의 첫 열매를 가진 우리조차도 속으로 탄식하며 양자 됨, 곧 우리 몸의 구속을 기다리고 있습니다" 롬 8:23

창조과학 탐사 여행을 마치고 돌아올 때 참가자들은 하나님의 음성 하나는 분명하게 듣는다.
"지금 네가 달리고 있는 이곳은 처음 내가 창조했을 때의 모습이 아니다. 이 모습은 죄로 인해 내가 저주했던 땅이다. 정말로 네가 살아야 할 곳은 내가 준비해 두었다."

1 2 3 4 5 6 7 8 9 Step 10

창조 때의 땅 vs 홍수 때의 땅

가장 쉬운 지질학적 구분

여기서 잠시 성경적 지질학의 기초를 간단히 정리해 보자. 성경을 보면 하나님이 땅을 크게 두 번 다루시는 모습이 등장한다. 첫 번째는 창조 주간에 창조하신 땅이다. 그리고 두 번째는 지금까지 다룬 노아 홍수 격변 때 형성된 땅이다. 다음 그림을 보면 이해하기 쉬울 것이다.

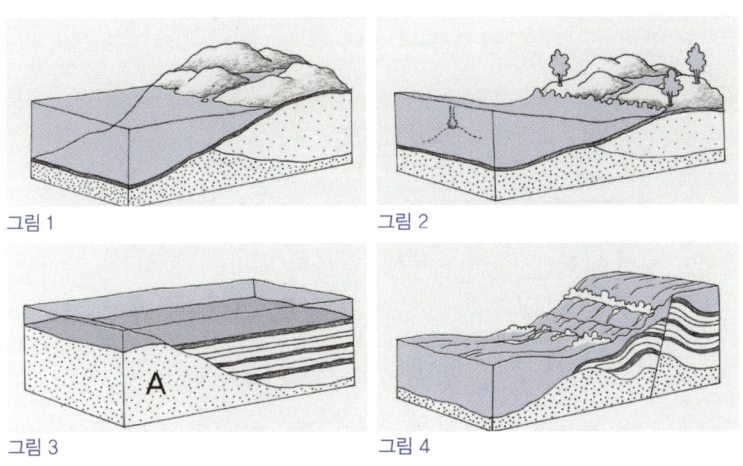

그림 1

그림 2

그림 3

그림 4

그림 1은 창세기 1장에서 하나님이 지구를 처음 창조하시던 모습이다. 지금 그 모습은 노아 홍수로 인해 파괴되어 사라졌지만 오늘날의 모습과 비슷하게 그려 본 것이다.

그림 2는 노아 홍수 때 모든 깊은 곳의 샘들이 터지는 모습이다. 엄청난 지진을 통해 토양액화가 발생하고 돌들이 부서지고 있다.

그림 3은 토양액화에 의해 부서진 흙이 쓰나미에 의해 이동되어 쌓이면서 지층을 형성한 모습이다. 이 안에는 지층, 사층리, 화석, 그리고 석탄 등 격변으로만 가능한 지질학적 특징들이 간직되어 있다. 여기까지가 노아 홍수 전기라 할 수 있다.

그림 4는 홍수 후기 때 물이 빠지는 장면이다('2장 노아 홍수 후기' 참고).

그림 3에 주목해 보자. 맨 아래 기초를 이루는 기반암 A는 언제 형성된 땅일까? 바로 창세기 1장의 창조 때 형성된 땅이다. 그리고 그 위에 있는 지층들은 지금까지 다루었듯이 노아 홍수 대격변 때 형성된 땅이다. 그렇다면 아래에 놓인 창조 때의 땅과 홍수 때의 땅은 어떤 차이점이 있을까?

하나님이 창조 주간에 전 지구적으로 지질학적 흔적을 남길 만한 성경 기록은 처음 지구를 창조하시던 첫째 날과 뭍이 드러나게 하시던 셋째 날이다. 그러나 셋째 날 뭍이 드러날 때까지는 하나님께서 아직 생물을 창조하시기 전이다. 그러므로 이 땅에서는 화석이 발견되는 것이 쉽지 않을 것이다. 더군다나 땅과 뭍이 창조되고 생물이 창조된 후부터 노아 홍수 이전까지는 격변을 경험하지 않았으므로 홍수 이전 땅에는 화석이 형성되기 쉽지 않았을 것이다. 물론 홍수 동안 기존의 땅에 끼어 들어가거나 아주 특이한 과정을 통해 형성될 가능성을 배제할 수는 없지만 화석이 만들어지는 일은 아주 드물 것이다. 그러므로 홍수 이전과 홍수 때의 땅은 화석의 규모와 빈도에서 분명한 차이를 보일 것임에 틀림없다. 또한 창조와 노아 홍수가 전 지구적인 역사적 사실이라면 이 두 땅의 경계는 당연히 어디에서나 어렵지 않게 찾을 수 있어야 한다.

그런데 화석이 발견되는 지구상의 퇴적지층 밑으로 뚫고 내려가면 화석이 발견되지 않는 기반암을 갑자기 만나게 된다. 여기에는 예외가 없다. 이 기반암은 화석을 포함하지도 않으며 기존 퇴적암보다 훨씬 단단하다. 이런 현상은 너무나 뚜렷하며 지구상 모든 곳

두 땅의 경계

에서 보이는 가장 일반적인 지질학적 특징이다. 일반 지질학자들도 경계를 쉽게 볼 수 있으므로 나름대로 이를 구분하였다.

화석이 발견되지 않는 아래쪽 기반암을 '선캄브리아기' 지층이라고 이름 붙였으며, 그 위에 본격적인 화석이 발견되는 상부층을 '현생대'(이언, 생물이 나타난 시대)로 구분했다. 현생대는 고생대, 중생대, 신생대를 총괄한 이름이다. 선캄브리아기라고 이름을 붙인 이유는 본격적인 화석이 발견되는 현생대 중에 가장 아래 지층이 고생대에 속하는 캄브리아기 지층인데, 그 이전 시대라는 의미에서 선(先)자를 붙인 것이다(p. 86 지질계통표 참고).

이 두 지층의 경계는 너무나 분명하고 지구상 어디서나 쉽게 발견되기 때문에 지질학자들은 그 경계를 대부정합(Great Unconformity)이라고 부른다. 그런데 지질학자들이 이 두 지층을 구별하여 선캄브리아기와 현생대, 그리고 그 경계를 대부정합이라고 이름 붙였다는 것은 그 원인을 이해했음을 의미하는 것이 아니다. 단지 차이가 뚜렷하다는 표현일 뿐이며, 어쩌면 그 용어 속에는 '모른다'는 의미가 더 크게 내포되었다고 볼 수 있다.

이에 대하여 창조과학자들은 본격적인 화석이 발견되지 않는 아래 암석들을 '홍수 이전 암석'(pre-flood rock), 위의 암석들을 '홍수 암석'(flood rock)이라고 부른다. 창조과학자들이 이렇게 부르는 것에 대하여 어떻게 생각하는가? '홍수 이전 암석'과 '홍수 암석'이란 구분은 두 암석의 뚜렷한 차이뿐 아니라 그 현상의 원인까지 충분히 이해한다는 뜻이며, 더 나아가 성경적인 지질학 역사를 분명히 뒷받

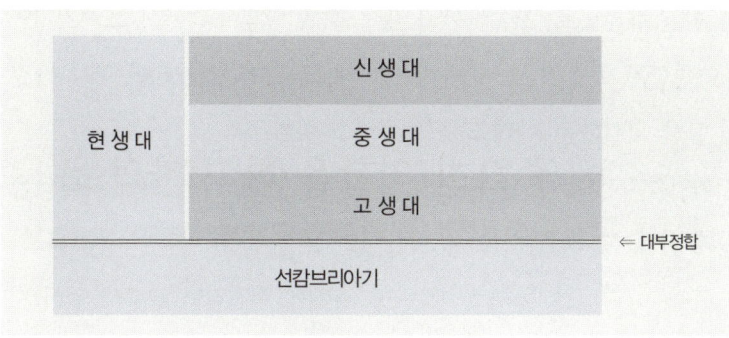

단순화시킨 지질계통표와 대부정합

침하고 있다는 의미다. 지구상에서 예외가 없는 이 두 경계는 창세기 1장의 기록대로 땅이 창조된 후에 전 지구상에 일어났던 대격변으로 쉽게 설명될 수 있다. 바로 창조 때의 땅과 노아 홍수 심판 때 형성된 땅이다.

창조 주간 첫째 날과 셋째 날의 땅

홍수 이전 암석인 창조 주간에 창조된 첫째 날과 셋째 날의 암석들을 구분하여 비교해 보면 성경의 역사가 더 분명해진다.

창세기 1장 1절에 "태초에 하나님이 천지(earth)를 창조하셨다"면서 지구가 언급된다. 이어서 2절에는 그 지구의 첫 모양이 어땠는지가 묘사되어 있는데, "땅은 혼돈하고 공허하며……"(영어로는 'formless and void'로 되어 있는데 무질서한 모습이 아니라 '형태를 표현할 수 없고 아무도 없는'이 더 적절하다)와 같이 아주 복잡한 모양이다. 한글성경에는 1절을 한문 '지'(地)로, 2절을 한글 '땅'으로 번역해서 다르게 느껴지지만 영어성경은 똑같이 'earth'(땅)로 번역하고 있다. 히브리어 역시 똑같이 땅을 의미하는 '에레츠'를 사용하고 있다.

여기까지가 첫째 날 지구의 모습이다. 첫째 날에 이어 하나님은 둘째 날에 하나님의 신이 운행하셨던 물을 둘로 나누어 궁창을 만드셨다. 그러므로 둘째 날에는 땅 자체에 직접적인 영향이 없어 지질학적 흔적을 남기기는 어렵다.

그러나 셋째 날에는 궁창 아래 물이 한 곳으로 모이며 뭍이 드러나는 과정을 그리고 있다. 따라서 전 지구적인 지질학적 흔적을 남겼을 것이다. 셋째 날 땅은 물이 한 곳으로 모이기 때문에 일종의 노아 홍수 전기와 같이 저탁류와 유사한 과정이 일어났음을 상상할 수 있다. 즉 바닷물이 모이며 저탁류가 형성되어 바다 밑에는 지층을 형성시켰을 것이다. 그러므로 첫째 날의 땅은 창세기 1장 2절에 묘사된 것과 같이 아주 복잡한 반면에, 셋째 날에 저탁류에 의해 형성된 땅은 지층을 보일 것이다. 한편 이 두 암석의 공통점은 둘 다 아직 생물이 창조되기 이전이기 때문에 본격적인 화석은 포함하지 않는다는 것이다.

재미있게도 지구는 이런 예상과 정확히 맞아떨어지는 모습을 보여 주고 있다. 지구상의 퇴적지층 가장 아래에 있는 기반암은 아주 복잡한 암석으로 이루어져 있다. 이 암석이 아주 복잡하기 때문에 지질학자들은 이 지층을 선캄브리아기 복합체(complex)라고 부를 정도다. 물론 이 암석에는 화석이 발견되지 않는다. 그런데 그 복합체 바로 위에는 뚜렷한 지층을 보여 주는 전혀 다른 암석이 덮고 있는데, 이 암석 역시 지층은 뚜렷한데 본격적인 화석을 포함하고 있지 않다.

정리하자면, 홍수 때 형성된 퇴적층 밑에 있는 홍수 이전 층은 두 가지로 나뉘는데, 맨 아래는 묘사하기 어려울 정도로 복잡한 첫째 날의 암석이 있고, 그 복잡한 암석 위에는 지층이 뚜렷이 보이지만 화석이 발견되지 않는 셋째 날 암석이 덮고 있다.

일반 지질학자들도 이것을 쉽게 구분하는데, 그들은 맨 아래 복잡한 지층의 암석을 '시생대' 층, 그리고 화석은 발견되지 않지만 지층이 있는 암석을 '원생대' 층으로 뚜렷이 구분한다. 그들은 여기에도 이름을 붙이긴 했으나 그 이유를 이해하고 있는 것이 아니다. 단지 뚜렷이 구분되는 현상을 표현했을 뿐이다. 그러나 성경적 순서로 보면 간단하다. 아주 복잡한 아래 암석은 창조 주간인 "땅은 혼돈하고 공허하며" 때 형성된 첫째 날 암석이며, 그 위에 분명한 지층을 보여 주는 암석은 "물이 한 곳으로" 모인 셋째 날에 형성된 암석인 것이다.

지금까지 진화론적 지질학은 이처럼 뚜렷한 차이를 보이는 이유를 설명하지 못했다. 오로지 지구의 진짜 역사인 성경을 통해서만 이해될 수 있기 때문이다.

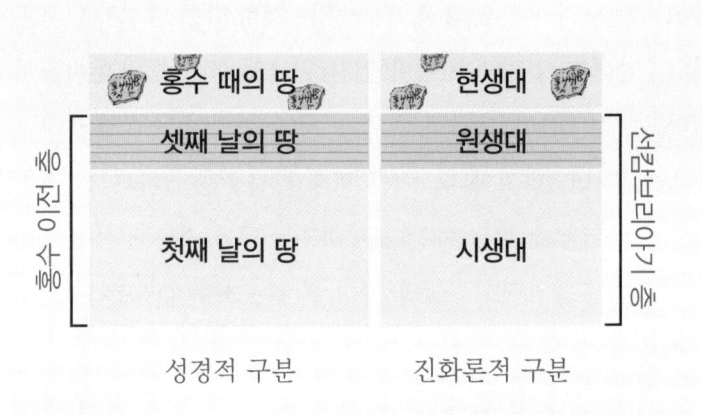

지층에 대한 성경적 구분과 진화론적 구분

창조 때의 땅과 홍수 때의 땅의 경계

창조 때의 땅과 홍수 때의 땅의 차이점에 대하여 중요한 증거들을 몇 가지 더 거론해 볼 필요가 있다. 특별히 홍수층의 최하부, 그러니까 홍수 때 가장 아래 퇴적된 지층에서 많은 증거들을 얻을 수 있다. 먼저 화석이 등장하는 빈도와 양상을 보면 가히 놀라지 않을 수 없다. 이곳에서 다양하면서도 엄청난 양의 화석이 광범위하게 갑자기 발견되는 것이다. 너무 갑자기 많은 양이 발견되기 때문에 지질학자들은 이를 두고 '캄브리아기 화석 폭발'(Cambrian fossil explosion)이라고 부른다. 캄브리아기 화석 폭발이라고 부르는 까닭은 화석이 출현하는 현생대 지층의 최하부인 캄브리아기에서 발생하기 때문이다.

캄브리아기 지층에서 발견되는 화석들은 모두 완벽한 모습을 갖추고 있으며 대부분이 해양 무척추동물들이다. 이들 화석은 진화의 어떤 순서도 보여 주지 않는다. 최근 세계적인 과학 저널 「네이처」가 캄브리아기 화석의 최하부에서 수백 마리의 물고기 화석이 발견되었다고 보고하였다. 지질학자들은 이 현상에 대해 '폭발'이란 단어를 사용해 놀라움을 표시하고 있다. 캄브리아기 폭발은 진화론자들에게는 보통 당황스러운 일이 아니며, 아직도 현생대 최하부에서 왜 이런 양상을 보이는지 설명하지 못하고 있다. 그러나 성경적 관점에서 보면 이런 현상은 아주 쉽게 해결된다. 해양 무척추동물들은 다른 어떤 생물보다 낮은 지역에서 서식했으므로 매몰되더라도 가장 하부에서 발견되는 것은 당연한 일이다.

다음 글들은 캄브리아기에서 화석들이 갑작스럽고 완벽하게 출현한 것에 대해 당황하는 진화론자들의 모습을 잘 나타내고 있다.

"선캄브리아기–캄브리아기 경계가 보여 주는 화석 기록에 생긴 문제들은 풀리지 않은 가장 큰 부분으로 남아 있다."[52]

"화석 기록은 다윈을 기쁘게 하기보다는 슬프게 해왔다. 그에게 캄브리아기 폭발보다 더 큰 골칫거리는 없었다. 거의 완벽하게 디자인된 생물들이 동시에 출현하는……."[53]

"캄브리아기 폭발은 사실상 현대 동물의 모든 주요 그룹의 출현을 뚜렷하게 보여 준다. 지질학적으로 말하는 수백만 년이

라는 짧은 기간 안에서 말이다." [54]

다른 증거들도 들어 보자. 캄브리아기 지층 속에서 거대 암석으로 구성된 역암이 발견된다는 점이다. 역암이란 자갈보다 큰 돌들이 쌓여서 된 퇴적암을 말한다. 이 역암이 홍수 때 지층의 최하부에서 발견된다. 이 바위들은 모두 홍수 이전 지층의 암석 파편으로 구성되어 있다. 예를 들면 그랜드캐니언의 홍수 때 지층의 최하부를 '태핏층'이라고 부른다(일반인들은 지층의 이름이 어렵게 느껴지겠지만 보통 그 지층이 가장 잘 보여 주는 지역명을 사용한다). 그런데 이 태핏층은 어떤 것은 지름이 10m에 달하는 커다란 바위들로 구성되어 있다. 물론 바위의 종류는 아래 있는 기존 홍수 이전(창조 주간에 만들어진)의 암석들이다. 이 태핏층은 북미 전역에서 발견되는데, 더 확장시키면 북미뿐만 아니라 호주와 그린란드 등 세계 각처에서 발견된다. 이것은 거시적인 안목에서 전 지구적인 사건을 동일하게 겪었음을 말해 준다.

성경적 관점에서 보면 이 바위들이 어디에서 왔는지가 분명하게 밝혀진다. 바로 "땅 속 깊은 곳에

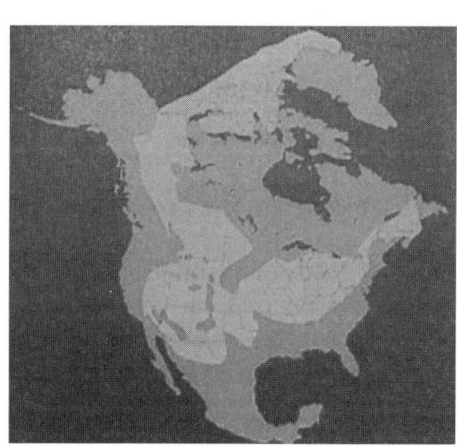

태핏층 분포도(밝은 색이 태핏층)

태핏층 속에 있는 커다란 바위

서 큰 샘들이 모두 터지고" 부서진 홍수 이전 암석의 파편들이다. 그러니까 홍수가 시작될 때의 모습을 그리고 있는 증거들이다. 반면에 홍수 이전 암석과 홍수층의 경계가 아닌 다른 지층에서는 이처럼 커다란 암석들이 대규모로 분포하는 모습을 찾아보기 어렵다. 캄브리아기 폭발과 함께 거대 역암들은 성경적 지질 역사를 지지한다. 이 모든 증거들은 창세기 1장에 기록된 창조 과정과 이후 단 한 차례 있었던 전 지구적인 격변이 기록된 성경의 홍수만이 설명할 수 있는 내용들이다.

하나님은 욥기 38장에서 욥에게 질문하신다.

"내가 땅의 기초를 놓을 때 네가 어디 있었느냐? 아는 게 있으면 말해 보아라" 욥 38:4

마치 하나님이 창조 때의 땅을 보며 말씀하시는 것 같지 않은가? 과연 첫째 날의 땅, 셋째 날의 땅 그리고 이들과 구분된 홍수 때의 땅을 스스로 알 수 있을까? 이미 하나님은 이 현상을 깨달아 알 수 없다고 했다.

동일한 땅을 바라보며 과거를 해석하려는 두 종류의 지질학자가 있다. 한 사람은 혼자서 어떻게든 알아보려고 하는 지질학자다. 그들은 뚜렷한 차이를 보이는 현상을 보고 시생대, 원생대, 현생대라는 이름을 붙여 놓았다. 하지만 왜 그런 모양을 하고 있는지는 알지 못한다.

다른 사람은 거기에 계셨던 증인을 만났고 그분에게 물어본다. 그분이 계시하신 책을 갖고 있으며 그 책에 대한 믿음이 있다. 그는 너무나 선명하게 알 수 있다. 첫째 날의 땅, 셋째 날의 땅, 홍수 때의 땅!

과거를 아는 데 과연 누가 더 유리한가? 바로 증인을 만난 사람이다. 과거에 땅이 경험했던 사실을 밝히는 데 누가 더 유리한가? 증인을 만난 지질학자다. 그 증인이 말씀하신다.

"나는 아버지에게서 본 것을 말하고 너희는 너희의 아버지에게

서 들은 것을 행하고 있다" 요 8:38

그렇다. 우리는 과거에 있었던 일에 대하여 물어볼 증인을 만난 것이다.

'주 하나님 지으신 모든 세계'를 부를 수 없어요

You really wanna know?

"'주 하나님 지으신 모든 세계'를 부르려 했는데 부를 수가 없었어요."

언젠가 그랜드캐니언 탐사 여행을 마치고 돌아오는 버스에서 복음성가 가수였던 한 사모님이 한 말이다.

사모님은 전에 그랜드캐니언에 왔을 때도 그 찬양을 부르고 싶었지만 부르지 못했다고 했다. 그런 아쉬움 때문에 이번 탐사 여행에는 꼭 부르려고 결심했는데 이번에도 도저히 부를 수가 없었단다. 참석자 모두는 그 말이 무슨 뜻인지 충분히 이해할 수 있었다.

그랜드캐니언 앞에서나 돌아오는 길에 이와 비슷한 간증을 자주 접한다. 눈앞에 펼쳐진 놀라운 장관에 처음에는 감탄사를 연발하지만 그것도 잠시, 사람들은 곧 숙연해진다. 거대한 그랜드캐니언 속에 숨겨진 하나님의 진노가 느껴지기 때문이다. 두껍게 쌓인 지층들을 보며 모든 깊은 곳의 샘들이 터지고 천하의 높은 산이 잠겼던, 그리고 쓰나미와 흙탕물들이 요동치던 격변의 현장에 와 있는 듯한 감회에 젖는 것이다. 죄악과 결코 함께할 수 없는 거룩하신 하나님의 성품도 확인하는 순간이다.

"예수님께서 죽었던 나사로를 살리셨는데 나사로가 지금도 살고 있나요? 결국 나사로도 죽었지요? 하나님이신 예수님이 살리셨는데, 나사로가 왜 죽었을까요? 과연 나사로가 지금까지 살고 있다면, 그것은 나사로에게 축복일까요? 지금까지 살고 있다면 그것이 정말 예수님이 원하시는 일일까요?"

그랜드캐니언 앞에 선 참석자들에게 던지는 질문 중 하나다. 왜 그랜드캐니언 앞에서 나사로에 대한 질문을 할까?

나사로가 지금까지 살고 있다면 결코 축복일 수 없다. 나사로를 이 땅에서 영원히 살게 하는 것이 예수님의 목적이 아니다. 죄악 때문에 가시덤불과 엉겅퀴가 난 뒤에 이 땅은 더 이상 하나님이 우리에게 주고 싶은 그곳이 아니었다. 더군다나 노아 홍수를 통해 세상을 파멸시키고(창 9:11) 물로 심판하셔서 더 악화된 이곳은 애초에 우리에게 주셨던 모습에서 더욱 멀어졌다. 생물의 시체인 화석을 밟고 다녀야 하는 이곳이 어떻게 보시기에 좋았던 모습이랴! 이곳이 어떻게 우리에게 주고 싶어 하시던 곳이랴!

예수님이 나사로를 살리신 이유는 그를 여기서 영원히 살게 하려는 것이 아니라, 자신이 살릴 수 있는 능력을 가진 유일한 분임을 보여 주시기 위함이었다.

"나는 부활이요, 생명이니 나를 믿는 사람은 죽어도 살겠고 살아서 나를 믿는 사람은 영원히 죽지 않을 것이다" 요 11:25-26

하나님은 아담과 하와가 죄를 지은 후 그들이 '생명나무'로 가는 길을 막으셨다. 만약 생명나무 길을 막지 않으셨다면 어땠을까? 우리는 하나님이 저주하신 이곳에서 영원히 살아야 했을 것이다. 정말 다행한 일이다. 우리는 처음이 좋았다. 우리에겐 죄가 없었던 적이 있었다. 이런 사실을 확실히 알 때 우리가 가져야 할 소망도 더욱 견고해진다. 하나님이 정말로 준비하신 생명나무이신 창조주 예수 그리스도가 더욱 고마워진다.

오늘날 우리가 겪는 모든 어려움, 아픔, 괴로움, 질병, 다툼, 공포…… 결국에 도달하는 죽음까지, 우리는 왜 이런 일들이 일어나는지 안다. 바로 우리의 죄 때문이다. 그러나 처음이 좋았던 그때가 분명하기 때문에, 그리고 죄가 해결될 수 있는 방법을 알고 그 사실을 믿기 때문에 이 세상에서 기뻐할 수 있다. 하나님께서 준비하신 참 생명나무, 바로 하나님의 아들 예수 그리스도가 내 안에 있기 때문이다.

그랜드캐니언은 깊은 협곡 때문에 창조 때의 땅과 홍수 때의 땅을 세계에서 가장 분명하게 볼 수 있는 곳이다. 그러므로 창조 때의 땅과 홍수 때의 땅의 경계를 보는 것은 창조과학 탐사 여행의 클라이맥스다. 예수 그리스도가 아주 선명해지기 때문이다.

"그러나 노아만은 여호와께 은혜를 입었습니다" 창 6:8

그 은혜가 분명해진다. 창조자만이 나의 구원자이신 것과 그래서

그랜드캐니언에 가면 창세기 1장 첫째 날의 땅과 셋째 날의 땅과 노아 홍수 때 형성된 땅을 모두 볼 수 있다

창조자이신 성자 예수님이 오신 사실이 뚜렷해지는 순간이기 때문이다. 그래서 그랜드캐니언이 "심판하는 일을 모두 아들에게 맡기셨"(요 5:22)음을 인정하는 귀한 감동의 자리가 된다. 마치 홍수 이전과 이후를 예수님과 함께 건너온 노아 가족이 된 듯한 감동 말이다.

노아 홍수 후기

물이 감해진 후 세상은 이렇게 자리잡았다

노아 홍수 콘서트 | PART 2

홍수 일지를 보면 홍수가 시작된 2월 17일부터 계속 불어나던 수위는 어느 순간에 정점에 도달했으며 그 정점 이후부터는 물이 점차 빠져나가 궁극적으로 말랐다. 홍수가 시작된 이후 40일(약 3월 27일)이 지나서 비가 그쳤으며 7월 17일에서야 방주가 아라랏 산에 걸렸으므로 물이 정점에 이르렀던 시기는 3월 27일과 7월 17일 사이의 어느 시점이었을 것이다. 그 정점에 이르기까지가 노아 홍수 전기다. 이제부터 그 정점에 이른 후 물이 줄어들고 마침내 노아가 방주에서 나오기까지를 다루는 노아 홍수 후기로 떠나 보자.

Step 1 2 3 4 5 6 7 8

물이 땅에서 물러가다
새롭게 형성된 바다와 땅

1장에서 지층, 사층리, 화석, 석탄 등 지질학적 증거들을 통해 물이 점점 증가하는 노아 홍수 전기를 이해해 보았다. 홍수 일지를 보면 홍수가 시작된 2월 17일부터 계속 불어나던 수위는 어느 순간에 정점에 도달했으며 그 정점 이후부터는 물이 점차 빠져나가 궁극적으로 말랐다. 홍수가 시작된 이후 40일(약 3월 27일)이 지나서 비가 그쳤으며 7월 17일에서야 방주가 아라랏 산에 걸렸으므로 물이 정점에 이르렀던 시기는 3월 27일과 7월 17일 사이의 어느 시점이었을 것이다. 그 정점에 이르기까지가 노아 홍수 전기다. 이제부터 그 정점에 이른 후 물이 줄어들고 마침내 노아가 방주에서 나오기까지를 다루는 노아 홍수 후기로 떠나 보자.

때로 노아 홍수 후기와 직후를 따로 나누기도 한다. 직후란 노아가 방주에서 나온 직후에도 한동안 이어졌을 안정화되는 기간을 말한다. 그러나 지역적으로 어떤 곳은 물이 이미 빠져서 안정화되고 있고, 어떤 곳은 아직도 여전히 물이 빠지고 있을 터이므로 홍수 후기와 직후를 간단히 구분하기란 쉽지 않다. 안정화되는 기간을 홍수 직후라고 말할 때 대부분의 창조과학자들은 아무리 길어도 노아가 방주에서 나온 뒤 1년을 넘지 않았을 것으로 생각한다. 이 책에서는 특별하게 강조하는 경우(p. 188의 '노아 홍수 직후 그랜드캐니언이 만들어지다'를 참고)를 제외하고는 후기와 직후를 함께 묶어서 다룰 것인데, 노아 홍수가 끝난 직후에도 이어졌을지도 모를 지질학적 과정까지 포함하고 있음을 이해하기 바란다.

성경 기록에서 물이 빠지고 마르는 과정은 창세기 8장 1절부터 시작하여 하나님께서 "방주에서 나가거라"고 명령하신 16절까지다. 어떻게 보면 기간도 더 길지만 성경은 물이 증가하는 홍수 전기보다 후기를 더 자세히 기록하고 있는 듯하다. 홍수가 시작된 지 약 150일이 지난 7월 17일에 방주가 아라랏 산에 머물렀다. 그리고 다른 봉우리들이 보이기 시작한 것이 10월 1일이었다. 다른 봉우리들이 보이기 시작한 후에도 물은 계속 감소하였다. 40일이 지났을 때인 그러니까 11월 10일경부터 노아는 까마귀 한 마리와 비둘기 세 마리를 일주일 간격으로 연달아 내보낸다. 그러나 성경 문맥상 까마귀와 첫 번째 비둘기는 같은 날 보냈을 가능성도 있다. 그러므로 마지막 비둘기를 방주에서 내보냈을 때는 15일이나 22일이 지난 11월 말이나 12월 초가 된다. 그리고 다음해 1월 1일 노아는 방주 뚜껑을 열고 밖을 내다보았으며, 57일이 더 지난 2월 27일이 되었을 때 하나님의 명령에 따라 노아 가족이 방주에서 나오며 노아 홍수는 끝이 난다.

성경은 물이 감하는 과정을 두 가지로 표현하고 있다. 8장 1절에 "바람으로 땅 위에 불게 하시매 물이 감하였고"와 3~5절에 "물이 땅에서 물러가고(줄어들고)"라는 표현이다. 이해를 위해서 "땅에서 물이 물러가는" 과정을 먼저 다루기로 한다. 실제로 물이 빠져나가는 데 이 과정이 더 큰 역할을 했던 것으로 보인다. 여기서 '물러갔다'는 동사는 영어로 'returned', 'retreated', 'receded' 등으로 번역되었는데 '제자리로 돌아갔다'는 뜻이다.

베드로후서 3장 6절의 "그때(홍수 때) 세상은 물의 넘침으로 멸망하였"다는 표현은 모든 육지가 물로 덮였다는 것을 보여 주는데, 지금은 제자리로 돌아간 것, 그 물이 다시 낮은 곳으로 돌아간 것을 의미한다.

그렇다면 지구 전체를 덮었던 물이 다시 바다로 돌아갈 수 있는

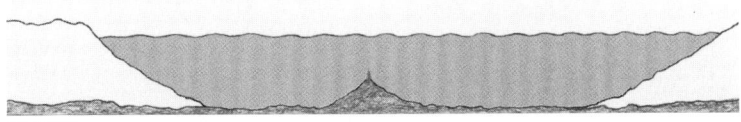
대양분지

방법은 무엇이었을까? 유일한 방법은 지표의 어느 한쪽은 내려가고, 다른 한쪽은 상대적으로 올라가야 한다. 다시 말하면 지금의 바다 쪽은 낮아지고, 지금의 육지 쪽은 상대적으로 높아진 것이다. 즉 육지를 덮었던 물들이 지대가 낮아진 새로 형성된 바다로 다시 모이게 된 것이다.

지질학자들은 바다를 '대양분지'(oceanic basin)라고 부른다. 마치 바다가 그릇처럼 물을 담고 있기 때문이다. 만약 육지의 지표면을 모두 끌어내리고 바다의 바닥을 끌어올려서 똑같은 고도로 맞춘다면 바닷물이 약 2.6km로 지구를 덮게 된다. 노아 홍수 당시 지표를 덮었던 물이 지금의 바닷물과 정확히 같은 양일지는 확인할 수 없지만, 그렇게 가정한다고 할지라도 지구를 덮었던 물은 실로 엄청난 양일 것이다. 그 지구 전체를 덮었던 물이 지금의 바다 쪽으로 몰려갔을 때 그 에너지는 상상을 초월할 정도로 대단했을 것이다. 당연히 물만 빠져나간 게 아니라 홍수 전기 때 형성되었던 지층들을 파괴하고 침식시키며 빠져나갔을 것이다. 그리고 육지에 깊이 파인 골짜기와 드러난 산을 만들었을 것이다.

산, 골짜기, 강이 오랜 침식의 결과일까?
산과 강은 격변으로 만들어졌다

주위의 산이나 골짜기, 강들을 보면 모양이 각기 다른 것 같아 보이지만 어떤 면에서 보면 특이한 공통점들을 발견할 수 있다. 산의 경사를 보면 일반적으로 정상으로 갈수록 가파르고 하부로 가면 완만한 모습을 보인다. 골짜기나 강은 더욱 그렇다. 많은 지형학자들이 하류로 갈수록 완만해지는 강의 종단면의 양상에 대하여

산의 모양

여러 번 지적해 왔다. 이와 같이 강의 경사가 아래로 갈수록 점점 완만해지는 패턴을 보여 주는 그래프를 '지수함

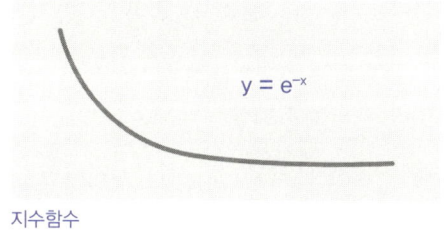

지수함수

수'라고 한다. 이상적인 경우 강의 종단면은 지수함수의 모양을 보여 준다.

과학이나 공학을 하다 보면 많은 수식을 접하게 되는데 많은 수식들이 지수함수 공식으로 표현된다. 예를 들어 볼링 공을 마룻바닥에서 굴리면 처음에는 빨리 굴러가지만 마룻바닥과 공기의 저항 때문에 그 속도는 점점 줄어들게 된다. 이 줄어드는 속도를 시간이나 거리와 함께 표시하면 속도가 점점 줄어드는 지수함수의 패턴을 보여 준다. 그러니까 간단하게 말하면 지수함수는 어떤 하나의 물리적 사건에 대한 결과를 의미한다.

학교에서 산들은 오랜 세월 동안 풍화와 침식에 의해 깎이고 깎여 지금의 모습이 되었다고 배웠던 기억이 있을 것이다. 그러나 과연 오늘날의 지형학자들은 이런 상상에 얼마나 동의할까? 과학적 접근을 시도할 때, 지금 우리 앞에 펼쳐진 산들은 오랜 시간에 걸친 작품이 아니라 짧은 시간에 엄청난 에너지가 수반된 침식의 결과로 나온다.

'산' 하면 떠오르는 익숙한 단어가 있는데 1889년 윌리엄 데이비스가 발표한 유년기, 장년기, 노년기, 준평원 식으로 표현되는 지형의 침식윤회(erosion cycle) 과정이다.[55] 그림과 같이 유년기 지형이 뾰족한 장년기 지형이 되고, 계속적인 풍화와 침식 과정을 거쳐 두리뭉실한 노년기 지형이 되었다는 것이다. 그리고 더 시간이 지나면 준평원이라는 평지가 되고, 또 시간이 지나면 유년기 지형으로 다시 돌아가는 시작도 없고 끝도 없는 순환 역사를 말한다.

이 침식윤회는 지형의 변화 과정을 동일과정설에 진화론을 대입해서 만든 이론이다. 그 내용이 내포하는 바는, 지금 우리가 보고 있는 산과 강의 모습은 오랜 세월 동안 깎이고 깎이는 침식윤회 과정 중 하나라는 것이다. 그러니까 생물 진화에서 말하듯이 종류 내에서 오랜 변이를 거치다 보면 이들이 더해지고 더해져서 다른 종류로 변한다는 진화론을 지형의 기원에 직접 대입한 것이다.

그러나 과연 오늘날 지형학자 중에 이런 단계적 변화를 믿는 사람이 얼마나 있을까? 실제로 이런 침식윤회를 믿는 지형학자는 거의 없다. 그럼에도 불구하고 아직도 중·고등학교 지구과학 교과서에 버젓이 이들 내용이 실린 것은 놀라운 일이 아닐 수 없다. 사실 침식윤회는 발표 당시부터 지형학자들에게 많은 문제점을 안고 있다는 지적을 받았음에도 불구하고 동일과정설과 진화론의 패러다임을 타고 많은 책에서 인용돼 왔다.

  풀어서 말하자면 오늘날 유년기 지형을 보여 주는 곳이 있다(예를 들면 그랜드캐니언). 그리고 장년기 지형을 보여 주는 곳도 있으며(설악산), 노년기 지형을 보여 주는 곳도 있다(호남평야). 그러나 그랜드캐니언이 시간이 지난다고 해서 설악산과 같은 모습을 보이다가 호남평야의 모습으로 변할 수는 없다. 오늘날의 지형학적 관점으로 볼 때 그랜드캐니언, 설악산, 호남평야는 모두 언젠가 엄청난 에너지에 의해 침식되어 지금의 모습이 형성된 이래로 지금까지 그 기본적인

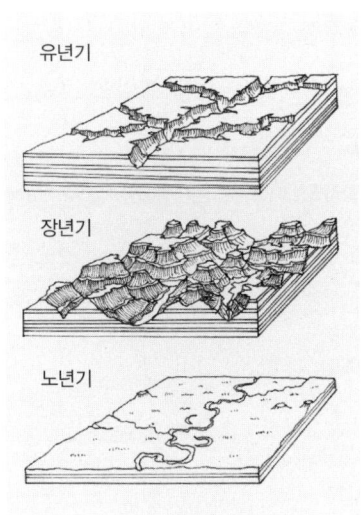
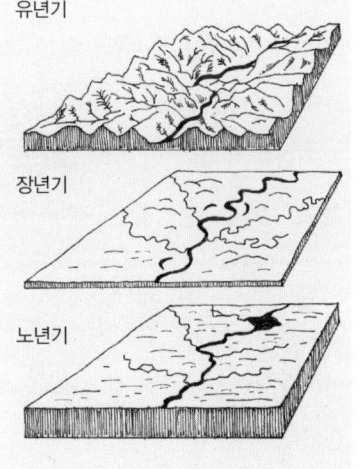

침식윤회

모습을 그대로 유지해 왔다는 표현이 맞다. 물론 풍화와 침식이 오늘날의 산과 강을 조금씩 변화시키기는 하지만 기본적인 지형의 틀에는 영향을 주지 못한다. 지형학자 트위대일은 침식윤회로는 예전의 지형이 오늘날의 지형으로 변화되었다는 어떤 이론적 가능성도 제공하지 못한다고 말했다.[56]

핵(1975)이란 지형학자도 이 점을 분명히 한다.

"이상적인 경우에 지표의 변화는 시간이 지나도 변하지 않고 남아 있어서, (오늘날) 지형의 모습은 처음 형성되었을 때 이래로 거의 변화 없이 그대로 남아 있다."[57]

다시 말해 현재의 지형은 오랜 세월에 걸친 침식에 의해서 만들어졌다기보다 과거에 엄청난 사건을 경험한 후에 만들어져서 지금까지 남아 있다는 말이다. 이는 오늘날의 지형은 오랜 세월을 걸쳐 만들어진 산물이라는 보편적인 생각을 뒤집는 주장이다.

지형학자 올리에르와 페인도 『산맥의 기원』이란 책에서 동일과정설로 지형을 설명하는 것이 어떻게 불일치하는지 반복해서 언급했다.[58] 분명한 것은 최근의 지형학자들은 오늘날의 산이나 골짜기가 시간에 의해서가 아니라, 오늘날 결코 관찰한 적이 없는 엄청난 에너지가 수반된 침식에 의해서 형성되었다는 결론에 이르고 있다는 점이다.

오늘날의 강폭에 대하여도 지형학자들은 이미 동일과정설적 해석을 포기한 지 오래다. 강폭과 강 골짜기에 대한 연구를 한 듀리는 대부분의 실제 강폭은 현재 강물이 흐르는 폭에 비하여 상대적으로 너무 크다는 것을 보여 준다고 했다.[59] 이와 같이 원래 강폭보다 현재 흐르는 강물의 폭이 너무 작다고 해서 이를 언더피트류(underfit stream: 실제보다 작은 유수)라고 부른다. 그는 실제 강폭을 만드는 데 필요한 물을 계산해 보았는데, 지금보다 20~60배나 많아야 한다는 결론을 내렸다.

가녀 역시 많은 지역의 예를 들면서 지금 물이 흐르지 않는 모든 수로는 과거 홍수의 거센 물결을 경험했다는 결론을 내렸다.[60] 이런 언더피트류 역시 강물이 형성될 당시 지금과는 전혀 다른 침식 과정을 고려해야만 된다. 여기에는 바다 속에 존재하는 골짜기도 마찬가지다. 물에 잠긴 대륙의 가장자리인 대륙사면은 항상 거대한 갈

언더피트류

라진 골짜기를 보여 주는데 이들을 해저협곡(submarine canyon)이라고 부른다. 해저협곡도 강의 연장선상에서 보자면 역시 지금과 다른 격변적 사건의 결과임에 틀림없다.

일반적으로 동일과정설적 지형학자들은 현재 지형을 침식과 퇴적 과정을 통해 진화하는 어느 순간에 있는 것으로 해석한다. 반면에 격변적인 모델은 지형의 기본 골격을 언젠가 경험했던 커다란 격변이 남겨 놓은 흔적으로 해석한다. 그런 격변적 흔적을 이해할 수 있는 지형학 용어 가운데 '잔류지형'(relic landform)이라는 것이 있다. 이는 '오늘날 진행되지 않는 침식 과정에 의해 형성된 지형'[61] 또는 '지금과는 다른 특별한 기후 환경에서 물리, 화학, 생물학적 과정을 통해 만들어진 지형'[62]으로 정의된다.

여기서 '오늘날과는 다른 조건'이라는 대목에 주목할 필요가 있다. 말 그대로 오늘날의 자연 과정으로는 설명할 수 없는 격변적 과정에 의해 형성된 지형이라는 것이다. 지형학의 연구가 누적되면서 잔류지형의 숫자는 점점 늘어 갔다. 실제로 거의 모든 지형은 동일과정설로 설명할 수 없는 잔류지형으로 분류되는 추세다. 이와 같이 지형에 대하여도 동일과정설적인 접근은 해석에 늘 어려움을 가져왔으며, 최근의 모든 시도는 시간이 아닌 엄청난 에너지가 수반된 '사건'에 의해 형성되었다는 일관된 결과를 보여 준다.

앞에서 몇 번 격변의 예로 들었던 세인트헬렌스 산이 분출했을 때도 이 설명을 뒷받침하는 모습을 보여 주었다. 1980년 화산 폭발이 발생한 지 2년 후 또 다른 화산 분출이 있었다. 그러면서 분화구 안에 있던 눈들이 녹으며 흙과 합해져 고밀도의 저탁류가 만들어졌다. 이들이 빠르게 흐르며 기존에 형성됐던 퇴적지층을 침식시켰는데, 단 9시간 만에 30m 깊이의 협곡을 세 개나 만들었다. 이들 중에 하나는 그랜드캐니언과 유사한 모습을 보여 '리틀 그랜드캐니언'이라는 별명을 얻을 정도였다. 역시 시간이 아니라 격변에 의해 골짜기가 형성된 것이다. 그러나 지구상에 있는 협곡과 골짜기는 세인트헬렌스 산과는 비교도 할 수 없을 만큼 규모가 크다. 그렇다면 지금의 협곡과 골짜기는 이 사건과 비교될 수 없는 엄청난 침식 과정을 경험했다는 것을 말해 주는 것이다.

세인트헬렌스 산은 지형학의 또 다른 편견도 잘못되었음을 지적했다. 일반적으로 사람들은 강물이 흐르고 흘러서 골짜기가 만들어졌다고 생각한다. 그러나 오히려 골짜기가 먼저 만들어지면 그 후에 그곳을 따라 물이 흐르는 것이다! 여기서도 순서가 동일과정설과 반대다. 물들이 지형을 만드는 것이 아니라 골짜기의 기본 골격이 먼저 이루어진 다음 그곳을 따라 물이 흐른다. 이런 순서도 오늘날의 강물로 지금의 강폭을 만들었다는 추측에 심각한 문제가 있음을 말해 준다.

리틀 그랜드캐니언

추가적인 격변의 예를 들어 보자. 대부분의 골짜기와 강들의 하부에는 상류에서 운반된 커다란 바위들로 채워져 있다. 이러한 큰 바위들은 지금과 같은 과정으로는 도저히 움직일 수조차 없다. 수리적인 법칙으로 이 바위들을 운반하는 데 필요했던 물의 깊이를 예상할 수 있는데[63] 역사에 기록된 홍수에 의해서도 좀처럼 움직이기 어려운 크기다. 10cm의 약간 둥근 암편이 물에 떠서 이동하기 위해서는 최소한 초속 15m의 물이 필요하다.[64] 만약 둥글지 않은 납작한 암편의 경우는 더 큰 에너지가 필요한데, 15cm의 납작한 암편의 경우 최소한 수심 55m 물에서 초속 30m의 유속일 때 떠서 움직인다.[65] 이런 조건은 시속으로 환산하면 고속도로에서 빠르게 달리는 자동차 속도와 맞먹는다.

오어드는 자신이 사는 워싱턴 주 주변의 암석들을 위의 결과들을 적용시켜 수심과 유속을 추론해 보았다. 그는 오늘날의 조건으로는 결코 움직이지 않는다는 결론을 얻었다. 어떤 암편들은 무게가 200kg이나 되었다. 더욱 재미있는 것은 그 암편들의 근원지가 가까운 주변의 것이 아니라는 점이다. 가능한 가장 가까운 근원지를 추적해 보아도 100km는 멀리 떨어진 것이었다.[66] 오늘날 유속으로는 도저히 움직일 수 없는 것이 어떻게 그렇게 멀리서 이동해 온 것일까? 이런 암편들을 우리 주위에서도 얼마든지 볼 수 있다면, 지구가 이런 암편들을 옮기게 했던 사건을 동일하게 경험했다는 것이 자연스러운 해석일 것이다. 엄청난 양의 물과 유속으로 낮은 곳을 향하여 흐르는 노아 홍수 후기의 모습에서 그 답을 찾을 수 있다.

주변에서 볼 수 있는 커다란 암석들

우리가 알고 있는 그랜드캐니언 협곡의 형성에 대하여도 동일과 정설적인 지질학자들이 제시한 이론이 학자들 사이에서 정리된 경우는 없다. 아직도 그들은 만족할 만한 모델을 제시하지 못했기 때문이다. 단지 오랜 침식에 의해서 지금과 같은 계곡이 만들어졌을 것이라는 다분히 철학적인 관념만 갖고 있을 뿐이다. 그랜드캐니언에 흐르는 하천의 완만한 경사로 보아 침식된 토양이나 바위가 운반되려면 현재의 물의 속도와 양으로는 어림도 없다. 현재는 상상할 수도 없는 엄청난 양의 물이 개입되었다는 생각을 가져야만 가능하다. 2000년 6월 가장 최근에 열렸던 그랜드캐니언 형성에 관한 심포지엄에서도 협곡이 격변적 사건에 의해 형성됐다고 결론을 내렸다(p. 184 '그랜드캐니언은 이렇게 만들어졌다' 참고).

지금 보고 있는 산과 강이 어떤 사건에 의해 만들어졌다면, 과거에 그런 대침식 사건이 목격된 적이 있는가? 단언컨대 없다. 우리가 이들을 만들 만한 역사 기록을 찾을 수 있는 사건 하나가 있는데 바로 성경에 기록된 노아 홍수 사건이다. 홍수 후기 전 지구를 덮었던 엄청난 양의 물이 빠르게 바다로 빠져나가는 과정에는 오늘날 산들의 모양을 만들기에 충분한 에너지를 수반한다. 그리고 그러한 에너지만이 오늘날 산과 강의 모습을 설명할 수 있는 유일한 해답이다.

물론 창조과학자들은 오늘날 지구상의 모든 강들이 노아 홍수 후기의 침식 과정에 의해서만 만들어졌다고 보진 않는다. 이중 어떤 것들은 노아 홍수의 연장선상에서 나중에 일어난 빙하시대에 형성된 것도 있다고 본다. 더 정확히 표현하자면 노아 홍수 후기 물이 빠지며 형성된 골짜기들은 빙하시대 말기 해빙기 때 더 확장된 것도 있다는 말이다. 특별히 빙하가 덮였던 고위도 지방의 지형들 중에 많은 것들이 이에 적용된다. 그러나 거의 대부분의 강들은 일차적으로 홍수 때 물이 빠져나가며 침식하는 전 지구적인 격변 과정을 고려하지 않고는 설명이 불가능하다.

"주께서 땅을 옷으로 덮듯 깊은 물로 덮으셨으니 물이 산들 위에 섰습니다. 그러나 주께서 꾸짖으시니 물들이 도망쳤습니다. 주의 천둥 같은 소리에 물들이 정신없이 도망쳤습니다"
시 104:6-8

노아 홍수의 전기와 후기의 모습을 사실적으로 떠오르게 하는 표현이 아닌가? 과연 지구 전체를 덮었던 물이 바다로 빠져나가도록 했던 전 지구적인 지질학적 과정은 무엇일까? 이 과정에 대하여 자세히 다루어 보자.

1 2 **Step 3** 4 5 6 7 8

홍수 후기에 중요한 역할을 한 지판의 움직임
바다와 산맥이 만들어지는 과정

    중·고등학교 때 대륙들을 서로 맞추면 잘 들어맞는다고 배운 적이 있을 것이다. 예를 들어 대서양을 중심으로 남아메리카 동쪽 해안선과 아프리카 서쪽의 해안선을 맞추면 잘 맞아떨어진다. 사실 해안선보다는 바다 쪽으로 연장해서 대륙붕의 경계를 맞추었을 때 더 잘 맞는다. 그밖에 양 대륙이 마주보는 해안선 쪽의 지층과 화석이 유사한 점 등을 통해 지질학자들은 과거에 각 대륙이 서로 붙어 있었지만 언젠가부터 분리되었다고 믿었다. 이 이론을 대륙이동설이라고 부른다.

    이전에는 대륙이라고 했지만 오늘날에는 대륙만을 말하지 않고 해양 지각까지도 포함시켜 지각 자체가 커다란 판들로 구성되었다고 이야기한다. 그리고 이 판들이 그 동안 상대적으로 이동해 왔다고 여긴다. 이 거대한 지각의 조각을 '지판'(plate)이라고 부르며, 이 지판들이 상대적으로 움직였다고 하는 연구 분야를 '판구조론' (Plate Tectonics)이라고 한다. 판구조론은 대부분의 창조과학자들도 동의하는 내용이며, 노아 홍수를 해석하는 귀중한 도구로 사용되고 있다. 이 지판들이 움직이는 것은 "땅 속 깊은 곳에서 큰 샘들이 모두 터지며" 시작된 홍수의 전 과정에 영향을 주었을 것으로 여겨진다. 그러나 특별히 물이

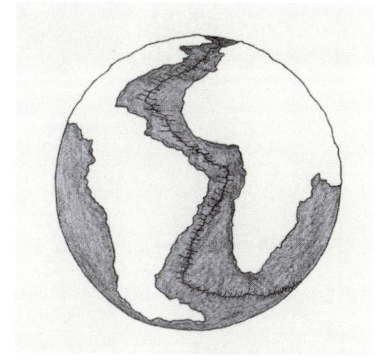

판구조론_
대서양이 형성되는 과정을 상상한 그림

물러가도록 하는 홍수 후기에 더욱 중요한 역할을 했을 것으로 보인다.

여기서 잠깐 지판들이 상대적인 움직임을 가졌을 때 발생할 모든 가능성을 이해할 필요가 있다. 만약 지판들이 상대적으로 움직였다면 서로 인접한 지판들의 경계면은 어떤 관계를 보여 줄까? 지구가 커다란 공과 같은 구(球)이며 그 껍데기에 붙어 있는 조각들

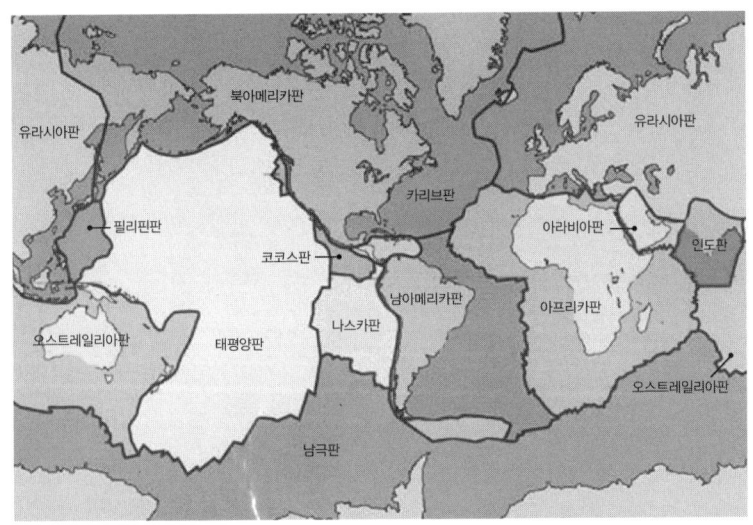

지구를 구성하고 있는 판들

이 서로 움직였다고 상상해 보라. 크게 세 가지를 예측할 수 있을 것이다. 어떤 경계면은 지판들이 서로 멀어지며 벌어지는 곳이 있을 것이다(확장). 반대로 어떤 곳은 서로 가까이 다가가 부딪히는 곳이 있을 것이다(압축). 그리고 어떤 곳은 수평으로 빗겨 나가는 곳도 있을 것이다(수평 이동). 지질학자들은 이와 같은 가능성을 갖고 지판들의 경계 면을 관찰해 왔는데, 그 결과는 각 경계면이 예상했던 이 세 가지 관계 중에 하나를 보여 준다는 것이다. 여기서는 물이 물러가는 과정에 주요한 영향을 주었던 지판의 '확장'과 '압축' 두 가지만을 다루어 본다.

예를 들어 남아메리카 지판과 아프리카 지판은 서로 붙어 있었지만 대서양을 중심으로 서로 확장되어 벌어진 대표적인 예다. 대

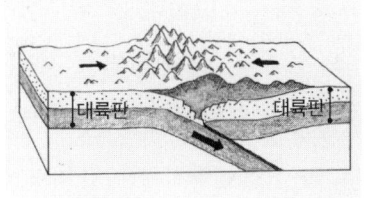
대륙판과 대륙판의 압축 과정

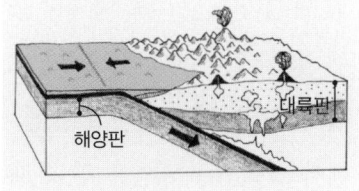
해양판과 대륙판의 압축 과정

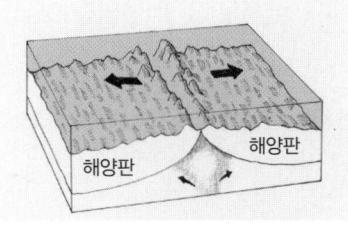
두 지판의 확장 과정

두 지판들의 경계에서 압축되는 곳과 확장되는 곳

서양뿐 아니라 태평양, 인도양, 남극해 등에서도 이런 확장 관계의 모습을 보여 준다. 반면에 압축을 보여 주는 곳도 있다. 히말라야 산맥이 있는 티베트 고원은 인도 지판과 유라시아(유럽과 아시아) 지판이 부딪쳐서 압축된 대표적인 예다. 남아메리카 서쪽 해안 지역에 있는 안데스 산맥은 남아메리카 지판과 나스카 지판(Nazca : 태평양을 구성하고 있는 지판 중에 남동쪽에 위치한 지판)이 부딪치는 경계다.

그러면 여기서 확장과 압축이 진행되는 동안 어떤 현상이 일어나는지 알아보자. 확장되는 곳에는 그 틈새가 벌어지기 때문에 면적이 넓어지며 깊이가 깊어질 것이다. 그리고 그 새로운 틈새는 다른 물질로 메워질 것이다. 실제로 대부분의 틈새는 지구 내부에 있던 마그마가 밖으로 나와서 용암으로 메워져 있는데, 오늘날 해저는 용암이 굳어서 된 현무암으로 되어 있다. 이 확장되는 지역은 벌어지며 낮아져서 바다가 될 가능성이 높을 것이다. 반면에 부딪쳐서 압축되는 지역은 압력 때문에 높이는 높아지지만 면적은 좁아질 것이다. 압축되는 지역은 좁아지고 높아져서 지금의 육지와 산이 되었을 것이다. 실제로 몇몇 예외를 제외하고는 확장되는 지역은 지대가 낮아지므로 대부분이 바다이며, 압축되는 지역은 높아져서 산맥이 형성되어 있다. 이런 과정을 통해 판들이 서로 이동하면서 바다 밑의 넓이가 확장된다고 해서 다른 말로 '해저확장설' (Sea-floor Spreading)이라고도 부른다. 해저확장설도 해저만을 강조해서 그렇지 대륙이동설이나 판구조론과 같은 맥락에서 나온 용어다. 특별히 해저확장은 노아 홍수 전 기간 중에 물이 빠지는 후기에 가장 중요한 역할을 했을 것으로 보인다.[67]

동일과정설적 판구조론

창조과학자들을 포함하여 대부분의 지질학자들은 지금까지 언급했던 판구조론의 내용을 수용해 왔다. 그러나 그 움직이는 속도에 관하여는 견해차를 보인다. 예전에는 오늘날과 같은 속도로 천천히 움직여 왔다는 견해가 많았으나, 최근의 논문들은 언젠가 지판의 이동 속도가 지금과는 달리 아주 빨랐다는 데 동의하고 있다.

느리게 움직였다는 견해는 오늘날 지판들이 이동하는 속도를 과거에 동일하게 적용시키려는 동일과정설적인 시도에서 나온 것이다. 이들은 오늘날 지판이 연간 2~15cm씩 이동하는 것을 동일하게 적용해 약 1억 년 전에 하나의 거대한 초대륙인 판게아(Pangaea) 상태였다고 본다. 이를 토대로 지구과학 교과서에는 대륙이 1억 년 전부터 이동해 왔다는 내용이 들어 있는 것이다. 그러나 이는 지판들의 이동이 오늘날과 같은 속도여야 한다는 시간을 중

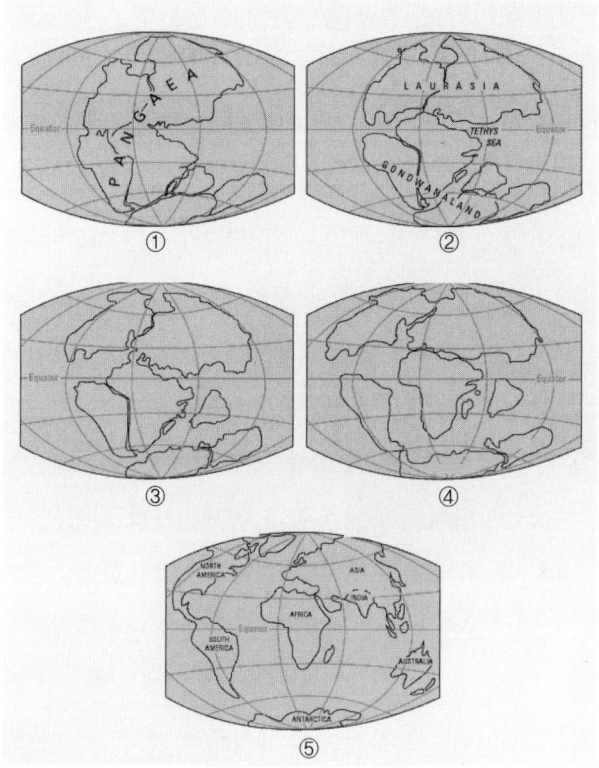

동일과정설적 판구조론_
초대륙인 판게아로부터 지판들이 이동하여 오늘날의 대륙으로 분리되는 과정

심으로 한 동일과정설의 패러다임으로 해석한 것이다.

격변론적 판구조론

최근 지질학자들은 동일과정설에서 벗어나 과거에 지판들이 지금과는 달리 훨씬 빠른 속도로 이동한 적이 있다고 결론 내리기 시작했다. 예를 들면 고든은 「네이처」에서 "다양한 연구에 의해서 지지를 받았다 할지라도, 지판들이 과거에 훨씬 빠른 속도로 움직였다는 것을 받아들이지 않는 것은 증거 때문이 아니라 동일과정설적 신조 때문이다. 이는 오늘날 지판의 속도가 느리기 때문에 지질과정이 과거에도 오늘날과 같은 정도여야 한다는 동일과정의 원리에 지배되어 있기 때문이다"[68]라고 지적했다. 이는 지질학자들이 다른 분야와 마찬가지로 판구조론 분야에서도 똑같이 동일과정설의 패러다임에서 벗어나지 못하고 있음을 보여 준다.

실제로 중요한 증거들은 지판들이 과거에 아주 빠른 속도로 움직였다는 것을 잘 보여 준다. 예를 들어 앞에서 언급했듯이 대서양을 가운데 두고 남아메리카 동쪽과 아프리카의 서쪽은 해안선의 모양만 맞을 뿐 아니라 대륙 내의 퇴적지층이나 화석 분포도 서로 유사한 모습을 보인다. 이런 양상은 대서양의 남반구뿐만 아니다. 대서양을 사이에 두고 있는 북미의 북동부 지역과 영국의 퇴적지층과 침전물의 퇴적지층도 놀랍도록 유사하며, 호주, 남아프리카, 남극 대륙 등 지판들이 확장되는 다른 지역도 똑같은 양상을 보인다.

진화론자들은 수억 년 동안 지층과 화석이 형성된 다음에 대륙이 조금씩 벌어져 왔기 때문에 이런 양상을 보인다고 말한다. 그러나 앞에서 지층 형성과 관련하여 언급했듯이 지층과 화석은 그렇게 오랜 세월에 걸쳐서 형성된 것이 아니라 아주 빠른 속도와 거대한 양의 저탁류에 의해서 형성되었다. 따라서 동일과정설적 해석은 출발부터가 잘못된 것이다. 동일과정설적 패러다임에서 벗어나 대양과 대륙을 보면 지판이 빠른 속도로 이동했다는 증거를 쉽게 찾아볼 수 있다.

먼저 양 대륙을 나누고 있는 대서양의 해저를 채운 암석은 육지와는 전혀 다른 암석으로 메워져 있다. 퇴적암으로 구성된 대륙의 끝이라 할 수 있는 대륙 사면을 벗어나자마자 해저는 갑자기 용암이 굳어서 형성된 현무암으로 바뀐다. 그런데 이들 두 지판이 오랜 세월을 걸쳐 이동해 왔다면 대륙에서 해양으로 변하는 경계의 암석이 차츰 변해야지 이렇게 갑자기 변할 수가 없다. 그러나 노아 홍수 전기에 먼저 퇴적암이 형성되었으며, 이어서 물이 빠지는 홍수 후기에 대륙이 이동하며 아주 빠른 속도로 해저가 확장되었고 그 확장된 틈을 용암이 메웠다는 것을 그려 보면 아주 분명해진다. 이 해저를 메우고 있는 용암들은 거대하게 서로 연결되며 전 지구적으로 같은 모습을 보여 준다.

이와 같이 전 지구적으로 해저가 낮아지며 확장되는 모습은 노아 홍수 후기에 물이 빠지는 모습을 그리는 데 충분한 도움을 준다. 그리고 이때 육지를 덮었던 대부분의 물들이 낮아지고 확장되는 바다 쪽으로 빠지는 모습을 그릴 수 있다. 여기서 대부분이라고 표현한 이유는 육지의 어떤 부분은 덜 융기되어 물들이 한동안 호수처럼 고립됐을 가능성이 있기 때문이다. 이것은 홍수 후기 퇴적작용에서 좀 더 자세히 다룰 것이다.

지판들이 빠른 속도로 이동했다는 증거는 두 지판이 서로 압축되는 지역에서도 발견된다. 대륙끼리 부딪친 경계로 잘 알려진 히말라야 산맥 부근을 예로 들어 보자. 만약 인도 지판이 유라시아 지판을 만났을 때 이동 속도가 지금과 비슷한 연간 수십 cm라고 하면 지금 모습의 히말라야 산맥을 밀어 올리는 것은 불가능하다.

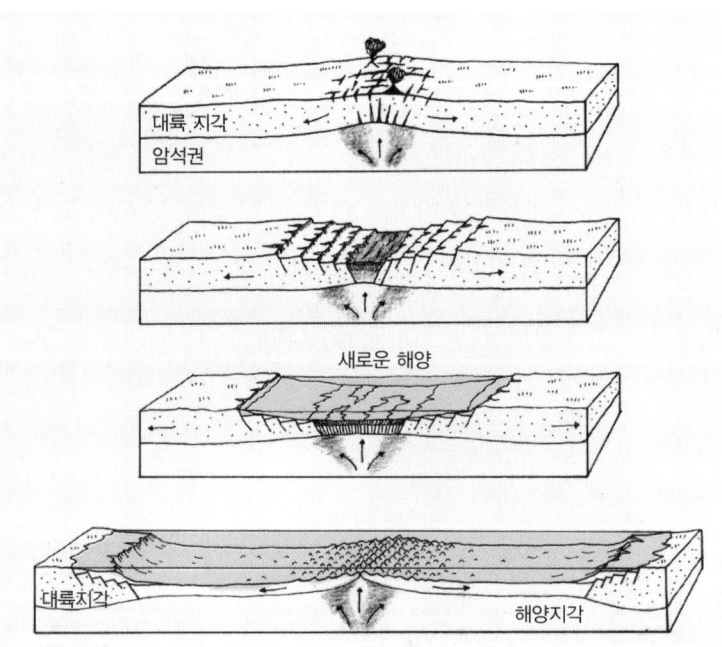

해저가 확장되는 과정

시간이 중요한 것이 아니라 그것을 밀어 올릴 만한 에너지가 더 중요하다. 또한 압축된 지역은 그 지층이 모두 곡선으로 휘어진 모습을 보여 준다. 이와 같이 휘어진 지층을 습곡이라고 부르는데, 습곡은 히말라야 산맥뿐 아니라 지판이 부딪치는 지역에서는 어디에서나 어렵지 않게 발견된다.

그러나 오늘날에는 어떤 경우도 지층이 습곡으로 변하는 과정이 관찰된 적이 없다. 이는 지층이 너무 천천히 휘기 때문에 관찰되지 않는 것이 아니다. 이미 단단해진 퇴적암은 시간과 상관 없이 습곡처럼 휘어지지 않는다. 어떤 물리적 실험을 하더라도 관찰된 습곡은 그 지층이 아직 굳기 이전의 상태에서만 형성 가능하다. 스티브 오스틴과 존 모리스가 퇴적암의 습곡 형성에 대한 공학적 실험을 시도해 본[69] 결과, 압력을 가하는 시간이 느림과 빠름에 상관없이 이미 굳어진 암석은 결코 휘지 않으며 부서져 버렸다. 즉 지구상

지층이 휘어진 습곡

에 관찰되는 습곡들은 그 암석이 굳기 전, 그러니까 지층이 형성된 지 얼마 안 됐고, 여전히 그 지층이 물속에 있을 때 압력에 의해서만 형성 가능한 것이다.

더군다나 이렇게 휘어진 지층들 속에는 조개나 물고기 같은 수많은 바다 생물의 화석들이 발견된다. 히말라야 산맥이나 안데스 산맥 꼭대기에도 이런 해양 화석들이 어렵지 않게 관찰된다. 즉 홍수 전기에 지층과 함께 이들 화석들이 매몰되었으며 이들이 아직 단단해지기 전인 홍수 후기에 압력을 받아 습곡으로 솟아오른 것이다. 그리고 동시에 그 물들이 바다로 빠져나가면서 솟아오른 지층들을 침식시키고 산맥을 만들어, 그 침식 면의 지층과 해양 화석들을 드러낸 것이다.

지판들이 서로 부딪치는 지역에서 발견되는 암석들은 압력에 의해 성질이 변한 변성암들이 대부분이며, 광범위하게 분포한다. 그리고 이 변성암들은 고압에서만 형성되는 고압 광물들로 구성되어 있다. 그러나 이런 고압 광물들은 오늘날의 자연 과정으로는 이와 같이 광범위하게 만들어질 수 없다. 만약 오늘날과 같은 느린 속도로 지판이 움직이며 힘이 가해졌다면 그 압력이 분산되어 그런 고압 광물이 만들어지기 어렵다. 오직 언젠가 이 광물들을 만들 수 있는 집중적인 압력을 넓은 지역에서 동시에 받았던 특수한 조건을 경험했어야만 설명될 수 있는 것들이다.[70]

많은 지질학자들이 지판 경계 지역의 내부를 다양한 지구물리학적 방법으로 접근해 왔다. 그런데 여러 곳에서 해양 지각이 대륙 지각(혹은 다른 해양 지각) 밑으로 마치 혀같이 빨려 들어가는 흥미로운 증거들을 발견했다. 예를 들면 일본이나 칠레 부근에서 해양 지각이 대륙 지각 밑으로 들어간 것이다. 만약 오랜 세월에 의해 빨려 들어갔다면 그 해양 지각은 지구 내부의 뜨거운 맨틀에 의해 거의 녹거나 비슷한 온도를 보여야 하지만, 맨틀 속에 있는 해양 지각은 맨틀보다 훨씬 낮은 온도를 보여 주며 거의 녹지 않은 상태로 존재하고 있다.[71, 72] 이는 빨려 들어간 시간이 지금으로부터 그리 오래되지 않았다는 또 다른 중요한 증거다.

그런 면에서 노아 홍수 후기에 지판들이 빠르게 움직이며 전 지구적으로 퇴적암을 변형시켰다는 증거들은 가히 압도적이라 할 수 있다. 이런 증거를 통해 앞에서 인용했던 고든의 말처럼 동일과정설 신조를 버린다면 지판들이 과거에 빠른 속도로 벌어졌다는 것

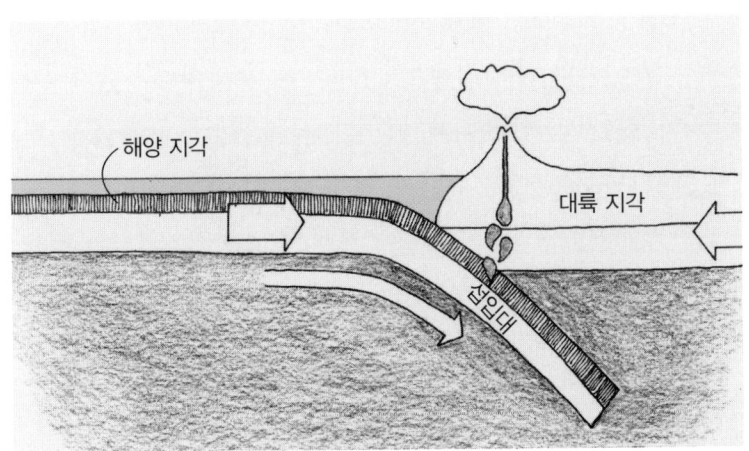

섭입대_ 해양 지각이 대륙 지각 밑으로 마치 혀처럼 빨려 들어가는 현상

을 받아들이는 것은 그리 어렵지 않다.

창조과학자 중에 바움가드너라는 지질학자가 있는데, 판구조론을 전문으로 연구하는 지구물리학자로서 슈퍼컴퓨터를 가지고 최고의 판구조론의 3차원 모델을 개발했다. 그는 슈퍼컴퓨터를 이용하여 대양저가 점점 가속도를 받아 초당 수 m라는 가공할 속도로 매우 신속하게 이동되는 판구조론 모델을 보여 주었다.[73, 74] 그리고 「네이처」[75]와 「사이언스」[76]에 논문을 발표하기도 했는데, 이 두 논문은 바로 노아 홍수의 성경적 기록에 기초하여 얻어진 내용이다.

지금까지 간단하고 중요한 증거들을 보았듯이 노아 홍수, 특별히 후기에 물이 빠지는 과정을 이해하는 데 판구조론은 유용하게 사용된다. 전 지구를 덮었던 물이 빠지기 위해서는 어느 한쪽이 낮아지고 다른 한쪽은 상대적으로 높아져야 한다. 당연히 육지의 물이 물러갈 수 있으려면 바다 쪽이 낮아지고 상대적으로 육지는 높아져야 한다. 이와 같이 지판들이 서로 이동하며 바다는 그릇처럼 깊어지며 넓어지고, 반면에 육지는 높아지는 과정은 노아 홍수 후기에 물이 빠지는 과정을 그릴 수 있게 해준다. 동일과정설적인 사고에서 벗어나면 지판들이 과거에 빠른 속도로 움직였다는 것을 받아들이는 데 전혀 문제가 없으며, 오히려 노아 홍수 후기의 성경적 기록을 쉽게 그릴 수 있다. 이제 그러한 과정을 통해 엄청난 물이 바다로 빠른 속도로 빠져나가며 남겨 놓은 추가적인 격변의 증거들을 보기로 하자.

1 2 3 Step **4** 5 6 7 8

산의 형성 시기가 말하는 것
한동안 퇴적작용만, 그 다음에 침식작용만

    오늘날 우리가 보고 있는 산들은 언제 만들어졌을까? 진화론적 지질학자들도 공통적으로 받아들이는 것이 있는데, 지구상의 모든 산들은 퇴적작용이 모두 끝난 다음에 형성됐다는 점이다. 즉 알프스, 로키, 티베트, 히말라야 등 모든 산과 산맥들은 퇴적암이 모두 형성된 다음에 솟아오르며 침식되었다고 보는 것이다.

    대부분의 퇴적암은 고생대, 중생대, 신생대 암석들이며, 모든 산은 이들 퇴적암의 형성 이후인 신생대 후반부터 제4기에 침식되어 형성되었다고 말한다. 여기서 신생대 후반과 제4기는 진화론적 순서로 가장 최근의 시대를 말한다. 진화론자가 쓴 『산맥의 기원』에서도 산들이 모두 최근 지질 시

알프스산

대의 것이라고 언급하고 있다.[77]

　이와 같은 결론은 진화론자들로서는 참으로 심각한 일이다. 왜냐하면 진화론자들은 동일과정설적 접근을 통해 산들이 형성됨과 동시에 퇴적암도 함께 형성된다고 믿기 때문이다. 즉 고생대에도 어떤 지역에 지층이 만들어지고 있다면 다른 지역에서는 산이 만들어지고 있어야 한다. 중생대에도 동일하게 퇴적작용과 침식작용이 함께 일어나야 한다. 그러나 안타깝게도 지질학적 증거들은 한동안은 계속 퇴적작용만 있었으며, 그 다음에는 침식작용만 있었다는 결론에 도달하게 만든다.

　각 지층들이 서로 평행한 것도 그냥 지나칠 수 없다. 만약에 오늘날과 같은 지형이 과거 지질 시대에도 동일하게 존재했다면 그렇게 평행한 지층은 형성될 수 없기 때문이다. 지질 과정이 동일하게 작용하는 동일과정설은 모든 시대에 퇴적작용이 일어남과 동시에 침식작용이 일어난다고 본다. 그렇다면 진화론자들이 말하는 지층과 지층 사이에는 계곡과 강이 흘렀던 흔적이라든지 호수가 있어야 한다. 게다가 수백 km에 해당하는 평행한 지층이 형성될 수 없다. 그러나 모든 지층들은 아주 평행하다. 수십억 년의 오랜 지구를 지지하는 어떤 모델들도 이것에 대하여 설득력 있는 답변을 제공하지 못한다.

　반면에 노아 홍수 틀에서 보면 지구상의 모든 산들이 전 지구적인 퇴적작용 이후에 형성되었다는 증거들을 아주 쉽게 이해할 수 있다. 홍수 전기에 수위가 높아지면서 전 지구적인 퇴적암이 형성되었고, 홍수 후기에 물이 빠져나갈 때 기존의 퇴적층들을 침식시키며 산들이 형성되었던 것이다. 산맥의 형성이 노아 홍수의 큰 그림과 일치하지 않는가? 이를 판구조론과 연결시키면 퇴적이 먼저, 판들이 움직인 것이 그 다음, 그리고 물이 낮아진 바다로 빠지면서 오늘날의 산과 강의 지형을 만들었다는 거시적인 순서와 잘 맞아떨어진다.

홍수 후기에 일어난 퇴적작용
덜 융기된 곳에서 일어난 소규모의 퇴적작용들

물론 홍수 후기 물이 빠지는 기간에 침식작용만 있었고 퇴적작용이 전혀 없었다는 것은 아니다. 예를 들면 노아 홍수 후기에 물이 빠져나갈 때 융기된 부분 가운데 덜 융기된 지역은 물이 고립되어 호수를 이루었을 것이다. 그리고 그 고립된 호수에서는 지역적인 퇴

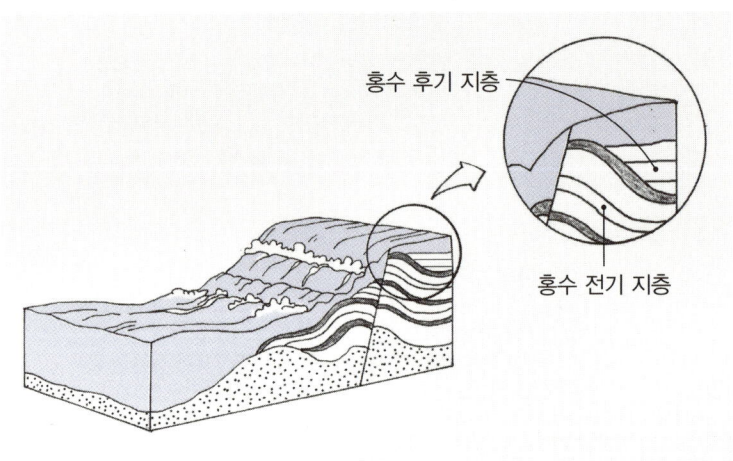

노아 홍수 후기 덜 융기된 지역에서 일어난 퇴적작용

적작용이 있었을 것이다. 물론 이때 형성된 퇴적암은 홍수 전기 동안에 형성된 것과 여러 면에서 큰 차이를 보일 것이다. 그 규모에서 보더라도 전기 때 형성된 것에 비해 퇴적지층의 넓이와 두께가 작았을 것이다. 물론 이 후기에 형성된 호수의 크기가 작다는 것은 전기와 비교할 때 작았다는 것이지 오늘날의 호수와는 비교할 수 없이 컸다. 어쨌든 그 크기 때문에 이 호수에서 형성된 퇴적암은 전기 것에 비해 면적도 작고 지층의 두께도 상대적으로 얇았음에 틀림없다. 이때 만들어진 지층은 시기적으로는 대부분의 물이 바다로 빠져나가던 홍수 후기였지만 같은 시기에 일어난 것이다.

실제 지질 조사를 해보면 넓게 펼쳐진 지층 위에 소규모로 형성된 퇴적층을 어렵지 않게 발견할 수 있다. 이것은 노아 홍수 후기에 물이 빠지는 과정에서 형성된 퇴적층으로 보면 무리 없이 그림이 그려진다. 이 호수들 중에는 노아 홍수가 끝나기 전에 붕괴된 것들도 있을 것이다. 그리고 어떤 호수들은 노아 홍수가 완전히 끝난 직후에 붕괴된 것도 있을 것이다. 이때 호수가 붕괴되면서 터진 물이 이미 형성된 기존의 지층들을 가로질러 파괴시켰을 것이다. 뒤에 소개될 그랜드캐니언도 이때 형성된 호수가 홍수 직후에 붕괴되면서 침식시킨 대표적인 예다.

호수에서 형성된 지층은 전기 지층과는 질적인 면에서도 차이가 난다. '바람으로 감하다'(p. 180) 부분에서 더 다루겠지만, 노아 홍수는 화산 활동도 활발했던 사건이다. 그리고 이 화산 활동은 후기에도 이어졌을 것으로 보인다. 어떤 고립된 호수에서 화산 활동이 일어났다면 그 안에서 소규모 쓰나미가 발생하여 기존의 지층과 화산재가 섞여 저탁류를 이루어 지층이 형성되었을 것이다. 따라서 이때 호수 안에서 형성된 지층은 규모에서뿐 아니라 퇴적암의 모습도 많이 다를 수밖에 없다. 화산재가 물과 섞여서 형성된 지층을 보일 것이고, 화석의 종류도 홍수 전기와는 다를 것이다. 화산 폭발로 인한 화산재가 기존에 물 위에 떠 있던 나무나 육지 동물의 시체들을 덮을 가능성이 높기 때문이다. 실제로 이때 형성된 지층에는 나무와 육지 동물 화석들이 전기 지층에 비해 더 많이 발견된다. 많은 공룡도 바로 이 기간에 매몰된 것으로 보인다.

나무 화석이 많이 발견되는 지층도 대부분 이곳이다. 석탄에 비해 나무 화석은 잘 발견되지 않는다(p. 73 '사람 화석은 왜 없죠?' 참고). 그러나 나무 화석이 다량으로 발견되는 지층이 있는데 바로 홍수 후기 퇴적지층에서다. 물에 떠 있던 나무들이 화산재에 의해 매몰되어 화석이 된 것이다. 이 나무들은 화산재에 있는 액체 규소가 나무

틈새로 들어가 규화목(petrified wood)으로 변하기도 했다. 규화목 역시 오랜 시간에 걸쳐서 만들어지는 것이 아니다.[78] 실제로 자연 상태로도 오래되지 않은 나무들이 규화되어 단단해진 경우가 발견되며[79] 실험실에서도 짧은 시간에 만들어진다.[80]

그리고 어떤 나무 화석들은 여러 지층을 뚫고 있는 다지층 나무 화석(polystrate tree fossils)을 만들기도 했다. 실제로 지구상에는 이런 다지층 화석들이 자주 발견되는데 이는 여러 지층이 짧은 시간에 형성되었다는 중요한 증거다.

1980년 세인트헬렌스 산이 화산 폭발했을 때 나무들이 호수로 쓸려 내려오면서 무거운 뿌리 부분을 밑으로 해서 수직으로 떠다니는 모습이 발견되었다.[81] 나무들이 물 위나 물 속에서 수직으로 떠다니다가 화산재에 매몰되었던 것이다.

한편 홍수 후기 동안의 퇴적작용은 고립된 호수들에서 뿐만 아니라 다른 곳에서도 일어날 수 있다. 왜냐하면

다지층 나무 화석

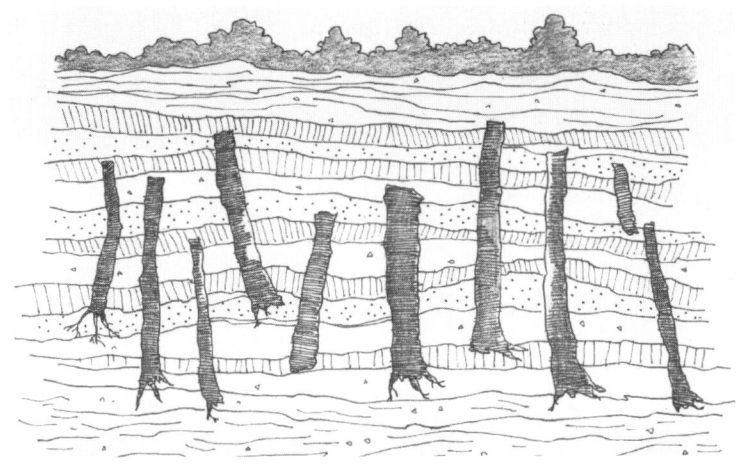

다지층 화석(프랑스 생테티엔 근처)

세인트헬렌스 산의 호수에서 나무들이 수직으로 떠다니는 사진

물이 빠져나갈 때 단지 물만 빠져나가는 것이 아니라 아직 굳지 않은 지층을 침식시키면서 운반했을 것이기 때문이다. 이 운반된 퇴적지층은 속도가 떨어지는 낮은 지역 어딘가에서 다시 퇴적되었을 것

이다. 이 퇴적작용 역시 물이 빠져나가면서 물 위에 떠 있던 육지 동물 화석을 매몰시키기도 했기 때문에 나무나 육지 동물 화석들을 간직할 가능성이 전기 퇴적암에 비해 높을 수밖에 없다.

고생대와 중생대 지층이 뚜렷한 차이를 보이는 이유

You really wanna know?

　지질학자들은 지질 조사를 통해 화석이 발견되는 지층을 큰 시대 단위로 구분해 왔다. 바로 고생대와 중생대(또는 신생대 제3기 : 이하 중생대를 언급할 때는 제3기층을 함께한 것임)다. 물론 고생대 지층 위에 중생대 지층을 항상 만나는 것은 아니지만 이 두 층이 만날 때는 특별한 차이가 있기 때문에 지질학자들이 고생대라든지 중생대로 묶어 놓은 것이다. 고생대에서 다음 시대라고 하는 중생대로 넘어갈 때 육상 동물의 화석 빈도가 높아지기도 하지만, 아래 놓인 고생대의 지층은 수평적인 연속성이 아주 넓은 반면 그 위에 놓인 중생대 지층은 갑자기 연속성을 잃어버리고 분포의 규모가 작아진다. 중생대 지층은 마치 고생대 지층 위에 만들어진 분지의 호수 안에서 퇴적된 것 같은 느낌을 준다.

　물론 여기서 호수란 한눈에 보이는 작은 규모를 말하는 것이 아니라 밑에 있는 고생대 지층에 비하여 너무 작다는 뜻이다. 지질 구조를 보아도 고생대 지층은 휘어서 습곡을 보이는 반면, 중생대 지층은 압력을 훨씬 덜 받은 평평한 모습을 보여 준다. 아울러 중생대 지층에서는 고생대보다 화산 활동과 연관된 지층이 증가하는데 이것도 특이한 현상이다.

　이와 같이 지질학적으로 특이한 현상은 비교적 구분이 뚜렷하고 전 지구적으로 공통된 양상을 보이기 때문에 지질학자들은 고생대와 중생대라는 단위로 따로 구분해서 묶어 놓았다.

동일과정설적 패러다임에서 벗어난다면 현장에서 보는 이들 고생대와 중생대 경계 지층 간에는 오랜 시간적 경과의 흔적을 발견하기 어렵다. 여기서도 지층 사이에 산이 있었다거나 강물이 흘렀던 흔적이 발견되지 않기 때문이다. 단지 지층의 규모와 구조의 차이, 화산 활동 관련 여부, 그리고 자주는 아니지만 가끔 발견되는 육지 동물 화석들에서 차이가 날 뿐이다. 지질학자들은 이런 차이점을 인정하면서도 왜 전 지구적으로 이런 공통적 분포를 보여 주는지는 의아해했다.

그러나 지질학적으로 비교적 구분이 쉬운 이 현상은 노아 홍수 모델로는 어렵잖게 설명될 수 있다. 노아 홍수 전기에 엄청난 양의 저탁류가 먼 거리까지 이동하며 지층을 만들고 해양 생물들을 매몰시켰으며, 이때 지층의 수평 거리는 아주 넓고 두께도 두껍게 형성되었다. 지질학자들은 이런 넓은 지층을 고생대라고 명명했다.

그러나 노아 홍수 후기 전 지구를 덮었던 물이 빠져나가면서 덜 융기되어 고립된 대규모 호수들이 발생했을 것이다. 이때 남겨진 상대적으로 작은 호수 안에서 저탁류가 이동되어 퇴적되었기 때문에 상대적으로 그 지층의 규모가 작을 수밖에 없다. 그리고 호수 안에서 이 지층들은 넓은 홍수 전기 지층 위에 퇴적되었을 것이다. 지질학자들은 이들을 중생대 또는 신생대 제3기로 구분했다. 또한 그 안에서 일어난 홍수 후기의 화산 활동으로 인해 물에 떠 있던 육지 동물들이 화산재에

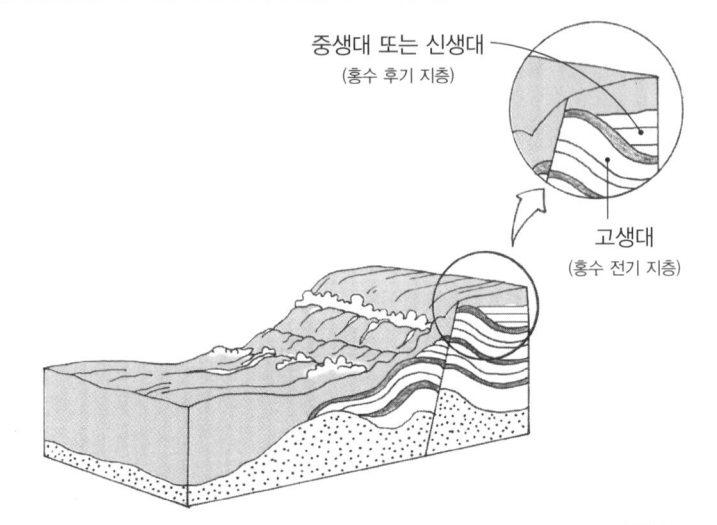

노아 홍수 전기, 후기 지층과 진화론적 시대와의 관계

의해 매몰됨에 따라 전기에 비해 육지 동물 화석이 발견될 가능성이 높아졌을 것이다.

물론 진화론적 구분인 고생대와 중생대가 노아 홍수 전기와 후기로 명확히 구분되는 곳도 있지만 지역에 따라서 구분이 어려운 곳도 있다. 어떤 경우는 홍수 후기 지층이 중생대 지층이라고 명명한 곳에 잘 들어맞는가 하면, 또 어떤 경우는 신생대 제3기로 구분된 지층에 더 잘 들어맞기도 한다. 이것은 그 퇴적암이 고립된 호수 안에서 퇴적된 것인지, 그 호수가 터지면서 쓸려 내려가다가 퇴적된 것인지, 아니면 홍수 직후에 호수가 터지면서 쓸려 가다가 퇴적된 것인지 등 여러 복합적인 가능성을 갖고 있기 때문이다. 모두가 거의 같은 시기에 형성되었다 하더라도 각각 퇴적 양상이 다르게 보일 것이다. 단지 이들이 고생대 지층과 지질학적으로 뚜렷이 구별된다는 점은 노아 홍수 전기와 후기의 과정을 그려 보면 그리 어렵지 않게 이해될 수 있음을 지적하는 바다.

1 2 3 4 5 **Step** 7 8
6

바람으로 감하다
화산 활동에 의한 증발과정

　성경은 하나님이 물이 빠져나가는 방법으로 두 가지 과정을 사용하심을 설명하고 있다. 첫 번째는 '물이 바람으로 감하는'(창 8:1) 과정이며, 다른 하나는 '물이 땅에서 물러가는'(창 8:3) 과정이다. '물이 땅에서 물러가는' 과정은 앞에서 이미 다루었으며, 여기서는 '바람으로 감하는 과정'을 다루어 본다.

　노아 홍수는 단순히 비만 내린 것이 아니라 땅에도 중요한 역할을 한 사건이었음은 이미 앞에서 다루었다. 홍수가 시작될 때부터 "깊은 곳의 샘들이 터지는"(창 7:11) 대격변이 일어났다. 이런 과정은 지구 내부의 물질이 밖으로 나오게 하는, 즉 지하수뿐 아니라 화산 활동도 가능케 한다. 실제로 화산 활동은 노아 홍수 시작부터 격변의 중요한 역할을 했지만 후기까지 이어졌던 것 같다. 이에 대하여는 앞에서 홍수 후기 물이 빠지는 과정으로 언급됐던 판구조론을 통해서 쉽게 이해할 수 있다. 지판들이 서로 움직일 때 벌어지는 부분인 해저는 모두 용암으로 굳어진 현무암으로 채워졌다는 것은 이미 언급한 바 있다. 이런 모습을 통해 노아 홍수 후기에는 해저가 확장되며 바다에서 용암을 분출하는 화산 활동이 있었다는 것을 알 수 있다.

육지에서도 많은 화산 활동이 있었을 것으로 보인다. 왜냐하면 많은 화산들이 먼저 퇴적된 지층들을 뚫고 있거나, 지표로 분출되

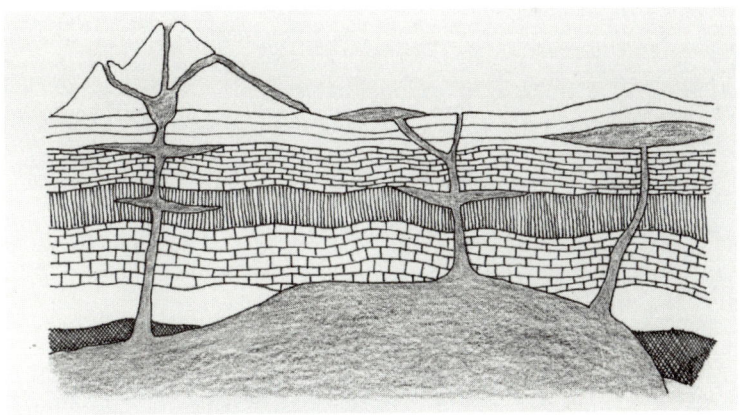

먼저 형성된 퇴적암을 뚫거나 덮고 있는 화성암

어 나와 기존 퇴적암을 덮고 있는 것이 쉽게 발견되기 때문이다. 이런 모습은 퇴적작용이 있었던 전기에 이어서 후기에도 대규모 화산 활동이 있었다는 것을 의미한다. 이런 육지에서 일어난 화산 활동은 기존에 형성된 퇴적지층에 열을 가하는 원인이 되었을 텐데, 특히 지층 속에 있던 석탄이 탄화되는 데도 중요한 역할을 했을 것으로 보인다.

과연 화산 활동은 노아 홍수 후기에 어떤 영향을 주었을까? 먼저 해저 화산과 용암으로 인해 온도가 높이 올라갔을 것이다. 그리고 높은 온도 때문에 증발이 빨라졌을 것이다. 물론 바닷물의 양이 너무 많기에 물이 얼마나 더워졌을지는 정확하게 알 수 없지만, 증발이 오늘날보다 훨씬 많았다는 것은 짐작할 수 있다. 이 증발 때

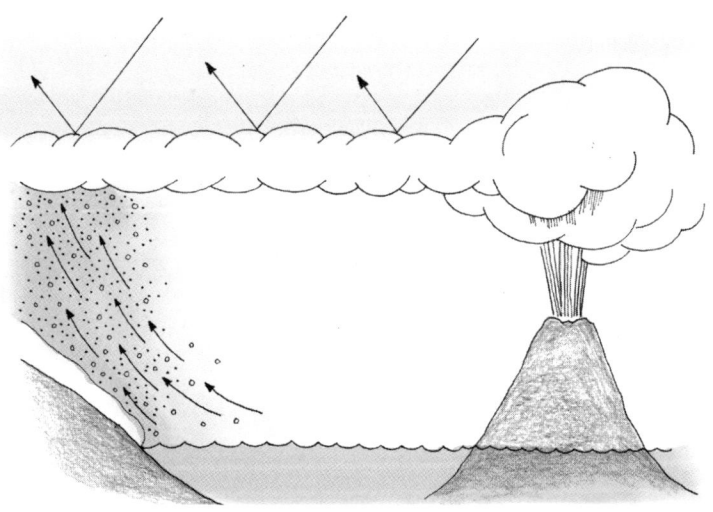

화산 활동에 의한 증발과 강설 과정

문에 홍수 말기에 대기의 습도는 상당히 높았을 것이다. 반면에 화산 활동으로 인해 떠 있던 화산 가스와 먼지가 태양에서 오는 복사 에너지를 차단시켰기 때문에 기온은 내려갔을 것이다. 바다에서 증발된 물들은 차가운 공기를 만나 비로, 더 추운 곳에서는 눈으로 내렸을 것이다. 바람은 이런 기상 현상과 동반되어 매우 강하게 일어났을 것이다. 그런 의미에서 성경에 '바람으로 감하셨다'는 표현은 정말 흥미로운 표현이 아닐 수 없다.

물론 이것이 빙하시대를 의미하는 것은 아니다. 창조과학자들은 빙하시대가 지금 말하는 노아 홍수 말기의 연장선에서 몇 백 년 후에 시작했을 것으로 본다. 왜냐하면 노아 홍수 직후에는 해수면의 온도가 너무 높아서 빙하시대로 이끌기에는 대기 온도가 너무 높았을 것이기 때문이다. 대체로 빙하시대는 해수면의 온도와 기온의 상관관계가 맞아떨어지는 노아 홍수 이후 약 200년 후에 본격적으로 시작했다고 본다.[82] 아울러 본격적으로 빙하시대가 시작됐을 때는 광역적인 강설을 이끌 만한 큰 규모의 화산 활동도 있었을 것이다. 어쨌든 바람으로 감하셨다는 기록은 노아 홍수 말기 물이 줄어드는 과정에 대한 사실적 표현이라 할 수 있다.

1 2 3 4 5 6 **Step** 8
7

그랜드캐니언은 이렇게 만들어졌다
지질학자들 사이에서 큰 변화가 일어나다

그랜드캐니언은 콜로라도 고원을 가로지르는 거대한 협곡이다. 길이가 446km에 달하는데 420km인 경부고속도로보다 길다. 그러므로 그랜드캐니언은 결코 한눈에 들어오지 않는다. 너비는 지역에 따라 다양한데 가장 넓은 곳은 30km에 달한다. 깊이는 가장 깊은 곳이 1.8km나 되는데, 설악산의 대청봉(해발 1.7km)에서 동해안까지로 생각하면 된다. 협곡 위에서 보면 까마득히 아래로 콜로라도 강이 흐르고 있다. 콜로라도 강은 미 대륙 서부 내륙의 높고 평평한 고원 지역을 가로지른다. 이 고원을 콜로라도 고원이라고 부른다. 그랜드캐니언을 사진으로만 본 사람은 평평한 모습 때문에 고지대란 느낌을 갖지 못한다. 그러나

거대한 협곡

그랜드캐니언은 해발 1,500m에서 3,300m에 달하는 고원을 깊이 판 협곡이다. 협곡의 깊이가 깊을 수 있었던 것은 그만큼 높은 고원 지대였기 때문에 가능했다.

지구과학 교과서나 과학 잡지들을 보면 그랜드캐니언이 오랜 세월 동안 침식작용으로 깎이고 깎여서 형성되었다고 말한다. 이렇게 그랜드캐니언은 억겁의 세월 동안 일어난 자연 침식을 설명하는 동일과정설의 대명사가 되었다. 그러나 과연 요즈음의 지질학자들도 그렇게 생각할까?

2000년 6월 그랜드캐니언 빌리지에서 콜로라도 강의 기원에 대한 심포지엄이 열렸다. 70명 이상의 지질학자가 참석했으며 그랜드캐니언의 형성에 대한 36편의 논문이 발표되었다. 이 심포지엄은 그랜드캐니언 형성과 관련해 전례 없는 대규모 모임으로 평가된다. 이때 논의된 내용들은 『콜로라도 강의 기원과 진화』라는 제목으로 편집되어 출판되었다.[83] 그리고 이날 발표된 내용의 전반적인 결론은 기존의 동일과정설과는 전혀 다른 해석이었다. 오늘날 결코 일어나기 힘든 대격변이 원인이었다는 데 동의한 것이다.

지질학 전공자이자 그랜드캐니언 안내자인 래니는 이 심포지엄에 대한 내용을 종합해서 『조각작품 그랜드캐니언: 증거, 이론, 그리고 미스터리』란 제목으로 책을 출간했다.[84] 그는 이 책에서 심포지엄 이후 변화된 자신의 생각을 적고 있다. 먼저 심포지엄 이전까지를 회고한 글이다.

"내가 초등학교 때, 사포가 나무 조각을 아주 천천히 깎듯이 갈색의 모래를 가득 담은 콜로라도 강이 오랜 지질학적 기간 동안 감지할 수 없을 정도로 천천히 암석을 깎았다고 들었다. 선생님은 협곡이 어떻게 아주 깊게 파이는지에 대해 가장 일반적인 설명을 했던 것이다. 나는 작은 모래입자가 강을 따라 흐르며 서서히 암석을 마모시키는 것을 상상했다. 그러므로 수십 년의 인생으로는 협곡이 점점 깊어지는 것을 결코 알아차리지 못할 것이라고 생각했다."

이 회상을 읽으며 어떤 생각이 드는가? 마치 그랜드캐니언을 방문하는 모든 사람들의 마음을 반영하는 듯하지 않은가? 그러나 래니는 다음 문단으로 넘어가면서 심포지엄 후에 변화된 자신의 생각을 분명하고 대담하게 써 내려가고 있다.

"그러나 이런 방법으론 그처럼 깊어지기는 거의 어렵다는 것으로 (생각이) 바뀌었다. …… 이제는 흙탕물만 천천히 흘러서는 그랜드캐니언이 깎여질 수 없다는 것이 분명해졌다. …… 오늘날 침식 과정에 대하여 꾸준히 관찰한 결과…… 드물게 일어나는 큰 규모의 홍수로만 깊게 만들 수 있다. …… 엄청난 홍수 동안 그 강물은 세차게 흐르는 홍수의 큰물로서 기반암 위의 모든 자갈과 모래를 하류로 운반시킬 정도로 용량이 아주 컸을 것이다."

실제로 2000년 심포지엄에서 내린 협곡 형성에 대한 가장 중요한 결론은 '그랜드캐니언의 동쪽과 북쪽에 있었던 거대한 두 개의 호수가 연속적으로 붕괴되면서 협곡이 형성'되었다는 것이다. 이것은 큰 변화였다. 지질학자들이 동일과정설적인 침식 과정에 의한 그랜드캐니언의 해석을 포기한 것이다!

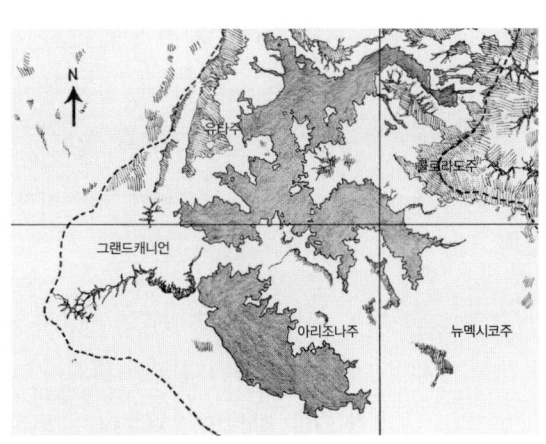

그랜드캐니언의 협곡을 만들었을 것으로 예상되는 붕괴 직전 두 개의 호수

1 2 3 4 5 6 7 Step
8

노아 홍수 직후 그랜드캐니언이 만들어지다
노아 홍수 직후에 일어난 일들은?

    그랜드캐니언이 지층, 사층리, 화석까지 넓은 지역에 걸쳐 아주 잘 보여 준다는 내용은 본문에서 여러 번 언급했다. 그러므로 이런 모습들은 모두가 노아 홍수 전기에 형성되었음을 알 수 있다. 그리고 홍수 후기에 이르러 육지는 올라가고 바다는 내려가는 현상이 일어났다. 그런데 콜로라도 고원은 홍수 후기에 물이 빠지는 과정에서 지층 전체가 거의 수직으로 전체적인 융기가 일어났던 지역으로 생각된다. 그리고 물이 빠져나가는 과정 중에 덜 융기된 지역은 호수로 남았을 것이다. 그 호수는 지층 위의 물이 다 빠져나간 지 얼마 되지 않아, 즉 지층이 단단해지기 전에 터졌는데 그 결과 지금의 그랜드캐니언이 형성된 것이다.

    실제로 콜로라도 고원을 보면 지금의 그랜드캐니언 동쪽과 북쪽에 고도가 낮은 두 개의 호수가 있었던 흔적이 발견된다. 호수의 터진 부분을 보아 동쪽의 호수가 먼저 터지고 이어서 북쪽의 호수가 터져 지금의 웅장한 그랜드캐니언이 형성된 것으로 보인다. 호수는

그랜드캐니언의 형성

남아 있는 흔적과 고도로 추정할 때, 북미의 유타, 애리조나, 뉴멕시코, 콜로라도 등 4개 주에 걸쳐 있으며, 그 규모를 보면 남한 면적의 5분의 4, 소양강 댐 저수량의 1,100배가 넘었을 것으로 본다.

　대부분의 창조과학자들은 호수의 붕괴가 노아 홍수가 끝난 직후 길어도 그 다음해를 넘기지 않았을 것으로 본다. 그러면 여기서 의문이 하나 생긴다. 일반 지질학자들도 두 개의 호수가 터졌다는 것을 인정하므로 호수가 붕괴되어 형성된 것은 이해하겠는데, 왜 꼭 노아 홍수와 연결해서 홍수 직후로 봐야 할까? 그렇게 봐야 하는 중요한 단서들이 너무나 많다.

　먼저 협곡의 규모에 비해 협곡 내에 바위나 암석 파편이 너무 적다. 만약 기존 지질학자들이 말하는 것처럼 그 호수가 터진 시기가 퇴적층이 단단해져 암석으로 변한 후라면 많은 바위들이 협곡을 메우고 있어야 하는데 실제로 협곡 아래는 바위의 양이 너무 적다. 이는 호수가 터졌을 때 지층들이 아직 단단해지기 전에 흙 상태로 쓸려 내려갔음을 의미한다.

　퇴적층이 단단하지 않았다는 증거는 그랜드캐니언의 모습을 봐도 알 수 있다. 지형학자들이 사용하는 용어 중에 '새핑'(sapping)이라는 단어가 있다. 물이 거의 마르지 않은 눅눅한 모래를 가지고 침식 과정 실험을 하면 침식되는 협곡 방향뿐 아니라 양 가장자리가 마치 원형 극장처럼 협곡을 향해서 함몰이 일어난다. 이런 과정을 새핑이라고 한다. 그런데 그랜드캐니언의 협곡 가장자리는 움푹 파인 전형적인 새핑에 의한 지형을 보여 준다. 그러니까 이는 아직 암석으로 변하기 전에 만들어졌다는 좋은 증거이며 지금의 자연 과정으로는 결코 일어날 수 없는 일종의 잔류 지형이라고 할 수 있다.

새핑_ 원형 안에 있는 반호 모양이 새핑이다

다른 하나는, 콜로라도 강을 폭으로 가로지르는 그랜드캐니언의 단면도를 보면 아주 중요한 지형상의 특징을 볼 수 있다. 폭이 아주 넓은 그랜드캐니언이 콜로라도 강 근처까지 내려가면 마치 와인 잔처럼 갑자기 좁아진다. 갑자기 좁아지는 부분은 진화론자들이 말하는 선캄브리아기 지층을 만날 때다. 즉 성경적 지질학으로 표현하자면 창조 때의 땅이다. 그러니까 호수가 터질 당시에 이미 홍수 때 퇴적된 홍수층은 아직 물기가 있는 덜 단단한 상태였으므로 쉽게 침식될 수 있었지만, 창조 때의 땅인 기반암은 이미 단단해진 상태이므로 침식이 쉽지 않았을 것이다. 그러므로 이 기반암에서부터 갑자기 협곡의 폭이 좁아질 수밖에 없다. 그랜드캐니언은 이 두 땅의 단단한 정도의 차이를 분명하게 보여 주고 있는 것이다.

이처럼 선캄브리아기와 현생대 지층 간에 협곡 폭이 극명하게

노아 홍수 후기 191

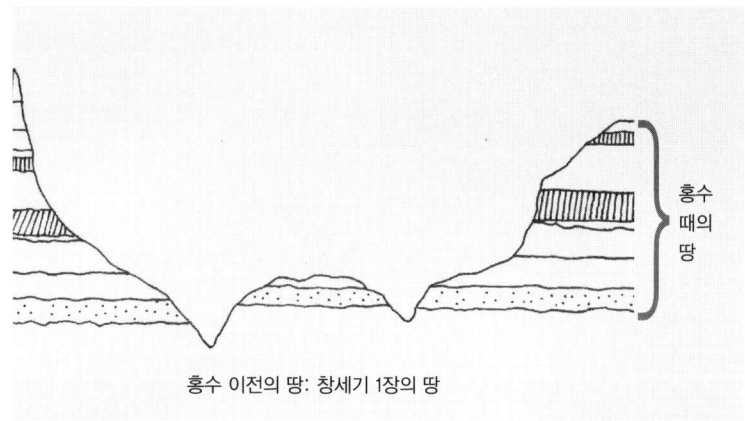

그랜드캐니언의 종단면도
홍수 때 형성된 위의 지층에서는 넓어지다가 홍수 이전 땅에서 갑자기 좁아진다

차이 나는 이유를 동일과정설로는 해석할 수 없다. 만약 수억 년 동안 지층이 쌓여 이미 단단해진 뒤 호수가 터졌다면(사실 호수가 터지기도 힘들다) 모든 암석이 이미 단단해져 있기 때문에 두 암석 사이에 그런 뚜렷한 차이를 보여 줄 리 없다. 오직 이미 단단해진 창조 때의 암석 위에 홍수 동안 형성된 지층이 아직 단단해지기 전에 호수가 터져 격변적 침식이 일어났다는 모델에서만 쉽게 이해될 수 있다.

한 가지 더 추가하자. 호수가 터지며 협곡을 만들었을 때 침식된 퇴적물들은 다 어디로 갔을까? 콜로라도 강은 북미의 서남쪽으로 흘러서 태평양의 캘리포니아 만으로 빠져나간다. 그 만의 바닥에는 오늘날의 퇴적 과정으로는 해석할 수 없는 엄청나게 많은 양의 퇴적물이 쌓여 있다. 바로 그랜드캐니언이 격변적 과정으로 침식될 때

몰려 온 퇴적물인 것이다.

위의 모든 증거들은 노아 홍수 과정을 통하지 않고는 설명될 수 없는 것들이다. 재미있는 것은 2000년 심포지엄이 있기 6년 전에 이미 창조과학 지질학자인 오스틴 박사는 그랜드캐니언이 두 개의 호수가 터져서 이루어졌다는 격변적 모델을 발표했다! 노아 홍수 모델을 근거로 아주 꼼꼼히 조사하여 그랜드캐니언의 형성에 대하여 책을 냈는데 『그랜드캐니언 격변의 기념비』가 그것이다.[85] 역시 과거를 알기 위해서는 답을 갖고 있는 자가 빠르다는 것을 보여 준 예다. 성경은 진짜 역사책이기 때문이다.

"땅에게 물어 보아라. 땅이 가르쳐 줄 것이다(Speak to the earth. It will teach you). …… 주께서 손수 이렇게 하신 것을, 이것들 가운데서 그 무엇이 모르겠느냐?" 욥 12:8-9

내 인생이 너무 소중해요

You really wanna know?

"지난번 여행 가이드와 왔을 때는 지층이 수 cm 쌓이는 데 수만 년이 걸렸다고 생각하면서, 수억 년 중에 찰나인 내 인생이 허무하다고 느껴졌습니다. 그러나 탐사 여행을 다녀온 후 내 인생이 정말 소중하다는 것을 알았습니다."

창조과학 탐사 여행을 다녀오신 집사님의 초청으로 교회의 구역 모임에 갔을 때 그분이 구역 식구들에게 한 간증이다.

그랜드캐니언 앞에 선 사람들의 가장 일반적인 반응은 "와아! 엄청나다"이다. 그렇게 탄성을 지르며 놀라지만 곧 협곡의 방대한 규모에 주눅이 들고 만다. 수억 년 동안 지층이 쌓이고 수백만 년 동안 콜로라도 강의 침식에 의해 이처럼 엄청난 규모의 협곡이 형성되었다는 기존 교육의 영향 때문이다. 이런 생각은 단지 그랜드캐니언 앞에서뿐 아니라 주위의 자연을 바라보면서도 동일하게 품게 된다. 계곡의 바위에 앉아 '이 바위들이 얼마나 긴 세월 동안 걸려 여기까지 왔을까?' 하며 인생무상의 감회에 젖곤 한다.

우리 인생은 정말 기나긴 역사 속에서 찰나에 불과한 걸까? 진화론자들이 말하는 45억 년의 지구 나이에서 보면 당연히 그런 생각이 든다. 그들이 말하는 160억 년의 우주 나이라면 더욱더 보잘것없는 인생이다.

그러나 창조과학 탐사 여행 중에 그랜드캐니언 앞에 서면 이와는 전혀 다른, 어떻게 보면 정반대의 느낌이 든다. 수십억 년의 막연한 역사가 사라지고 성경 역사가 우리의 진짜 역사라는 것을 알게 되기 때문이다. 우주와 지구의 과거가 성경이 말하는 만 년 이내로 가까워지기 때문이다. 모세가 말한 것처럼 강건하면 80(시 90:10)이라는 성경 역사를 적용하더라도 각자의 인생은 지난 역사의 1% 정도다. 과거 역사의 1%면 결코 짧지도, 무시할 수도 없는 기간이다.

창조의 첫 장면을 보면 우리 인생이 귀하다는 것을 더욱 잘 알 수 있다. "태초에 하나님이 천지를 창조하시니라." 태초란 시간의 시작을 말한다. 즉 시간도 하나님의 피조물이라는 것을 의미한다. 그러므로 하나님의 형상에 따라 만들어졌으며 창조주의 생명(창 2:7)이 들어 있는 우리는 결코 제한된 시간과 바꿀 수 없는 존재다. 이것은 사람이 시간을 초월한다는 것이 아니라, 우리 인생이 피조물인 시간과 비교될 수 없다는 뜻이다. 우리의 매 순간은 다른 피조물이 지나치는 단순한 시간과 달리, 시간을 창조하신 창조주와 그분의 형상이 함께 써 나가는 귀중한 시간이다.

죄로 인해 이 세상에서 사는 연수에 한계가 생겼다고는 하지만, 한 사람 한 사람의 인생에 거신 하나님의 기대를 생각하면 감격이 있다. 한 사람의 목숨이 얼마나 귀한지는 생명 되신 예수(요 11:25, 14:6)께서 분명히 말씀하셨다.

"사람이 온 세상을 얻고도 제 목숨을 잃으면 무슨 소용이 있겠느냐? 사람이 자기 목숨을 무엇과 맞바꾸겠느냐" 마 16:26

"목숨이 음식보다 중요하고……" 눅 12:23

그러므로 자신의 인생을 약화시키는 어떤 것도 허용할 수 없다. 자신의 인생을 낮추는 것이 언뜻 보기에는 겸손한 것 같지만 실은 교만한 것이다. 생명의 근원이신 예수님을 무시하는 것이기 때문이다. 또한 동일하게 다른 사람의 생명도 천시하기 때문이다.

"나는 선한 목자다. 선한 목자는 양들을 위해 자기 생명을 내놓는다" 요 10:11

"예수 그리스도께서는 우리를 위해 자기 목숨을 내놓으셨습니다" 요일 3:16

우리의 소중함은 예수님이 십자가에서 돌아가심으로 가장 선명하게 나타난다. 창조주께서 자신의 목숨을 버릴 정도로 귀한 것이다. 그분 자신의 생명을 담은 하나님의 형상이기 때문이다.

탐사 여행에서 성경이 사실이라는 확신을 갖고 그랜드캐니언 앞에 서면 내 인생이 결코 찰나가 아니라는 것이 확실해진다. 하나님이 내 인생에 거신 기대에 가슴이 벅차오른다. 그랜드캐니언의 웅장함 속에 내가 속한 것도 아니고, 크기 때문에 주눅 들지도 않는다. 오히려 전 지구적인 노아 홍수 심판을 일으켰던 전능하신 하나님의 형상이라는 것에 어느 것과도 바꿀 수 없는 내 자신의 존귀함을 깨닫는다.

"수십억 년 멀리 막연히 계시던 하나님이 수천 년으로 가까워졌습니다."

구체적으로 가까워진 하나님! 탐사 여행에서 이구동성으로 듣게 되는 간증이다.

진화론 패러다임

보암직도 하고, 먹음직도 한 유혹의 묶임

노아 홍수 콘서트 | PART 3

동일과정설과 진화론은 19세기 중엽에 등장하여 견고한 패러다임으로 자리를 잡았다. 이 패러다임은 너무 강력해서 단 수십 년 안에 유럽을 휩쓸어 버렸으며, 이 두 패러다임 안에서 사고하지 않는 과학자들은 과학자답지 않다는 분위기가 확산되었다. 이것은 20세기를 넘어 21세기에서조차 여전히 강력한 영향력을 행사하고 있다.

동일과정설의 명제인 "현재는 과거를 알 수 있는 열쇠다"라는 라이엘의 말은 과거 사실을 알기 위한 지름길인 '증인'의 채택을 배제했기 때문에 기초가 아주 허약한 가설이다. 현재의 모습으로 과거를 알려고 하는 유혹, 즉 누구나 걸려들기 쉬운 유혹에 빠진 것이다.

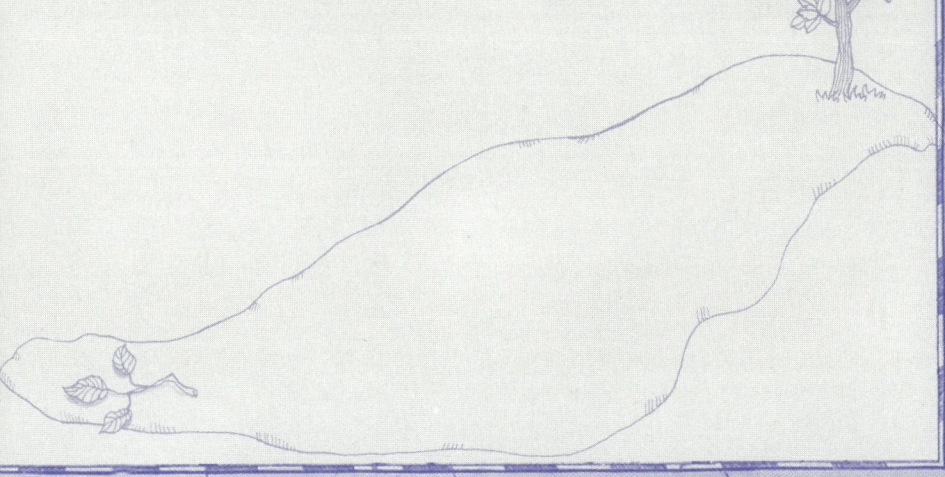

Step 1 2 3 4 5 6 7 8

일반 과학자들은 창조과학을 어떻게 생각할까?
과학자들도 패러다임에 묶여 있다

언젠가 샌프란시스코 지역에서 있었던 세미나 인도를 마쳤을 때 참석자 중 한 분이 손을 들었다. 물리학이 전공인 분이셨는데 이전에 이미 뵌 적이 있었다.

"창조과학 세미나 때 가장 많이 받는 질문이 뭐예요?"

과연 창조과학자가 어떤 질문을 가장 많이 받을까? 가장 많이 받는 질문은 "일반 과학자들은 창조과학을 어떻게 생각하나요?"이다. 세미나 내용이 수긍되긴 하는데, 과연 그 내용이 객관적인가 궁금한 것이다.

과학철학 용어 중에 '패러다임'이란 단어가 있다. 이 단어의 이해가 앞서 질

패러다임_ 과학자들 역시 패러다임에 묶여 있다

문했던 물리학자의 답을 대신할 수 있을 것이다. 앞으로 이 단어에 대해 깊이 있게 다루어 보려고 한다. 패러다임은 쉽게 표현하자면 '사고의 틀'이다. 그러니까 과학자들도 사고의 틀이 있다는 말이다. 정말 과학자는 객관적일까? 정확하고 편견이 없을까? 과학자는 정말로 패러다임에서 자유로울까? 과학 역사 가운데 잘 알려진 다음의 예는 패러다임을 이해하는 좋은 예가 될 것이다.

16세기 이전 거의 천 년 이상을 천문학자들은 지구가 태양계의 중심이라는 천동설 패러다임을 갖고 있었다. 그러나 1543년 코페르니쿠스가 놀랍게도 태양계의 중심을 태양으로 놓고 지구를 행성 중에 하나로 놓는 이론을 발표했다. 그것도 육안으로 했다니 참으로 놀라운 발상이 아닐 수 없다. 당연히 지구가 태양계의 중심이라는 천동설 하에서는 수성, 금성, 화성, 목성, 토성의 행성 운동을 설명하기가 대단히 어렵거니와 불가능하다. 지구가 태양계의 중심이 아니기 때문이다. 그러나 태양이 중심이라는 지동설이 태양계의 운동을

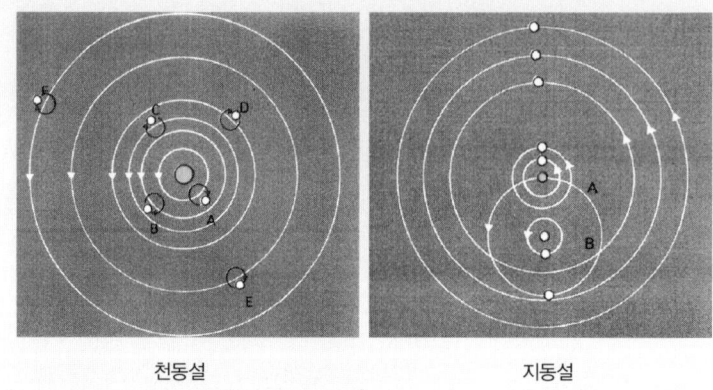

천동설   지동설

천동설과 지동설

훨씬 더 잘 설명했는데도 당시 천문학자들은 왜 지동설을 받아들이지 않았을까? 바로 천동설의 '패러다임'에 갇혀 있었기 때문이다.

과연 당시 천문학자들은 모두 어리석어서 그 사실을 몰랐을까? 당시 천문학자들은 당대 대단한 두뇌의 소유자들이었다. 결코 IQ의 문제가 아닌 것이다. 하늘만 바라보는 당시의 천문학자들에게도 지구가 돈다는 것은 감히 상상하기 어려운 일이었다. 나중에 낙하의 법칙을 발견한 갈릴레오가 망원경으로 관찰해서 더 많은 증거를 보여 줬어도 그들은 기존의 패러다임에서 벗어나지 못했다. 천동설을 믿는 천문학자들 중에는 갈릴레오를 교황청에 고소하기도 했다. 패러다임은 그만큼 무서운 것이다. 수십 년 후 케플러가 원 운동이 아니라 타원 운동을 한다고 주장했을 때까지도 천동설이 우세했다. 지동설이 출현한 후에도 천동설 패러다임을 버리기까지는 이렇게 오랜 시간이 필요했던 것이다.

오늘날 각 과학 분야마다 패러다임이 존재한다. 만약 과학을 전공하는 대학원생이 있다고 하자. 과연 이 대학원생의 패러다임에 누가 가장 큰 영향을 줄까? 지도 교수, 학과 교수, 기존의 논문들이 그 순서일 것이다. 아마 그 학생은 자신의 지도 교수의 생각이나 기존 논문 내용이 무엇인지 파악하는 데만도 오랜 시간이 걸릴 것이다. 천동설이 지배하던 당시의 천문학자들은 틀린 이론인 천동설로 행성의 운동을 설명하려는 기존 이론을 이해하는 데만 수많은 시간을 할애했음에 틀림없다. 과연 과학자들이 패러다임으로부터 자유로울 수 있을까? 결코 불가능하다.

여기서 확실히 해야 할 것이 있는데, 천동설과 지동설의 문제는 행성들이 어떻게 배열을 하고 어떻게 궤도를 운행하는지 알고자 하는 현재 관찰 가능한 과학에 해당하는 분야라는 것이다. 즉 현재 관찰되고 있는 별들의 운동만 정확히 설명하려는 것이 그 목적이다. 태양과 행성들이 과거에 어떻게 시작되어 어떤 역사를 거쳐 지금의 태양계의 궤도를 갖게 되었는지 등 과거 우주의 역사를 알려는 것이 아니다.

말할 필요도 없이 관찰한 적이 없던 과거 사실을 추적해야 하는 경우 과학자들은 훨씬 더 많은 부분을 패러다임에 의존하게 된다. 그러므로 기존 이론에 더 많은 영향을 받을 수밖에 없다. 일단 과학자가 패러다임으로부터 자유로울 수 없다는 것을 이해했다면, 더 나아가 과거를 알려고 할 때 과학자들이 취하게 되는 가장 대표적인 패러다임을 다루어 보도록 하자.

1 **Step** 3 4 5 6 7 8
2

동일과정설 vs 격변설
과거 사실을 알고자 하는 과학자들의 두 가지 상반된 패러다임

아마 이 책에서 가장 많이 등장하는 용어를 들라고 하면 '동일과정설'과 '격변설'일 것이다. 이 두 용어는 과거를 알려고 하는 과학자들의 패러다임을 이해하기 위해서는 반드시 짚고 넘어갈 필요가 있다. 때문에 적당한 예를 통해서 풀어 가고자 한다.

만약에 과학을 공부하는 두 친구 A와 B가 추석 명절이 되어 모처럼 고향에서 만났다고 하자. 둘이 이런저런 이야기를 나누며 언덕을 향해 걸어가다 발 밑에 밤나무 가지가 떨어져 있는 것을 보았다. 이들이 언덕 위에 도달하니 밤나무가 한 그루 서 있었다. 그 나뭇가지는 이곳 언덕 꼭대기에서 아까 그 언덕 아래로 굴러간 것이다.

A가 물었다.

"이 밤나무의 나뭇가지가 떨어진 다음에 아까 언덕 밑에서 보았던 나뭇가지가 있는 곳까지 이동하는 데 얼마나 걸렸을까?"

A와 B는 일년 후에 다시 만나서 각자 의견을 나누기로 했다.

일년 뒤 추석이 되어 다시 만난 두 사람은 각자 자신의 의견을

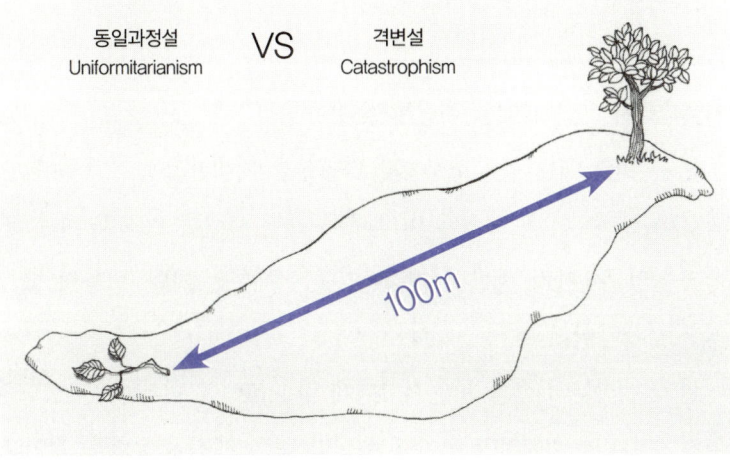

동일과정설과 격변설

발표했다. 먼저 A가 말했다.

"내가 1년 동안 관찰해 보니 나뭇가지가 언덕 아래로 1m 움직였어. 그런데 언덕 위의 밤나무에서 그 나뭇가지까지 거리는 100m가 되니 100년쯤 걸린 것 같다."

A는 자신이 관찰한 나뭇가지의 이동 속도를 통해 자신이 보지 못했던 과거에 동일하게 적용시킨 것이다. 과거 외부에서 간섭했을 가능성을 전혀 고려하지 않은 것이다. 여러 번 언급했지만, 이와 같이 자신이 관찰한 변화 속도를 보지 못한 과거나 미래에 동일하게 적용시키는 가설을 '동일과정설'(uniformitarianism)이라고 한다. 당연히 이는 상당히 시간 의존적 해석이다.

한편 B는 다르게 해석했다.

"언젠가 홍수에 의해 순식간에 아래로 운반된 것 같다."

B는 동일한 과정보다는 다분히 사건 의존적인 해석을 했는데, 이를 '격변설'(catastrophism)이라고 부른다. 역사 과학으로서 지질학은 이 두 가지 가설이 항상 대립해 왔다.

물론 위의 예는 동일과정설과 격변설을 이해하고자 지극히 단순화한 예일 수 있다. 그러나 이 책에서 과거 사실을 알고자 하는 과학자들의 두 가지 상반된 패러다임을 이해하는 데는 도움이 됐을 것으로 생각한다.

만약 여러분이 산을 보면서 '1년에 몇 mm씩 깎이니까, 이 정도의 골짜기가 만들어지려면 적어도 수십만 년의 세월이 걸렸을 것이다' 내지는, 계곡의 바위를 보면서 '이 큰 바위들이 이곳까지 굴러오는데 얼마나 오랜 세월이 걸렸을까?'라고 생각한다면 동일과정설의 영향을 받았다고 할 수 있다.

반면에 똑같은 산을 보면서 '저 정도 골짜기를 만들려면 과연 침식 사건이 얼마나 큰 사건이었을까?' 내지는, 똑같은 바위를 보면서

'이 정도 큰 바위를 여기까지 굴러오게 했다면 그 에너지는 과연 얼마나 컸을까?'라고 생각한다면, 여러분은 격변설의 영향을 받았다고 말할 수 있다.

성경은 지질학에 대하여 어떤 역사를 겪었다고 말하는가? 창조하셨던 그 '땅'이 어떤 경험을 했다고 말하는가? 그 땅은 인간의 죄악으로 가득 찼을 때 "모든 깊은 곳의 샘들이 터지며" 천하의 높은 산이 잠겼던 전 지구적인 대격변을 경험했다고 말한다. 그리고 본서는 시간이 아닌 격변에 의해서만 설명될 수 있는 수많은 증거들을 제시하였다. 독자들이 이 책을 통해 과거 사실을 알기 위해 갖추어야 할 패러다임의 전환을 꼽는다면, 그동안 자신도 모르게 젖어 있던 동일과정설에서 성경적 격변설로 생각을 전환하는 것이다.

> "믿음으로 노아는, 하나님께서 아직 보이지 않는 일들을 지시하셨을 때에" 히 11:7

성경은 홍수를 노아의 생애 동안 보아 온 동일한 과정이 아닌 한 번도 보지 못했던 대격변이라고 말하고 있다. 패러다임의 전환이란 주께서 '땅 위에 사는 모든 생물을 없애 버리신'(창 7:23) 사건, 바로 그 대격변의 역사를 보는 눈을 뜨는 것이다.

1 2 **Step** 4 5 6 7 8

3

유럽을 휩쓸어 버린 강력한 두 패러다임
그들은 왜 동일과정설에 매료되었나?

    우리가 접하고 있는 지층, 화석, 석탄, 산과 강 등이 오랜 시간에 걸쳐 형성된다는 지질학의 동일과정설적 해석들은 대부분 과거 200년경부터 대두되기 시작한 주장들이다. 이 동일과정설로 해석했던 시기부터를 '현대 지질학'이라고 부른다. 일반적으로 현대 지질학의 본격적인 시작을 제임스 허턴(James Hutton, 1726~1797)부터로 본다. 의사였던 허턴은 1795년 『지구에 관한 이론』이라는 책을 펴내고, 대륙이 천천히 침식되어 바다로 들어가고 다시 솟아올라 땅 덩어리가 되었다가 다시 침식되어 바다로 들어가는 어떤 시작도 없고 끝도 없는 식의 무한히 긴 지구의 역사를 설명했다. 이 이론은 당시 주류 철학인 자연주의와 맞물려 크게 관심을 끌었다. 그 후 이 책은 동일과정설적 해석을 하게 된 현대 지질학의 초석이 되었다. 그러나 허턴은 갑작스런 매몰로 형성된 화석에 대하여는 크게 주목하지 않았다.

    동일과정설이 본격적으로 학계에 영향력을 발휘하기 시작한 것은 변호사였던 찰스 라이엘(Charles Lyell, 1797~1875)이 1833년에 『지질학의 원리』 (*Principles of Geology*)를 출판하면서부터다. 라이엘은 이 책에서 "과거의 지질 활동을 해석하는 데 지금 일어나는 강도와 규모의 지질 변화 과정만을 사용해야 한다"고 주장하며 "현재는 과거를 알 수 있는 열쇠다"(The present is the key to the past)라는 유명한 명제를 내세웠다. 이 명제는 당시 과거 사실을 밝히려는 과학자들의 자세에 중요한 전기를 마련하였고, 이는 지질학뿐 아니라 생물학이나 천문학에 이르기까지 기원에 관한 연구를 하는 모든 분야에 절대적인 영향을 끼쳤다.

찰스 라이엘

동일과정설 원리는 라이엘의 『지질학의 원리』가 40년간 11판을 발행하는 기염을 토하는 동안 20세기로 들어서기도 전에 거의 모든 지질학자들에게 지구가 수억 년 되었다는 패러다임을 갖도록 했다.

찰스 다윈

그러므로 1903년 동위원소 연대 측정법이 태동하기도 전에 이미 지질학자들 사이에서 지구가 오래되었다는 패러다임이 자리를 잡았다는 사실을 이해할 필요가 있다.

한편 찰스 다윈(Charles Darwin, 1809~1882)은 라이엘의 동일과정설에 매력을 느끼고 이를 생물에 적용시켜 진화론을 주장하였는데, 바로 1859년에 출간된 『종의 기원』을 통해서다. 생물이 '오랜 세월' 동안 한 종 안에서 점차적인 변화를 거치면 다른 종으로까지 변화하여 지금의 다양한 생물들로 진화했다는 진화론은 '시간'이 지나면 지금의 지형이 이루어진다는 동일과정설과 유사하지 않은가? 엄밀히 말해서 시간적으로도 동일과정설이 진화론보다 먼저 등장했으며, 실제로 진화론을 발상하는 계기를 제공하였다. 오랜 지구가 먼저 등장한 다음에 진화론이 등장한 것이다. 이는 오랜 시간이 아니면 진화가 일어나는 것이 불가능하기 때문이다.

1834년 25세의 다윈이 아르헨티나의 산타크루스 강을 보며 쓴 일기를 보면 그가 이미 동일과정설에 매료되었음을 알 수 있다.

> "지금 이 강은 운반 능력이 아주 작아서 미미한 양조차 움직일 수 없지만 태고의 시간은 헤아릴 수 없는 점진적인 침식을 통해 강을 만들었을 것이다."[86]

진화론자 헉슬리가 "(동일과정설적) 지질학 시계가 틀렸다면, 모든 자연주의자(진화론자)들이 해야 할 것은 변화의 급속성에 대한 개념으로 수정하는 것이다"[87]고 말한 것도 같은 맥락이었던 것이다.

동일과정설과 진화론은 19세기 중엽에 등장하여 견고한 패러다임으로 자리를 잡았다. 이 패러다임은 너무 강력해서 단 수십 년 안에 유럽을 휩쓸어 버렸으며, 이 두 패러다임 안에서 사고하지 않는 과학자들은 과학자답지 않다는 분위기가 확산되었다. 이것은 20세기를 넘어 21세기에서조차 여전히 강력한 영향력을 행사하고 있다.

동일과정설의 명제인 "현재는 과거를 알 수 있는 열쇠다"라는 라이엘의 말은 과거 사실을 알기 위한 지름길인 '증인'의 채택을 배제했기 때문에 기초가 아주 허약한 가설이다. 현재의 모습으로 과거를 알려고 하는 유혹, 즉 누구나 걸려들기 쉬운 유혹에 빠진 것이다. 아울러 이는 성경과도 전혀 조화롭지 못하다. 왜냐하면 성경은 현재의 모습으로 과거를 알 수 있다고 말하지 않기 때문이다. 오히려 우리의 과거가 어땠는지 먼저 알 때만 지금 우리가 왜 이런 모습을 하고 있는지 알 수 있다고 말한다.

지층, 화석, 석탄, 산의 모양 등을 보면서도 마찬가지다. 이들은 모두 과거에 있었던 사건의 결과다. 그러므로 거기에 있었던 증인을 먼저 만나는 것이 중요하다. 성경은 철저히 '증인'이 먼저다. 우리에게는 구름 떼와 같이 수많은 증인들이 있으며(히 12:1), 궁극적으로 하나님이 우리의 증인이시다(롬 1:9). 동일과정설은 바로 그 증인 없이 스스로 깨달아서 과거를 알려고 하는 유혹에 걸린 것이다.

Step 4

동일과정설에서 격변설로
새로운 패러다임의 출현

    1960년대에 들어서면서 지질학계에 변화가 일어났다. 실험을 하기 시작한 것이다. 어쩌면 20세기 중엽까지 지질학은 과학이라기보다는 철학에 가까웠다. 직접적인 실험을 거의 하지 않았기 때문이다. 지층과 산의 모습을 보며 막연히 시간이 만들었을 것으로 생각하는 철학적 수준이었던 것이다. 그리고 단지 자신들의 패러다임인 동일과정설의 오랜 역사에 해당하는 것만을 선택해서 이론화했다. 그러나 지질학에도 드디어 실험이 시도되기 시작했다. 놀랍게도 실험을 하면 그 결과는 시간이 아니라 사건으로 돌아섰다.

    실제로 격변설자들은 19세기 초부터 20세기 중엽까지 약 150년간을 '격변설의 암흑 시대'라고 부른다. 지질학자들이 완전히 동일과정설의 패러다임에 갇혀 있었기 때문이다. 그러나 1960년대에 석탄을 만들어 보았더니 시간이 아니라 '조건'이었음을 알게 되었다. 지층을 만들어 보고, 선상지 실험을 하고, 화석을 보니 이제까지의 동일과정설로는 설명할 수 없다는 것을 발견하기 시작한 것이다. 창조과학자인 오스틴은 일반 지질학자들이 격변설로 해석하는 논문들을 수집하여 그 내용을 요약하여 'CATASTROREF'(격변설, '참고문헌'이라는 의미임)라는 이름으로 컴퓨터에 계속 업데이트하고 있다. 그 논문 수의 변화를 그린 것이 다음의 그래프다.

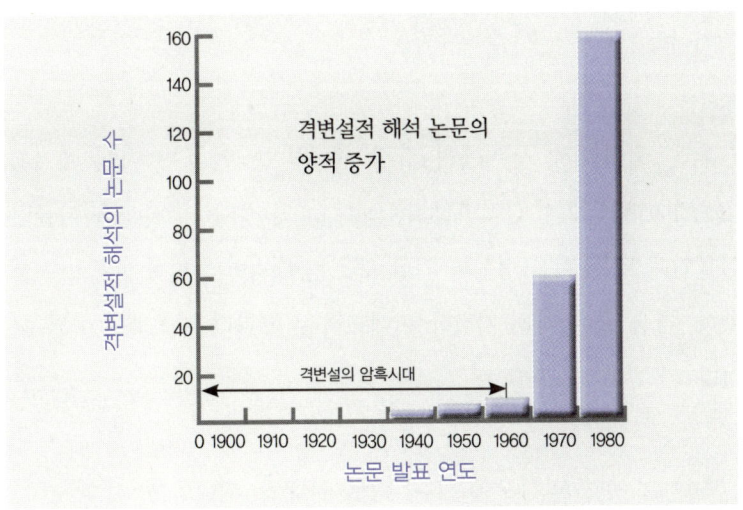

다음의 글은 동일과정설에 회의적인 논문의 일부를 발췌한 것이다. 미국 지질교육협회 편집장이었던 시아는 동일과정설의 문제점을 지적하면서도 그 패러다임에 여전히 갇혀 있는 지질학자들을 이렇게 표현했다.

"지질 과정의 속도와 강도가 일정하게 진행되어 왔다는 생각은 증거와 확실히 위배됨에도 불구하고 이제까지 존속되어 왔다는 것이 놀랍다."[88]

그는 다른 글에서도 동일과정설의 취약성을 지적했다.

"만약 창조론자들이 동일과정설의 타당성을 공격하는 데 성공했다면, 현대 지질학을 불신시키려는 그들의 시도도 성공했을 것이다."[89]

최근 지질학자 사이에서 가장 존경받는 인물은 데렉 에이거 (1923~1993)다. 그는 신격변설(격변설이 다시 대두되었다는 의미)을 이끌던 인물인데 모든 지질 형성과 지질 구조는 대격변의 기록이라고 주장했다. 다음 글은 가히 지질학을 대표하는 학자다운 고백이 아닐 수 없다.

"역사의 비전문가적 이탈에 대하여 내가 해명하고 싶은 것은…… 다른 말로 하자면, 우리 자신은 과거에 대한 해석에 극단이란 말과 격변적 과정이라는 용어 사용을 회피하도록 세뇌된 상태로 방치되었다는 것이다."[90]

여기서 '비전문가적 이탈'이라고 한 이유는 동일과정설을 주장하기 시작했던 허턴이나 라이엘이 당시 지질학자가 아니라 각각 의사와 변호사였기 때문이다.

「지오타임스」에 게재된 다음 논문은 최근 격변설로 돌아선 지질학계의 변화를 '르네상스'라고 표현했다.

"격변설 지질학자들은 지질학의 르네상스를 즐기고 있다. 과거 180년 동안에 지질학자들은 라마르크, 라이엘, 다윈에 의해 정의됐듯이 느린 속도로 점차적으로 자연계가 변하여 왔다는 사고 아래 동일과정설적인 접근을 꾸준히 시도해 왔다. 지금 많은 지질학자들은 지구의 지난 역사 동안에 지금과는 전혀 다른 격변적 사건이, 그것도 빠르게 발생했다는 것을 받아들이고 있다. 이 격변적 사건은 매우 중요하다. 왜냐하면 이 사건은 생물의 멸종뿐 아니라 갑작스런 드라마틱한 환경 교란을 일으켰음에 틀림없기 때문이다."[91]

이 글의 마지막 문장은 정확한 단어를 사용하고 있지 않지만 마치 무슨 사건을 말하는 것 같지 않은가? 우리가 잘 알고 있는 바로 노아 홍수 사건이다.

「사이언스」에 실린 아래 글은 격변설적 자세를 취하는 것을 혁명이라고까지 표현했다.

> "'지질학자들이 지구 역사에 대해 격변설을 정상적 과정으로 받아들이는 것은 위대한 철학적 돌파다'라는 말은…… 현재 고생물학자나 지질학자들이 전문적 시각을 택할 때 중요한 것은 아마도 혁명적인 변화일 것이다."[92]

오늘날 동일과정설에서 격변설로 패러다임이 변하고 있는 지질학의 모습을 표현한 글은 수도 없이 많다. 위에 소개한 글들은 그 중 일부일 뿐이다. 수십억 년의 동일과정설을 적용한 그릇된 교육은 우리가 사실을 알도록 하는 데 여전히 방해가 될 뿐이다.

5 패러다임의 피해자에서 영웅으로
유명한 지질학자의 예

패러다임 때문에 인정을 받지 못하다가 사망 직전에 그 패러다임의 전환 때문에 극적인 찬사를 받았던 유명한 지질학자 한 사람을 소개하고자 한다. 그를 통해 과학자들이 얼마나 패러다임에 갇혀 있는지 이해할 수 있을 것이다.

이 지질학자는 바로 워싱턴 대학과 시카고 대학의 지질학 교수였던 브레츠(Harlen Bretz, 1882~1981)다. 그는 '워싱턴 주의 그랜드캐니언'이라고 불리는 그랜드 쿨리(Grand Coulee)가 빙하시대 해빙기 때 단 한 번의 홍수로 형성됐다는 격변설적 해석을 하였다. 그는 30년 이상 수많은 격변적 증거를 통해 이를 주장했으나, 당

브레츠

시 동일과정설의 패러다임이 너무 견고해서 그의 주장은 전혀 받아들여지지 않았다.

그런 그가 1979년 사망 2년 전인 97세에 지질학계의 가장 큰 영예인 펜로즈 메달(Penrose Medal)을 받았다. 학계가 그의 격변적 설명이 옳다고 받아들인 것이다. 패러다임이 바뀐 것이다!

워싱턴 지역의 지질을 설명한 지질학 관련 책들이 최근 연달아 출판됐다. 과연 그 책들은 브레츠를 어떻게 표현했을까? 읽어 보면 전율을 느끼지 않을 수 없다.

"브레츠 덕분에 지질학자들은 자신의 신념을 객관적으로 재조사하지 않을 수 없게 되었으며, 지구상에 가장 드라마틱한 변화가 짧고 자연적이며 격변적인 사건 때문에 생겼다는 것을 받아들이게 됐다. 그는 지질학자들에게 다른 격변에 대한 증거들도 볼 수 있도록 문을 열어 주었다."[93]

격변에 대한 브레츠의 생각을 철저하게 거부하던 지질학자들이 그를 '다른 격변에 대한 증거도 볼 수 있도록 문을 연' 영웅으로 표현하며 찬사를 아끼지 않게 된 것이다. 이미 지질학에 패러다임의 이동이 일어났다. 그리고 격변설을 받아들이게 된 것은 지질학의 혁명적 변화라고 할 수 있다.

"모든 이론을 파하며 하나님 아는 것을 대적하여 높아진 것을 다 파하고 모든 생각을 사로잡아 그리스도에게 복종케 하니"
고후 10:5

성경은 하나님을 알도록 하는 것을 막는 이론은 다 파한다고 했다. 과연 우리는 어떻게 하나님을 알았는가? 스스로 깨달아서? 세상이 가르쳐 줘서? 아니다. 우리는 하나님의 계시인 성경을 통해서 안 것이다. 그러므로 하나님을 알게 하는 것을 막는 이론이란 '성경이 틀리다'고 하는 이론이다. 우리는 진화론과 동일과정설이 깨어지고 있는 것을 주목해야 한다. 이 두 이론은 바뀌지 않는 과거 사실이 기록된 하나님의 말씀을 틀리다고 하며 하나님을 알게 하는 유일한 길을 허물고 있기 때문이다.

하나님보다 높아진 것은 다 파한다고 했다. 우리는 하나님보다 위에 있는 어떤 이론도 남아 있을 수 없음을 보아야 한다. 여기에는 단지 진화론과 동일과정설만이 아니라 성경을 세상 이론과 타협하려는 모든 시도를 포함한다. 이런 이론을 주장하는 사람이 있다면 이는 하나님보다 높아지려는 사람이다. 바뀔 수 없는 하나님이 하신 일을 창조주 위에 서서 바꾸려고 하기 때문이다.

우리는 그릇된 모든 생각을 사로잡아서 우리의 창조주시며 구원자이신 예수 그리스도께 복종시켜야 한다. 한글성경에는 이 구절(고후 10:5)의 주어가 정확히 명시되어 있지 않지만 영어성경에는 주어를 분명히 "We"(우리)라고 번역했다. 성경과 위배되는 과학적 이론의 그릇됨을 지적하는 것은 그리스도인인 우리들에게 맡겨진 일이다.

1 2 3 4 5 **Step** 7 8
6

그런데 왜 아직도 진화론을 배워요?
새로운 패러다임이 정착하기까지는 시간이 필요하다

　창조과학 탐사 여행에서나 세미나 첫째 날이면 어김없이 듣는 질문이 있다.

　"진화론이 틀렸다는 것이 그렇게 명백한데 왜 아직도 교과서에서 진화론을 가르치는 건가요? 왜 쌓이고 쌓인다는 동일과정설에서 나온 수십억 년의 지구 나이를 학교에서 가르치는 건가요?"

　이 질문은 프로그램이 진행됨에 따라 자연스럽게 이해하게 되는데, 특히 패러다임을 논할 때 분명하게 이해한다. 모든 과학자들은 패러다임이 있다는 것, 과거 사실을 알려고 할 때 아직까지 동일과정설과 진화론의 패러다임이 남아 있다는 것, 그리고 최근에 그 패러다임이 격변설로 이동하고 있다는 것 등을 이해하는 것이다.

　그러나 무엇보다 패러다임의 속성을 몇 가지 더 알고 나면 더 분명해진다. 패러다임은 일차적으로 보편적인 것에 우선권이 있다. 어떤 패러다임이 형성되어 보편화된 다음에는 새로 등장한 패러다임이 이전 것보다 더 설득력 있다 할지라도 그 새로운 것이 보편화될 때까지는 기존의 패러다임을 계속 고수하려 한다는 것이다. 예를 들어 일단 동일과정설이 보편화되었으면 격변설이 등장해서 훨씬 잘 설명한다고 할지라도 그 새로운 패러다임인 격변설이 보편화될 때까지는 기존의 패러다임인 동일과정설을 그대로 유지하고 있다는 얘기다.

이것이 바로 진화론과 동일과정설이 아직까지 교과서에 남아 있는 중요한 이유다. 교과서는 속성상 가장 보편적인 패러다임을 채택하게 된다. 많은 과학자들이 진화론의 문제점을 지적하여도 일단 교과서가 진화론적인 틀을 갖추고 난 다음에는 그 과학적 내용의 타당성을 떠나 진화론을 지지하는 것만 쉽게 된다. 동일과정설도 마찬가지다. 이제는 대부분의 지질학자들이 지층이 저탁류에 의해 아주 빠르게 형성되고, 산들이 격변 과정을 통해 형성된다는 것을 지지할지라도 교과서는 여전히 오랜 지질 과정으로 지층이 형성된다고 설명하는 것이다.

전공자와 비전공자의 차이

여기에는 전공자와 비전공자의 차이도 한 몫을 한다. 전공자의 패러다임이 형성된 뒤에 교과서나 매거진을 통해 비전공자에게 넘어갔다고 하자. 시간이 지나 전공자들 안에서는 이미 새로운 패러다임이 등장하여 보편화되었을지라도 비전공자들은 여전히 옛날의 패러다임으로 해석된 내용만 기억하고 있다. 비전공자들까지 새로운 패러다임으로 변하는 데는 좀 더 시간이 필요한 것이다.

예를 들어 앞에서 다루었던 그랜드캐니언을 보더라도 쉽게 이해할 수 있다. 이미 전공자들이 2000년 그랜드캐니언에서 열린 심포지엄에서 동쪽과 북쪽에 있는 호수가 붕괴되는 격변으로 그랜드캐니언이 형성되었다고 결론을 내렸다. 그러나 여전히 거의 모든 서점은 오랜 세월에 걸쳐 콜로라도 강이 깎이고 깎여서 협곡이 형성되었다고 쓴 책을 팔고 있다. 뿐만 아니라 거의 예외 없이 모든 여행 가이드도 수백만 년의 침식을 얘기한다. 물론 교과서도 여전히 오랜 세월에 걸쳐 형성된 협곡의 대명사로 그랜드캐니언을 소개한다. 모두 패러다임의 속성 때문이다. 마찬가지로 유년기·장년기·노년기의 침식윤회라든지, 석탄, 화석 등을 설명할 때도 여전히 기존의 동일과정설 패러다임을 채용한다.

그렇다면 창조과학자는? 당연히 창조과학자라고 패러다임에서 자유로울 수는 없다. 기존의 패러다임에 영향을 받는다. 중요한 점은 과거 있었던 일을 알려고 할 때는 현재 재현 가능한 경우보다 더 많은 부분이 패러다임에 영향을 받는다는 데 있다. 그렇지만 창조과학자에겐 다른 과학자가 갖지 못한 강점이 있다. 바로 과거의 사실이 적힌 성경을 갖고 있는 것이다.

'사실'이란 세상의 패러다임이 바뀐다고 변하는 것이 아니다. 어떤 패러다임이 틀렸다고 취급해도 변하지 않는 것이 사실이다. 그러므로 '사실'은 패러다임으로부터 자유롭다. 너무나 감사한 것은 우리에겐 사실인 책이 있다는 점이다. 그리고 과거 사실을 알려고 할 때 그 사실에서 출발할 수 있는 유리한 위치에 있다는 점이다. 우리는 그 사실을 믿기 때문에 과거에 일어났던 사실을 변화시키려 하지 않고 단지 검증만 하는 것이며, 성경이 사실이라는 수많은 증거들을 발견해 왔다. 그러므로 과거 사실을 알기 위해서 누구보다도 패러다임으로부터 가장 자유로울 수 있는 위치에 있다.

매년 두 차례 여름과 겨울에 떠나는 유학생들을 위한 창조과학 탐사 여행이 있다. 탐사 여행을 마치고 돌아오는 길에 참석했던 학생의 간증은 이 프로그램이 중요한 역할을 아주 잘 수행했음을 대변해 준다.

"교과서에 틀린 부분이 있다는 것이 충격이었습니다."

모르는 것은 어떻게 하세요?

You really wanna know?

2008년 가을 한국을 방문해 어느 대학교에서 '노아 홍수와 지구의 나이'로 세미나 인도를 마쳤을 때다. 컴퓨터를 정리하고 있는데 한 학생이 찾아왔다. 세미나 때 맨 앞자리에서 열심히 듣던 남학생이었다.

"선교사님은 모르는 것을 만나면 어떻게 하세요?"

질문하는 모습이 사뭇 진지했고 네 시간 동안 진행된 세미나로 인해 적잖은 충격을 받은 모양이었다. 질문인즉 '당신도 모든 것을 아는 것은 아니잖냐?'는 뜻이다.

"내가 아는 것이 많은 것 같아, 아니면 모르는 것이 많은 것 같아?"

이 학생이 정말 하고 싶었던 질문을 되물어 보았다. 이 친구가 웃기만 하고 대답을 하지 않기에, 그가 하려는 대답을 내가 대신해 줬다.

"당연히 모르는 것이 많지. 그런데 나는 아는 것만 나열해도 나머지 모르는 것은 믿음으로 메울 수 있겠더라고."

이 학생은 피식 웃었다. 아마도 믿음이란 답변에 '이 사람도 결국 믿음으로 밀어붙이는구나' 하며 실망하는 듯했다.

"학생은 교회 다녀?"

"아뇨."

교회 다니지 않는다니 더욱 그 표정이 이해되었다. 믿음에 대하여 조금 더 설명할 필요가 있다는 생각이 들었다.

"우리 어머니는 창조과학에 대해 전혀 모르셔. 그런데도 어머니는 성경을 너무 잘 믿으셔. 나는 창조과학을 알아. 그런데 나도 성경을 잘 믿어. 학생, 하나님이 공평하신 것 같지 않아? 모두가 믿음으로 믿게 하시니 말이야. 만약에 아는 것만큼 믿는다면 과연 하나님과 성경을 누가 믿을 수 있겠어."

아무래도 말씀 속에 있는 답을 주는 것이 필요한 시점이란 생각이 들었다. 이 학생에게 로마서 1장 17절을 암송해 주었다.

"복음에는 하나님의 의가 계시돼 믿음으로부터 믿음에 이르게 합니다. 기록되기를 '의인은 믿음으로 살 것이다'라고 한 것과 같습니다."

"성경은 하나님은 공평하신데 믿음으로 믿게 하시기 때문이라고 말하고 있어. 학생, 하나님이 정말 공평하신 것 같지 않아? 우리 어머니에게도, 나에게도…… 그리고 하나님은 학생도 이 믿음을 갖기 원하셔."

학생은 상기된 표정으로 말이 없었다. 믿음을 원하시는 하나님이 공평하시다는 의미를 알아듣겠다는 표정이었다. 그렇다. 우리는 하나님이 공평하시다는 것을 알았을 때 감격이 있다.

패러다임. 이 용어는 실제로 믿음의 영역을 말하는 것이다. 더 이상 검증할 수 없는 부분을 메우고 있는 어떤 것, 바로 믿음의 영역이다.

지나왔던 과거를 밝히려는데 우리 손에는 사실인 책이 쥐어 있고, 우리는 이를 믿는 믿음이 있다. 창조과학자들은 성경에 대한 이 믿음을 말하려는 것이다. 성경을 대적하는 이론들이 왜 틀렸고, 성경이 사실이라고 말하는 증거가 얼마나 많은지를 보여 주는 것이다. 그래도 역시 우리는 지식이 아닌 믿음으로 성경을 믿는다. 하나님의 방법이기 때문이다.

"모든 이론을 파하며 하나님 아는 것을 대적하여 높아진 것을 다 파하고 모든 생각을 사로잡아 그리스도에게 복종케 하니."

고후 10:5

그리스도인은 모두 이 일에 부르심을 받은 자들이다. 그리스도인은 성경을 보며 모르는 것을 만났을 때 "틀리다"고 말하는 것이 아니라 "모른다"고 고백할 수 있어야 한다. 이 고백이 "나는 하나님의 모든 말씀이 일점일획의 오류도 없음을 믿습니다"라는 믿음의 고백이며, 하나님은 오직 사실만을 말씀하시는 분이라는 전 인격적인 고백이다.

타협 이론(1) _점진적 창조론
하나님이 진화 순서로 창조했다?

진화론이 대두하자 그리스도인 과학자들 사이에서 수십억 년이라는 긴 기간과 성경을 조화시키려는 타협 이론이 등장하기 시작했다. 그들은 진화론 자체인 지질계통표와 이에 근거한 방사성 동위원소의 수십억 년의 연대를 역사적 사실로 인정하면서 성경과 조화시키려고 시도했다. 당연히 진화론은 거기 계셨던 분이 계시한 진짜 역사인 성경과 조화를 이룰 수 없기 때문에, 이들 타협 이론은 과학적으로나 성경적으로나 비정상적으로 전개될 수밖에 없다.

타협 이론에는 하나님이 창조는 하셨지만 진화를 허용하셨다는 유신론적 진화론, 창조의 하루를 지질계통표의 긴 기간으로 바꾼 날-시대(day-age) 이론 등이 있다. 유신론적 진화론은 1980년대부터 중간 단계 화석이 발견되지 않는다는 것을 인정하기 시작하면서 지지자들이 사라지기 시작했다. 그리고 날-시대 이론도 이 이론의 대표격인 캘빈 대학의 데이비스 영(Davis Young)이 자신의 주장을 포기함으로써 실제로 결말이 났다. 왜냐하면 단순히 창세기 1장과 진화 순서를 비교해 보아도 그 순서가 공존할 수 없기 때문이다. 다음 글은 그가 날-시대 이론을 포기하는 이유를 언급한 내용 중 일부다.

> "성경에는 식물들이 셋째 날 그리고 동물이 다섯째 날 등장한다. 그렇지만 지질학에서 무척추동물들은 식물들이 땅 위에 거점을 얻기 오래전에 바다에 가득 차 있었다. …… 더 심각한 것은 성경 본문은 하나님이 지구가 이미 존재한 후에 넷째 날 하늘의 별들을 만들었다고 말한다. 여기서 과학(진화론)과 명백한 대립이 있다. 천문학은 태양이 지구보다 오래되었다고 주장한다."[94]

이런 타협 이론 가운에 최근에 등장한 이론이 천문학자인 휴 로스에 의해 착안된 '점진적 창조론'(progressive creationism)이다. 점진적 창조론을 간단히 요약하자면, 하나님이 생물을 창조하시되 지질계통표의 진화 순서대로 수억 년 동안 창조와 멸종을 반복하셨고, 마지막에 인간을 포함한 오늘날의 생물들을 창조하셨다는 것이다. 이 이론은 지질계통표를 사실로 믿기 때문에 역시 노아 홍수를 전 지구적인 홍수로 받아들이지 않는다.

처음에 이 이론이 나왔을 때 많은 그리스도인들에게 지지를 받았다. 왜냐하면 오랜 지구를 믿으면서 창조를 믿을 수 있는 길이 열린 것 같았기 때문이다. 그러나 곧 점진적 창조론이 안고 있는 심각한 문제들이 드러나면서 많은 사람들이 지지를 철회했다. 지질계통표대로 창조됐다는 점진적 창조론은 화석이 지질계통표 순서대로 발견되는 곳이 지구상 어디에도 없다면, 받아들일 아무런 이유가 없다. 지질계통표 자체가 진화에 대한 믿음의 고백이기 때문에, 자신은 진화는 안 믿고 진화 순서만 믿는다고 말할지라도 그 내면에는 진화를 믿고 있는 것이다.

어떤 면에서 점진적 창조론은 유신론적 진화론보다 하나님과 그의 성품을 더 인위적으로 변형시킨다. 점진적 창조론을 믿으면 하나님이 창조뿐 아니라 멸종을 반복적으로 행하셨다는 하나님의 모순된 성품을 함께 받아들여야 한다. 그들에 따르면 죄악도 있기 전에 땅을 저주하듯이(창 3:17) 하나님은 창조했던 피조물을 계속해서 멸종시키고, 다시 창조하시며 또 "보시기에 좋았다"고 하셨고, 또 멸종시키고, 또 창조하셨다.

한편 휴 로스는 방사성 동위원소를 성경보다 더 신뢰하기 때문에 수만 년 전에 인간이 출현했다는 진화론자들의 말도 믿는다. 현대인의 출현 시기를 4만 년이라고 인위적으로 정하며, 이전의 영장류 화석들은 아담 이전의 피조물이기 때문에 육체는 있지만 동물과 같아서 영도 없고 구원도 없다고 말한다. 이들의 해석은 변하기 쉬운 연대측정의 결과에 따라 그 영장류 화석이 하나님의 형상으로 올라갔다가 동물 중의 하나로 떨어지기도 한다. 자신이 정한 현대인의 출현 시기로 판단한 것이 다시 측정했을 때 더 오래된 것으로 바뀌면 그렇게 되는 것이다. 하나님의 형상 창조 시기를 자신이 정한 것이다.

"……그 이상은 에노스요 그 이상은 셋이요 그 이상은 아담이요 그 이상은 하나님이시니라" 눅 3:38

성경은 중간 과정을 말하지 않는다. 아담과 하나님 사이에는 어떤 간격도 없다. 그들은 첫 번째 아담을 막연하게 만들었다. 더 심각한 것은 만약 첫 번째 아담이 막연해지면, 마지막 아담인 예수 그리스도도 함께 막연해진다는 사실이다. 처음 아담은 죄 없이 완전한 자신의 형상으로 창조되었기 때문에, 예수 그리스도께서 그와 같이 죄 없이 완전하게 마지막 아담으로 오신 것이다. 첫 아담은 오스트랄로피테쿠스, 아니면 네안데르탈인? 과연 마지막 아담은 어느 모습이셨단 말인가?

휴 로스는 이런 말도 했다.

"정확히 160억 년의 나이만이 무수히 많은 별들의 우주를 설명한다. 이것이 생물이 발생 가능한 시간의 좁은 창이다."[95] 생물은 우주 나이가 120~170억 년이어야만 가능하다.[96]

어느 누구도 우주 나이를 정확히 측정한 적이 없으며, 시간이 생명을 만들 수도 없다. 시간도 하나님의 피조물이다(창 1:1). 점진적 창조론은 이미 피조물 안에 창조주의 능력을 가두는 엄청난 과오를 저지른 것이다. 우리는 점진적 창조론을 보며 수십억 년의 거짓 역사와 성경에 기록된 진짜 역사가 조화될 것이라는 어떤 기대도 가질 필요가 없음을 더욱 확실히 알 수 있다.

어떤 이들은 "지구의 나이가 뭐 그리 중요해요?"라고 질문하기도 한다. 그러나 점진적 창조론의 위험성을 이해했다면 이 질문에 대한 답은 이미 얻었다고 할 수 있다. 오랜 지구를 믿으면 결국 지질계통표를 믿어야 하고, 만약 지질계통표를 믿으면 결국 진화 개념대로 하나님이 움직이게 되는 것이다. 이는 과학 역사의 순서에서도 분명히 드러난다. 진화론이 먼저 세상에 들어온 것이 아니라, 지구가 오래되었다는 동일과정설의 믿음이 먼저 생긴 뒤 진화론이 등장했다. 창조과학자들이 젊은 지구에 대하여 강조하는 이유도 바로 여기에 있다. 수십억 년의 지구를 믿으면 결국 또 다른 형태의 진화론이 등장하기 때문이다.

Step 8

타협 이론(2) _다중격변설
하나님이 진화 순서로 창조와 멸종을 반복했다?

최근 지질학자들 사이에서 동일과정설에서 격변설로 그 패러다임이 넘어가자 또 다른 타협 이론이 등장했는데, 바로 '다중격변설'이다.[97] (다음의 글에서 인용된 페이지는 다중격변설을 주장한 『창조와 격변』의 페이지임) 다중격변설을 간단히 말하면, 하나님은 진화의 순서대로 생물을 창조하고 멸종시키는 일을 반복적으로 하셨으며, 그 멸종이 일어날 때마다 지구상에는 격변이 있었다는 이론이다. 그리고 그 격변의 원인은 지구 밖에서 날아온 운석이며 최후의 격변이 노아 홍수라고 주장한다(p. 393). 한마디로 표현하면 점진적 창조론에 격변설이 첨가된 이론이다.

다중격변설은 "지구의 절대 연대를 측정하는 대표적인 방법인 방사성 동위원소 연대측정법은 이 논쟁의 출발점이요 핵심이라고 할 수 있다"(p. 470)고 했듯이, 방사성 동위원소 연대측정법 사용의 타당성을 여러 페이지에 걸쳐 할애했다. 특히 계산 방법 중에 하나인 등시선 방법(isochron method)이 아주 타당한 값을 제공해 주는 것으로 강조하였다. 그러나 이에 대한 문제점은 '4장 창조과학 깊이 들어가기'에서 상세히 다룰 것이다.

"지구 역사에서 단 한 차례의 대규모 홍수만 있었다는 대홍수론의 가장 큰 어려움은 기존의 연대측정 결과와 맞지 않는다는 것이다"(p. 470)라고 말했듯이 다중격변설은 부정확하고 선택적으로 얻어진 방사성 동위원소 연대측정법을 성경 기록보다 위에 놓는다. 즉 방사성 동위원소 연대측정 결과를 먼저 고정시켜 놓고 성경 기록을 이에 맞게 해석한 이론인 것이다.

이 이론이 가장 신뢰하는 부분이 하나 더 있다면 바로 지질계통표다. 이는 "진화론의 지질 시대를 그대로 인정한다"(p. 233), "화석을 매몰 순서가 아닌 창조의 순서……"(p. 235)라는 주장에서 쉽게 알 수 있다. 그러나 이런 주장은 운석에 의한 격변을 주장하면서도 격변의 반대 개념인 동일과정설과 진화론의 패러다임에서 만들어진 지질계통표를 그대로 인정하는 모순을 답습한다. 이를 뒤집어 보면, 수십억 년의 지구 나이를 인정하기 위해서는 진화의 가정에서 나온 가상의 지질계통표가 필수적이라는 것을 의미한다고 할 수 있다.

다중격변설에서는 노아 홍수의 규모를 일반적인 격변으로 격하시키기도 한다.

> "그랜드캐니언과 인근 캐니언들의 형성…… 만일 노아 홍수로만 현재의 지층 형성을 설명하려면 홍수가 있었던 10여 개월 동안 쉬지 않고 시간당 평균 2~3m의 속도로 지층이 퇴적되었다고 가정해야 하는데 이것은 상상하기 어렵다."(p. 485)

그러나 1980년 세인트헬렌스 산의 화산 폭발 과정에서 흘러내린 저탁류가 수시간 만에 7m 이상의 지층을 만들었음을 상기할 필요가 있다. 이 화산 폭발은 노아 홍수와는 비교할 수 없이 작은 사건이었다.

운석에 의한 격변 역시 문제가 있다. 만약 수백만이나 수천만 년의 오랜 세월을 간격으로 운석이 충돌하여 지층이 만들어졌다면 그 격변과 격변 사이에 형성된 산이나 강을 보여 주는 흔적이 있어야 한다. 그러나 실제로 현장에서 보는 퇴적암의 지층 간에 시간적 간격은 찾아보기 어렵다. 또한 여러 지층들이 평행하게 휘어진 습곡을 보더라도 오랜 세월이 지나 단단해지기 전, 그러니까 모든 지층이 동일하게 부드러운 상태에서만 압력을 받았다는 것으로 설명될 수 있다. 다중격변설은 동일과정설 하에서 지층을 해석할 때 반복하는 실수를 동일하게 따르고 있는 것이다.

기본적으로 다중격변설은 앞서 다루었던 점진적 창조론에서 파생된 것이기 때문에 점진적 창조론의 성경적 문제점을 고스란히 안고 있다. 점진적 창조론과 같이 하나님이 멸종과 창조를 반복적으로 행하셨다고 하면서 거기에 운석을 추가한 것이다. 실제로 다중격변설 안에서 점진적 창조론을 주장한 휴 로스를 지지하는 부분을 발견할 수 있다. 이 책에서는 심지어 "대규모의 멸종들이 과연 하나님이 보시기에 나빴을까를 생각해 보아야 한다"(p. 536)고 말하기도 한다. 그렇다면 하나님 자신이 창조했던 생물들을 "보시기에 좋았다"고 해놓고 다시 멸종시키시는 과정이 보기 좋았단 말인가? 완벽하신 하나님이 멸종을 염두에 두고 창조하셨을까?

성경은 완벽했던 피조물이 좋지 않은 상태로 변형된 것은 인간이 지은 죄의 결과라고 분명히 말한다(창 3:18). 하나님이 창조하실 때 보시기에 좋았기 때문에, 자신의 형상의 타락 외에는 이 피조물들을 변형시킬 아무런 이유가 없는 것이다.

실제로 퇴적지층 안에서 가시덤불 화석이 발견되기도 한다.[98] 이 화석은 진화론자들이 4억 년 전이라고 말하는 지층 속에서 발견된 것이다. 성경은 아담과 하와의 죄로 인해 땅에서 가시덤불이 나왔다고 했는데, 이 가시덤불 화석은 무엇을 의미하는가? 다중격변설이 말하는 것처럼 죄가 들어오기 전에 일어난 격변으로 화석이 만들어졌다고 한다면, 죄가 들어오기도 전인 수억 년 전에 하나님이 이미 가시덤불을 창조하셨어야 한다. 그러나 오히려 아담과 하와가 범죄한 이후에 가시덤불이 나왔고, 화석들은 그 후에 일어난 노아 홍수 때 매몰된 증거라는 성경적 틀 안에서는 당연한 결과다.

과연 하나님이 노아 홍수 이전에 운석에 의해 수많은 생물들을 창조하시고 또다시 멸종시키셨다면 어째서 성경에 단 한마디도 기록하지 않았을까? 왜 하나님은 창조하실 때마다 "보시기에 좋았더라"는 말만 되풀이하셨을까? 다중격변설은 하나님의 말씀에 너무나 많은 것을 추가했다.

진화론이 등장한 이래 기독교 내에서 타협 이론이 늘 대두했다. 다중격변설도 그 중 하나다. 결국 사라질 이론이다. 그러나 문제는 이런 타협 이론이 순수하게 성경을 믿는 예수 그리스도의 몸된 교회에 상처를 준다는 점이다. 유신론적 진화론, 날-시대 이론, 점진적 창조론이 그랬던 것처럼 말이다.

화석에서 진화에 필요한 중간 단계가 없다는 것을 알았을 때 그리스도인은 유신론적 진화론을 버리고 성경으로 돌아왔어야 했다. 그런데 곧바로 진화 순서로 창조되었다는 점진적 창조를 만들어냈다. 지층이 오랜 세월이 아니라 격변에 의해 형성된다는 것을 알았을 때 우리는 성경으로 돌아왔어야 했다. 그런데 이번에는 다중격변설이 등장했다.

"사람은 다 거짓말쟁이라 해도 하나님은 진실하십니다" 롬 3:4

"의인은 없으니 하나도 없고 깨닫는 자도 없고 하나님을 찾는 자도 없다" 롬 3:10-11

다중격변설의 출현을 보며 죄로 인해 연약해진 우리 자신을 본다. 점진적 창조론과 다중격변설의 등장을 보며 수십억 년의 지구 나이를 성경에 맞추려는 노력이 과학적으로나 성경적으로 얼마나 문제가 많은지를 발견하게 된다. 더 나아가 이를 계기로 엿새 동안 창조하시고, 단 한 번의 전 지구적인 격변적 심판인 노아 홍수의 믿음을 주신 하나님께 감사하게 된다.

창조과학 깊이 들어가기

지구의 나이를 측정하는 다양한 연구들

노 아 홍 수 콘 서 트 | PART 4

일반적으로 진화론적 틀 안에서 지구의 나이를 말하려는 사람들은 지구가 45억 년쯤 되었다고 말한다. 한편 성경에 기록된 대로 하나님이 엿새 동안에 모든 만물을 창조하셨다는 사실과(창 1장, 출 20:11), 빠짐없는 성경의 족보를 연결했을 경우 지구 역사는 만 년 이내로 짧아진다. 과연 어느 것이 더 타당할까?

지구가 45억 년 되었다고 주장하는 사람들의 가장 뚜렷한 공통점은 지구가 지질계통표의 역사를 겪어서 여기까지 왔다는 믿음이 있다는 것이다. 그러니까 고생대, 중생대, 신생대의 순서를 거쳐 인류가 등장했다는 진화론적 역사의 순서를 그대로 받아들이는 것이다. 만약 우리 마음에서 지질계통표라는 진화론적 역사만 깨끗이 제거해 버린다면 굳이 수십억 년이라는 역사를 그려 볼 필요가 없다.

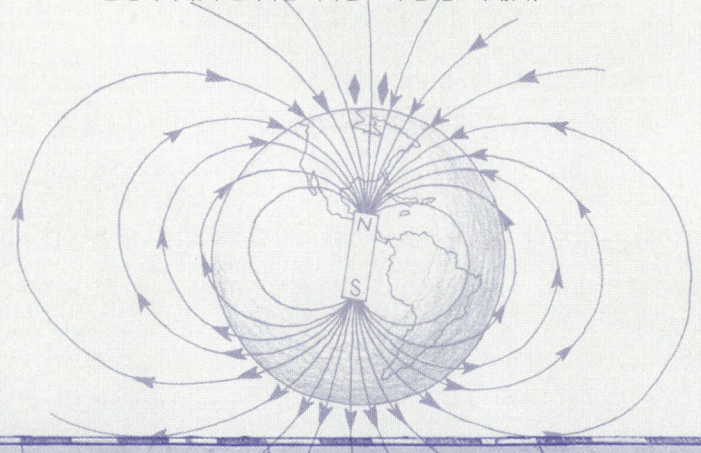

Step 1 2 3 4 5 6 7

수십억 년은 어디서 나왔나?
연대측정 속에 숨은 가정들

지구 나이에 대한 생각의 변화

일반적으로 진화론적 틀 안에서 지구의 나이를 말하려는 사람들은 지구가 45억 년쯤 되었다고 말한다. 한편 성경에 기록된 대로 하나님이 엿새 동안에 모든 만물을 창조하셨다는 사실과(창 1장, 출 20:11), 빠짐없는 성경의 족보를 연결했을 경우 지구 역사는 만 년 이내로 짧아진다. 과연 어느 것이 더 타당할까?

지구가 45억 년 되었다고 주장하는 사람들의 가장 뚜렷한 공통점은 지구가 지질계통표의 역사를 겪어서 여기까지 왔다는 믿음이 있다는 것이다. 그러니까 고생대, 중생대, 신생대의 순서를 거쳐 인류가 등장했다는 진화론적 역사의 순서를 그대로 받아들이는 것이다. 만약 우리 마음에서 지질계통표라는 진화론적 역사만 깨끗이 제거해 버린다면 굳이 수십억 년이라는 역사를 그려 볼 필요가 없다. 실제로 이 책에서 가장 중요시 하는 부분도 지질계통표라는 역사는 없으며 지질계통표 자체가 진화론이라는 것을 이해시키는 데 있다.

지질계통표는 일차적으로 화석으로 만든 것이다. 여러 번 강조한 것처럼 화석은 진화 과정을 보여 주는 어떤 전이 형태도 보여 주지 않으며, 화석이 지질계통표의 순서로 고스란히 발견되는 곳은 지구상 어디에도 없다. 또한 화석은 진화의 순서가 아니라 매몰된 위치를 말한다. 실제로 화석은 전 지구적인 격변, 즉 성경에 기록된 노아 홍수의 틀 속에서 쉽게 설명될 수 있다.

화석뿐 아니다. 지층이나 석탄, 심지어는 산들조차도 대격변에 의해 빠른 속도로 형성되었다는 것을 이해했다. 앞으로 논의할 지구 나이와 관련해서도 노아 홍수의 대격변적 틀을 갖추는 것은 중요하다. 퇴적암이나 산이 오랜 시간이 아니라 지금과는 전혀 다른 '대격변'에 의해 형성된다는 것을 알았을 때 어떤 생각이 들었는가? 혹시 지금까지 막연하게 생각했던 오랜 역사에 대한 의문이 생기지 않았는가? 그런 의문이 드는 것이 너무나 당연하다. 시간으로 보던 자

동위원소 진화론 오랜지구 동일과정설

동일과정설의 패러다임

세가 사건으로 보는 자세로 전환되었기 때문이다.

실제로 지구의 나이가 수억 년 되었다는 생각은 최근 사용되는 방사성 동위원소 연대측정법을 알기도 전에 이미 갖춰진 생각이다. 즉 방사성 동위원소 측정 이전에 지층과 산들이 오랜 세월에 걸쳐 형성되었을 것이라는 동일과정설의 패러다임이 먼저 갖춰진 것이다. 단지 방사성 동위원소 측정치들이 지구가 오래되었을 것이라는 자신의 패러다임에 맞기 때문에 이들을 채택해서 사용하고 있을 뿐이다. 즉 얻어진 수억 년의 숫자가 먼저가 아니라 패러다임이 먼저였다. 자신의 사고 틀에 맞는 숫자를 선택한 것뿐이다. 앞으로 연대측정법 문제와 관련해서 이 같은 사실을 인정하는 과학자들의 고백도 듣게 될 것이다.

앞서 언급한 것처럼 성경을 믿는 그리스도인들 중에는 지구의 오랜 나이가 자신의 믿음에 부담이 된다는 사람들이 있다. 이들은 성경과 수십억 년의 지구 나이를 함께 믿기 위해 타협 이론을 내기도 했다. 그러나 이들의 주장을 보면 한결같은 공통점을 보게 된다. 바로 노아 홍수가 성경에 기록된 대로 단 한 번의 전 지구적인 홍수라는 것을 부인하는 것이다.

이들이 이렇게 타협하는 이유는 그들 책에서 분명하게 언급된다. 지구가 수십억 년 되었다는 것과 성경의 역사를 조화시키기 위해서라고. 역으로 말하면 이는 지구 나이가 수십억 년이라는 패러다임이 노아 홍수 사건을 성경 그대로 받아들이는 데 중요한 걸림돌이 되고 있음을 반증하는 것이다.

그런데 연대측정과 관련해 역사적인 순서를 잘 이해해야 한다. 지질계통표가 먼저였고 방사성 동위원소 연대측정이 나중이었다. 쉽게 말하면 노아 홍수의 성경적 격변 사건을 몰랐거나 그 믿음을 버렸기 때문에 지질계통표가 나왔고, 그래서 수억 년이란 숫자가 나왔으며, 그에 맞는 방사성 동위원소 측정법을 채택한 것이다.

연대측정법을 이해하는 도구, 모래시계

과연 45억 년이라는 긴 숫자는 어디에서 나온 것일까? 바로 방사성 동위원소 연대측정법에서 나온 것이다. 앞으로 이 방사성 동위원소 연대측정법에 대하여 상세히 다루어 볼 것이다. 이 방법을 이해하기에 앞서 모래시계 예를 들어 보려고 한다. 이 예는 방사성 동위원소 연대측정법뿐 아니라 다른 모든 연대측정 방법을 이해하는 훌륭한 안내자 역할을 할 것이다.

A가 친구 B에게 와서 이렇게 말했다.

"내가 벽장 속에 있는 모래시계를 뒤집어 놓았는데 언제 뒤집었는지 알아맞혀 봐라."

모래시계

그 말을 듣고 B가 벽장을 열어 보니 정말로 모래시계에서 모래가 떨어지고 있었다. 과연 여러분이 B라면 이때 경과된 시간을 알기 위해 무엇을 측정하겠는가?

아마 두 가지는 분명히 측정하려 할 것이다.

첫째는 모래가 아래로 빠져나가는 속도일 것이다.

둘째로 모래시계 윗부분에 남아 있는(또는 아래에 쌓여 있는) 모래의 양일 것이다.

그러면 모래시계 윗부분에서 모래가 아래로 빠져나가는 속도(V)는 남아 있는 모래의 변화 양(s)을 시간(t)으로 나눈 값일 테니까(V = s/t), 빠져나가는 속도(V)와 남아 있는 모래의 변화 양(s)을 알면 경과된 시간을 얻을 수 있다(여기서 속도라는 것은 모래의 낙하 속도가 아니라 모래의 양이 줄어드는 '양속도' 개념이다). 수학적으로는 아주 간단하다. 그러나 실제 적용을 하려면 만만찮다.

여기서 모래가 빠져나가는 '속도'와 남아 있는 '모래의 양'이라고 말한 것 자체가 자신도 모르게 기본적인 두 가지를 가정하고 있다는 것을 알아야 한다. 모래가 빠져나가는 속도를 통해서 경과된 시간을 알려고 한다면 이미 그 속도(또는 속도상수)가 현재나 과거에 동일했을 것이라는 가정을 하고 있는 것이다. 만약 모래가 빠져나가는 속도가 과거에 빠르거나 늦었던 적이 있었다면, 지금 속도를 측정한다고 할지라도 그 경과된 시간을 결정하는 데 아무런 도움을 주지 못한다. 즉 모래가 '빠져나가는 속도'가 항상 일정했다고 먼저 가정해야 한다

다음으로 남아 있는 모래의 변화 양에 대한 문제다. 모래의 양을 측정할 때 여러분은 A가 모래시계를 뒤집었을 때 아래 공간에는 모래가 전혀 없었다고 여겼을지도 모른다. 그러나 A는 그렇다고 말하지도 않았을 뿐더러, 실제로 A가 시계를 뒤집었을 때 이미 모래가 아래 공간에 어느 정도 남아 있었다면, 지금 남아 있는 양을 세밀하게 측정한다고 할지라도 그 경과된 시간을 밝히는 데 전혀 도움을 주지 못한다. 그러므로 둘째로 '처음 모래의 양'을 정확히 알고 있다는 가정을 해야 한다. 사실 연대측정에서 이 처음의 양(초기 값)을 아는 것이 가장 어려운 문제이며, 동시에 초기 값을 아는 것은 거의 불가능하다고 말할 수 있다.

다른 하나, 조금 억지스러운 가정을 더 생각해 보자. 두 친구가 이런 내기를 하고 있을 때 장난꾸러기 친구 C가 몰래 벽장을 열고 시계에서 모래를 끄집어 냈거나, 밖에 있는 모래를 시계 안에 집어넣은 적이 있다면 문제가 심각해질 것이다. 그러므로 다른 하나, 모래가 외부로 빠져나갔거나 들어온 적이 없었다고 가정해야 한다. 과학자들은 이와 같이 물질이 들락날락하지 않는 상태를 '닫힌계'(closed system)라고 부른다.

위의 세 가지 기본 가정, 즉 모래가 아래로 빠져나가는 속도, 처

음 모래의 양, 닫힌계는 모래시계의 예뿐 아니라 방사성 동위원소 연대측정법을 포함한 모든 연대측정 방법에 동일하게 적용되는 가정이다. 이 세 가지 원리를 이해했다면 앞으로 언급될 연대측정에 관한 내용도 쉽게 이해할 수 있을 것이다.

하나 더 염두에 두어야 할 것이 있다. 위의 단순한 모래시계의 예를 보더라도 결국에 경과된 시간은 모래의 '양'을 가지고 판단한다. 우리가 갖고 있는 것은 모래뿐이다. 즉 모래의 '양'을 '시간'으로 환산한 것이다. 그리고 위의 세 가지 가정은 그 모래의 양을 시간으로 환산하는 과정에 반드시 고려해야 할 부분이다. 문제는 모래시계는 사람이 일부러 시간을 측정하기 위해 특별히 제작된 도구지만 앞으로 다룰 방사성 원소를 통한 연대측정법은 그렇지 않다는 데 있다.

1 **Step** 3 4 5 6 7
2

탄소 연대측정법의 원리
탄소 14의 양이 많으면 젊고, 적으면 오래되었고

    방사성 동위원소 연대측정법에 대하여 본격적으로 다루어 보자. 방사성 동위원소 연대측정법이란 방사능을 가진 원소들이 붕괴(다른 원소로 변하는)하는 특징을 이용해서 연대를 측정하는 방법이다. 여기에 사용되는 원소에는 여러 가지가 있다. 우라늄-납(U-Pb), 루비듐-스트론튬(Rb-Sr), 칼륨-아르곤(K-Ar), 탄소(^{14}C) 등이다. 이 중 일반인들에게 가장 잘 알려진 방법이 탄소로 측정하는 방법이다. 따라서 먼저 탄소 연대측정법에 대하여 알아보자. 그러나 다른 동위원소법도 탄소와 기본 원리는 같기 때문에 탄소 연대측정법을 이해하면 다른 방법들도 충분히 짐작할 수 있다.

    용어부터 정리해 보면, 원소란 산소, 수소, 탄소 등을 말한다. 그리고 각각의 원소는 자신의 고유 질량을 갖고 있다. 그런데 과학이 발전하면서 같은 원소인데(즉, 원자번호와 양성자수는 같은데) 질량이 다른(즉, 중성자수가 다른) 원소가 있다는 것이 밝혀졌다. 이와 같이 원자번호는 같은데 질량수가 다른 원소를 동위원소(isotope element)라고 부른다. '동위'라는 말은 일반적으로 그 원소의 성질이 원자번호인 양성자수에 가장 크게 좌우되기 때문에 '같은(iso: same) 높이(tope: topography)'에 있다는 의미에서 붙여진 이름이다.

그런데 과학자들이 그 성질을 연구하던 중에 어떤 동위원소는 불안정하기 때문에 시간이 지나면 다른 원소로 변한다는 사실을 발견했다. ^{14}C(탄소14)가 그 대표적인 예다. ^{14}C는 불안정하여 시간이 지나면 기체인 ^{14}N(질소14)로 변해서 날아가 버린다. 이를 과학 용어로 붕괴(decay)라고 한다. 그런데 이때 ^{14}C가 ^{14}N로 변할 때 방사선이 빠져나가므로 이 불안정 동위원소를 '방사성 동위원소'라고 부른다. 반면에 어떤 동위원소는 아무리 시간이 지나도 변하지 않는 것도 있다. ^{12}C가 대표적인데, ^{12}C는 안정하므로 시간이 지나도 그 상태가 변하지 않는다. 이를 '안정 동위원소'라고 부른다. 다른 원소로 변하는 방사성 동위원소와 변하지 않는 안정 동위원소의 성질을 이용해서 과학자들이 유기물의 나이를 측정하는 데 응용하는 것이다.

어떤 나무를 생각해 보자. 탄소는 대기 중에 CO_2(이산화탄소) 상태로 존재한다. 그 중에 어떤 것은 ^{14}C와 결합한 CO_2도 있고, 어떤 것은 ^{12}C와 결합한 CO_2도 있다. 나무가 살아 있을 때는 광합성과 호흡작용을 통해 나무와 대기 중에 이들 CO_2가 들락날락한다. 그러므로 살아 있을 때는 $^{14}C/^{12}C$ 값이 대기와 나무 속에 일정한 비율로 존재한다.

그러나 나무가 죽고 나면 상황이 바뀐다. 광합성과 호흡작용이 중지되어 CO_2가 들락날락하지 않으므로 대기에서와 나무에서 동위원소 비율인 $^{14}C/^{12}C$ 값이 차이가 나기 시작한다. 왜냐하면 죽은 나무 속의 방사성 동위원소인 ^{14}C는 ^{14}N로 변해서 날아가지만, 안정 동위원소인 ^{12}C는 그 양에서 변화가 없어 그대로 있기 때문이다. 그래서 죽은 지 오래될수록 나무 속의 $^{14}C/^{12}C$ 값은 점점 줄어들어 대기 중의 $^{14}C/^{12}C$와 점점 차이가 나게 될 것이다. 이와 같이 '지금의 대기'와 '나무에 남아 있는' $^{14}C/^{12}C$ 값을 비교해서 죽은 지 얼마나 오래되었는지 알아낼 수 있다. 그러니까 죽은 지 얼마 되지 않았다면 그 나무의 $^{14}C/^{12}C$ 값이 대기와 크게 차이 나지 않을 것이고, 죽은 지 아주 오래되었다면 아주 크게 차이 날 것이다.

과학자들은 방사성 ^{14}C가 ^{14}N로 변하는 속도(붕괴상수)를 측정해 왔는데, 이를 '반으로 감하는 속도'로 표현하기 때문에 반감기라고 부른다. ^{14}C의 반감기는 5,730년이다. 즉 죽은 지 5,730년이 지나면 ^{14}C의 양이 반으로 줄어들므로 처음 $^{14}C/^{12}C$ 값이 반으로 줄어들며, 또 5,730년이 지나면 또 반이 줄어들어 4분의 1밖에 남지 않는다. 또 5,730년이 지나면 나머지 양의 반이 줄어들어 8분의 1밖에 남지 않는다. 이와 같은 패턴으로 시간이 지남에 따라 16분의 1, 32분의 1……로 남게 된다. 여기서 ^{14}C가 ^{14}N로 날아가는 속도가 시간이 지남에 따라 지수함수 패턴으로 점점 줄어드는 것은 ^{14}N로 날아가 버린 만큼 유기물 속에 ^{14}C의 양이 적게 남기 때문이다.

탄소 연대측정은 동물에도 동일하게 적용된다. 왜냐하면 동물은 식물을 먹기도 하고 배설하기도 하기 때문이다. 그러므로 살아 있을 때는 대기와 식물과 동물에 있는 각각의 $^{14}C/^{12}C$ 값이 동일할 것이다. 그러나 동물이 죽고 나면 나무의 예와 같이 ^{14}C가 ^{14}N로 날아가면서 $^{14}C/^{12}C$ 값이 점점 줄어든다. 나무의 예와 같이 죽은 지 얼마 안 된 동물의 뼈는 대기의 $^{14}C/^{12}C$ 값보다 조금 적겠지만, 죽은 지 오래된 뼈는 그만큼 대기의 $^{14}C/^{12}C$ 값보다 훨씬 적을 것이다. 그 뼈 속에 있는 $^{14}C/^{12}C$의 값과 오늘날 대기 중의 $^{14}C/^{12}C$ 값을 비교해서 동물의 죽은 나이를 계산하는 것이다. 예를 들어 어떤 동물의 뼈 속에 $^{14}C/^{12}C$ 값이 오늘날 대기 중의 8분의 1밖에 존재하지 않는다면, 세 번의 반감기가 지난 것이므로 5,730 X 3 = 17,190년이 된 것이다. 이것이 바로 탄소 연대측정법의 원리다.

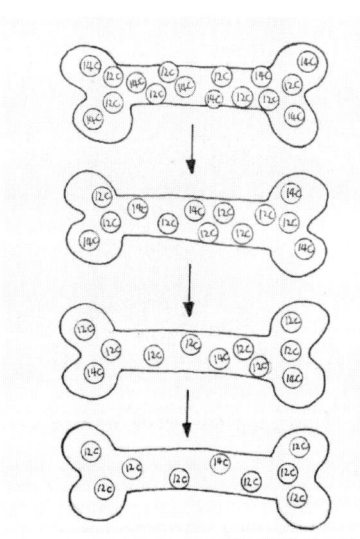

시간이 지남에 따라 동물의 뼈에서 ^{14}C가 사라진다

탄소 연대측정법에 내재된 가정들

수학적 원리로만 볼 때 탄소 연대측정법은 참으로 매력적인 방법이다. 그러나 실제로 적용할 때는 그렇게 만만찮다. 예를 들었던 것처럼 어떤 동물 뼈의 $^{14}C/^{12}C$ 값이 오늘날 대기 중의 값에 비해 8분의 1밖에 갖고 있지 않다는 것만으로 17,190년 전에 죽었다고 말하기 위해서는 앞에서 모래시계의 예와 동일한 가정이 필요하다. 왜냐하면 우리 손에 있는 것은 8분의 1밖에 남지 않은 $^{14}C/^{12}C$ 값이며, 이 양을 가지고 '시간'으로 환산해야 하는 문제가 남아 있기 때문이다.

1. 일정한 반감기(모래시계 : 모래가 떨어지는 속도)

먼저 반감기인 5,730년이다. ^{14}C가 ^{14}N로 변하는 반감기가 항상 5,730년으로 일정해야 한다. 오랜 기간 동안 그 반감기가 그대로 유지되어야 하는 것이다. 만약 반감기가 변한 적이 있다면 어떤 동물의 뼈가 지금 대기와 비교해서 8분의 1이라는 $^{14}C/^{12}C$ 값만으로 그 동물 뼈의 나이를 계산할 수 없다. 그러나 방사성 동위원소의 반감기가 변할 가능성에 대해 많은 과학자들이 이미 언급해 왔으며 환경에 의해 영향을 받을 수 있다고 했다.[99]

주네만(1982)은 "최근에 방사능 붕괴율이 이전에 생각한 것처럼 일정하지 않을 뿐 아니라, 환경 영향에 의해 변하지 않는 것도 아니다"[100] 라고 반감기가 변할 가능성을 시사했다.

2. 초기 값(모래시계 : 처음 모래의 양)

그 다음은 그 동물이 죽었을 때 간직하고 있던 ^{14}C의 초기 값이다. 실제로 이 부분이 가장 큰 문제다. $^{14}C/^{12}C$의 초기 값을 알 수 없기 때문이다. 다시 말하면 그 동물이 죽었을 당시 대기 중에 있던 $^{14}C/^{12}C$ 값이 얼마인지 알 수 없다는 뜻이다. 일반적으로 과학자들은 오늘날의 대기와 비교해서 계산한다. 그러나 실제로 과거 대기의 $^{14}C/^{12}C$ 값이 지금과 같을 가능성은 거의 없다. 이 문제는 탄소 연대측정법이 등장했을 때부터 과학자들이 가장 많이 지적한 부분이다.[101,102] 그리고 그 지적의 대부분은 과거에는 지금보다 $^{14}C/^{12}C$ 값이 낮을 것이라는 예측이다. 만약 $^{14}C/^{12}C$의 초기 값이 지금보다 적었다면, 지금 갖고 있는 동물 뼈의 $^{14}C/^{12}C$ 값이 적은 것은 오래되어서가 아니라 원래부터 낮은 값을 가졌다는 의미가 된다.

예를 들어 화산 폭발이 있을 경우 많은 CO_2 가스가 분출된다. 이때 분출되어 나오는 탄소는 모두 안정한 ^{12}C이기 때문에 당시 그 지역 대기의 $^{14}C/^{12}C$ 값은 상당히 떨어질 수밖에 없다. 그렇다면 당연히 당시 그 지역의 유기물은 지금보다 훨씬 낮은 $^{14}C/^{12}C$ 값을 함유하게 된다. 그러므로 당시 살았던 동물 뼈에서 측정된 낮은 $^{14}C/^{12}C$ 값은 오래되었기 때문이 아니라 처음부터 낮은 $^{14}C/^{12}C$ 값을 가졌을 것이므로 실제로는 죽은 지 얼마 안 된다는 결론에 이르게 된다. 게다가 $^{14}C/^{12}C$ 값이 전 지구상에 균일하게 분포되었다고 가정하기도 어렵다. 그렇다면 당시 그 나무가 죽을 때 갖고 있던 $^{14}C/^{12}C$의 초기 값을 정하는 것 자체가 심각한 무리일 수밖에 없다.

과학자들은 방사성 탄소인 ^{14}C가 지구 밖에서 오는 우주선이 대기 중의 ^{14}N와 충돌하면서 생산된다고 여긴다. 그러므로 우주선(cosmic ray)이 많이 들어올 때는 대기 중에 ^{14}C가 많아지고, 우주선이 적게 들어오면 대기 중의 ^{14}C의 양은 그만큼 적어진다. 그런데 대기권 안으로 들어오는 우주선을 일차적으로 막아 주는 것이 있는데 바로 자기장이다. 과학자들은 자기장을 측정한 이래 지구의 자기장 세기가 점점 감소해 왔다는 것을 확인했다. 그렇다면 과거에는 지금보다 자기장의 세기가 높았을 것이고, 그 강한 자기장 때문에 우주선이 덜 들어왔을 것이며, 그만큼 당시 대기는 지금보다 적은 ^{14}C를 갖고 있어야 한다. 이 경우도 오래되었기 때문이 아니라 원래부터 ^{14}C가 적었기 때문에 그 유기물이 적은 $^{14}C/^{12}C$의 값을 갖고 있다는 결론에 이르게 된다.

한편 과연 대기와 살아 있는 동식물의 $^{14}C/^{12}C$ 값이 서로 같은지도 확실치 않다. 지금 살아 있는 생물을 측정해도 $^{14}C/^{12}C$ 값이 다르게 측정된 경우는 너무 많다. 만약 처음 $^{14}C/^{12}C$ 값이 지금과 같지 않다면 그 동물 뼈의 $^{14}C/^{12}C$ 값이 지금 대기의 8분의 1을 보인다는 것이 나이와 상관관계가 있다고 보기 어렵다.

위의 내용을 과학자들은 평형 상태라는 용어로 설명하기도 한다. 즉 태양에서 오는 강한 에너지인 우주선이 대기 중에 있는 ^{14}N에 부딪힐 때 ^{14}C가 만들어진다고 보는데, 이때 만들어진 ^{14}C가 붕괴하여 다시 ^{14}N로 돌아가는 것이다. 이것이 바로 ^{14}C의 순환이며, ^{14}N의 생성 속도와 ^{14}C의 붕괴 속도가 같다면 이를 평형 상태라고 말한다.

그리고 연대측정을 하기 위해서는 이런 평형 상태라는 가정을 해야 한다. 그러나 앞에서 언급한 것처럼 실제로는 ^{14}C의 생성 속도와 ^{14}C의 붕괴 속도는 동일하지 않으므로 평형 상태일 수 없다. 이것이 탄소 연대측정법의 가정들 가운데 가장 심각한 문제점이라 할 수 있다.[103]

3. 닫힌계(모래시계 : 외부에서 모래의 유출입)

마지막으로 죽은 동물은 정말로 ^{14}C나 ^{12}C가 외부에서 들어온 적도 없고 나간 적도 없는 닫힌계라는 가정이 필요하다. 예를 들면 동물이 죽은 뒤부터 지금까지 물이나 인접한 외부 물질로부터 ^{14}C와 ^{12}C가 유입된 적도 나간 적도 없다는 닫힌 상태가 보장되어야 한다.

탄소 연대측정법은 위의 세 가지 기본적인 가정이 성립될 때만 사용할 만하다. 그러나 그런 조건들은 좀처럼 유지되기가 쉽지 않다. 그리고 이것은 단지 탄소 연대측정법만이 아니라 다른 동위원소를 이용해도 동일한 결론에 이르게 된다.

화석의 나이를 측정한다고?

화석의 나이를 측정하지 않는 진화론자들의 편견

많은 사람들은 지질학자들이 탄소 동위원소법으로 화석의 나이를 측정할 것으로 생각한다. 그러나 실제로 진화론자들은 화석의 나이를 탄소로 측정하지 않는다. 왜 그럴까? 오늘날 대기 중에 ^{14}C와 ^{12}C의 비율은 1:1조(1,000,000,000,000)다. 이 비율은 오늘날 대기 중에 ^{14}C는 거의 없고 대부분이 ^{12}C라는 것을 의미한다. 그러므로 오늘날 살고 있는 동식물들은 모두 같은 비율을 갖고 있을 것이다.

한편 ^{14}C가 ^{14}N로 변하는 반감기는 앞에서 다루었던 것처럼 5,730년이다. 즉 5,730년마다 ^{14}C의 양의 절반이 ^{14}N로 날아가 버린다. 그렇다면 현재 ^{14}C의 양이 아주 적기 때문에 산술적으로 보면 10만 년이 지난 어떤 유기물에도 측정 가능한 ^{14}C가 남아 있을 수 없다. 실제로 ^{14}C가 ^{14}N로 변하는 속도가 처음에 빨랐다가 점점 느려지는 지수함수 패턴을 보이기 때문에 유기물 속의 ^{14}C는 대부분 초반에 다량 사라져 버린다. 그러므로 5만 년보다 오래된 유기물은 탄소로 연대측정을 하기 어렵다. ^{14}C가 거의 남아 있지 않기 때문이다. 이것이 바로 진화론자들이 탄소를 가지고 몇 천만 년, 몇 억 년 되었다고 여겨지는 화석을 측정하지 않는 이유다. 진화론적 지질학자들이 화석이 그렇게 수억 년 오래되었다고 여기면서 짧은 반감기를 가진 탄소를 사용할 리 없는 것이다.

"어떤 유명한 고생물학자도 발견된 층에서 그 화석의 나이를 결정한 경우는 없다."[104]

가장 존경받는 지질학자로 알려진 에이거의 말은 바로 탄소 동위원소의 한계를 의미한다.

그러나 가만히 생각해 보면 진화론자들이 편견을 먼저 가졌다는 것을 발견하게 된다. 이미 오래되었다고 믿기 때문에 탄소 측정법을 사용하지 않는 것이다! 탄소로 화석을 측정하지 않는 이유는 화석들이 수억 년 되었다는 편견을 먼저 갖고 있기 때문이다. 역시 지구가 수십억 년 동안 '지질계통표'의 진화 순서를 겪었다는 그릇된 믿음이 먼저였던 것이다.

그러나 실제로 화석들의 ^{14}C의 양을 측정하면 언제나 진화론자들에게 당황스런 결과들을 안겨 준다. 왜냐하면 진화론자들이 수백만에서 수억 년 됐다고 여겨지는 화석이나 암석까지도 언제나 충분한 ^{14}C가 측정되기 때문이다! 고생대 석회암, 나무 화석, 중생대 공룡 뼈를 포함한 모든 화석들, 심지어는 선캄브리아기의 대리암과 흑연까지 충분한 ^{14}C를 함유하고 있다.[105]

석회암과 대리암은 CaCO₃(탄산칼슘)으로 구성되어 있다. 여기에도 탄소가 들어 있기 때문에 측정을 시도해 보았는데, 놀랍게도 수억 년 되었다는 고생대 석회암과 수십억 년 되었다는 선캄브리아기 대리암에 ^{14}C의 양이 연대측정을 할 수 있을 만큼 충분하다는 결과가 나왔다. 흑연은 모두가 탄소로 되어 있다. 수억 년 되었다는 선캄브리아기의 흑연에 ^{14}C가 연대측정을 할 만큼 다량 존재한다는 것은 무엇을 의미할까? 더 많은 예를 들어 보자.

신생대 제3기 2,000만 년 되었다는 스위스 마겐윌(Magenwil) 석탄을 측정했을 때도 충분한 ^{14}C가 있었다. 그 양은 오늘날과 비교하여 진화론자들이 하는 연대측정법을 적용해 보니 약 3만 6,000년의 연대를 보여 주는 양이었다.[106]

1997년 시드니의 2,300만 년 되었다는 중생대 트라이아스기 혹스베리(Hawkesbury) 사암에서 수많은 화석이 발견되었다. 여기서 나무 조각 화석을 측정하자 그 양은 3만 4,000년의 연대를 보여 주는 ^{14}C의 양이 측정되었다.[107]

호주 시드니의 그레이트노던심(Great Northern Seam) 석탄광에 있는 석탄은 상부 페름기로 2억 5,000만 년 되었다고 하는 지층이다. 이곳의 석탄과 나무 화석을 측정하자 모두 충분한 ^{14}C를 갖고 있었으며 석탄은 3만 4,000~4만 8,000년의 연대가 나왔다.[108]

암모나이트 표준화석을 통해 1억 9,000만 년의 중생대 초기 쥐라기로 구분되었던 지역에서 4개의 나무 화석을 측정해 보았더니 역시

충분한 ^{14}C가 존재했는데, 약 2만 3,000년의 나이에 해당하는 수치였다.[109]

여기서 의문이 하나 생긴다. 과연 표준화석은 무엇인가? 표준화석이 나이를 말하는가? 어떤 진화론자들도 암모나이트의 연대를 측정한 경우가 없다. 그렇다면 표준화석인 암모나이트의 1억 9,000만 년은 어디서 나온 걸까? 여기서 표준화석 방법은 화석으로 지층의 시대를 구분하고 그 지층으로 화석의 시대를 정하는 순환논리의 전형적인 예라는 것을 다시 한 번 확인할 수 있다.

진화론자들은 왜 화석을 탄소로 측정하지 않을까? 어떤 진화론자에게 물어보아도 가장 첫 번째 이유는 오래되었기 때문이라고 말한다. 오래돼서 ^{14}C가 없을 것이라고, 또는 너무 오래돼서 짧은 반감기의 탄소 연대측정으로는 오차 범위가 크다고 대답한다. 어쨌든 그들은 '너무 오래됐다'는 전제를 먼저 꺼낸다. 패러다임은 그렇게 무서운 것이다. 측정을 하고 나서 말하는 것이 아니라, 측정조차도 하지 않도록 만드는 것이 패러다임이다. 즉 지구가 수억 년 되었고 그 수억 년 된 지층에서 나온 화석들은 측정할 수 없다는 패러다임에 갇혀 있는 것이다.

위에서 말한 수천만에서 수억 년 됐다는 화석들이 수만 년의 나이로 떨어졌다고 해서 창조과학자들이 수만 년의 것으로 본다는 것은 아니다. 창조과학자들이 ^{14}C의 양을 가지고 시간으로 환산할 때도 앞에서 다룬 세 가지 기본 가정이 동일하게 적용되기 때문이다. 중요한 것은 모든 탄소를 포함한 화석과 암석에서 측정 가능한 ^{14}C가 '존재'한다는 것은 그것들이 오래되지 않았음을 분명하게 말하고 있다는 사실이다. 실제로 과거에 강한 자기장으로 인해 그 화석들이 죽을 당시 처음부터 ^{14}C/^{12}C 값이 적었다면 수만 년보다 훨씬 적은 수천 년의 젊은 나이로 떨어진다. 그렇다면 대부분의 이 화석들은 오히려 수천 년 전에 이들을 매몰시켰던 성경에 기록된 사실, 바로 노아 홍수 격변으로 인해 형성되었다고 보는 것이 더 과학적이고 객관적이지 않겠는가?

앞의 논문에서 화석을 탄소로 연대측정을 시도했던 사람들의 대부분은 창조과학자들이다. 왜냐하면 대부분의 진화론자들은 자신들의 패러다임에 갇혀 있기 때문에 감히 화석을 탄소로 측정하려는 시도를 하지 못하기 때문이다. 물론 여기서 창조과학자들은 객관성을 확보하기 위해서 진화론자들도 가장 보편적으로 이용하는 실험실에 연대측정을 의뢰했다.

> 이것들이 노아 홍수를 말하는지 어떻게 알아요?

You really wanna know?

창조과학 탐사 여행 중에 규화목 국립공원이란 곳을 들른다. 수많은 아름드리 규화목이 지천으로 널려 있는 이곳은 규화목이 지표에 가장 많이 드러난 곳으로 유명하다. 지질학 책에 사용된 많은 규화목 사진들은 이곳에서 찍은 것들이다. 눈으로만 볼 때는 나무 같지만 직접 만져 보면 이미 딱딱한 돌로 굳어 버린 모습에 깜짝 놀란다. 더군다나 마치 페인트를 칠해 놓은 듯한 지층으로 보이는 페인티드 사막이 주위를 둘러싸고 있어서 신비감을 더한다.

탐사 여행에서 이 규화목 공원은 노아 홍수를 전체적으로 이해하는 아주 중요한 곳이다. 왜냐하면 이곳에 도착할 때쯤이면 노아 홍수 전기가 이미 마무리되고, 후기에 형성된 퇴적지층과 나무 화석인 규화목을 통해 노아 홍수에 대한 전체적인 이해를 하는 순간이기 때문이다.

재미있는 현상은 이때부터 참석자들로부터 질문들이 쏟아져 나온다는 것이다. 아마도 이전까지는 부분적으로만 알다가 이제 머릿속에 전체 그림이 그려지기 시작해서가 아닐까 싶다. 질문하는 태도도 자신감이 있고 질문 내용도 아주 구체적으로 변한다. 규화목 공원을 벗어나기 위해 버스를 탈 때면 "이제야 그 말이 뭔 말인지 알았다"는 소리가 어렵잖게 들린다.

그런데 질문 수는 많아지는 반면, 다음과 같은 질문은 사라진다.
"이 지질학적 증거가 노아 홍수를 말하는지 어떻게 알아요?"

이런 질문은 규화목 공원에 도착하기 이전의 경유지나 버스에서 한 두 번씩 받게 된다. 아마 드러내 놓고 말하지는 않아도 마음속으로 수없이 이 질문을 한 사람들도 있을 것이다. 그도 그럴 것이 규화목 공원 이전까지는 노아 홍수의 전반적인 그림이 그려지지 않은 채 단편적인 격변적 증거들을 말로만 들었기 때문에, 혹시 내가 강사한테 주입받고 있는 것은 아닌가 하는 의심을 하지 않을 수 없었을 것이다.

그래서 탐사 여행 초반에 이런 질문을 받으면 특별한 경우 외에는 직접적인 답변을 뒤로 미룬다. 그 이유는 질문자가 아직 전체적인 그림이 그려지지 않은 상태에서 하는 답변은 충분하지 않을 것이기 때문이다. 또한 탐사 여행 중에 격변적 증거와 성경 기록을 오가며 설명을 듣고, 노아 홍수 전기와 후기의 증거들을 눈으로 직접 확인하면서 참석자들 스스로 전체적인 그림을 그리기 시작하면 자연스럽게 스스로 답변할 수 있기 때문이다.

규화목.

더 나아가 지질계통표가 지구상에 존재하지 않는다는 것, 진화론자들이 화석의 나이를 측정하지 않는다는 것, 용암을 측정하는 연대측정법에 어떤 모순이 있다는 것, 그리고 그 수억 년의 암석 나이는 지구가 오래되었다는 패러다임에서 선택적으로 취해진 것이라는 것 등 방사성동위원소에서 비롯된 오랜 연대에서 자유롭게 되면서 성경에 대한 더 구체적인 자신감을 갖게 된다. 즉 이 시점에서 참가자들은 진화론은 반드시 오랜 지구가 필요하며, 오랜 지구를 믿으면 반드시 진화론적 사고가 들어올 수밖에 없는 패러다임의 구조적 관계를 이해하게 된다.

그러나 여전히 '그래도 혹시……'라는 의심의 꼬리를 물고 있다가 마침내 말끔히 떼어 버리는 순간이 있는데 바로 그랜드캐니언에 도착하고 나서다. 여기서 창조 첫째 날, 셋째 날, 노아 홍수 때의 땅을 보면서 그런 의심에 마침표를 찍게 된다. 협곡 사이 저 아래 또렷이 구분되는 이 땅들의 경계선, 거기에는 의심의 여지가 없다. 성경을 통하지 않고는 도저히 깨달아 알 수 없다는 말씀에 모두 항복하게 된다.

더군다나 최근에 개관된 그랜드캐니언 방문자센터는 그랜드캐니언을 한눈에 볼 수 있도록 설계되어 있다. 그곳에 설치된 3차원의 모형들은 참가자들이 격변의 노아 홍수 현장과 그랜드캐니언 협곡의 형성을 이해하는 데 훌륭한 안내자 역할을 하고 있다.

Step 4

암석을 측정하는 방법
아르곤 가스가 모두 날아갈 수 있을까?

　퇴적암을 만났을 때 지질학자들은 그것의 나이를 가장 궁금해한다. 사실 퇴적암의 경우 탄소를 함유하고 있는 화석이나 석탄을 탄소 연대측정법으로 직접 측정하는 것이 가장 빠르다. 또한 석회암, 대리석, 흑연 등 탄소를 함유한 암석들이 있기 때문에 탄소 연대측정을 사용하는 데 큰 무리가 없다. 그러나 지질학자들은 암석을 측정하는 데 탄소를 사용하지 않는다. 지층들이 수억 년 되었다는 편견을 먼저 가졌기 때문이다.

　그러므로 오래되었다고 여기는 암석에 대하여는 훨씬 긴 반감기를 가진 동위원소를 사용한다. 우라늄-납(U-Pb), 루비듐-스트론튬(Rb-Sr), 칼륨-아르곤(K-Ar) 방법 등이다. 이들은 모두 수십억 년의 반감기를 가진 동위원소들이다. 즉 이들 원소의 붕괴 속도가 아주 느리다는 뜻이다. 그런

♥화성암 : 용암이 지표로 분출되거나, 지하에서 굳어버린 마그마에 의해 형성된 암석의 총칭. 지표로 분출되어 굳은 암석을 구분해서 화산암이라고 부른다.

데 이 원소들은 용암에 의해 굳어진 화성암에 포함되어 있기 때문에 주로 화성암을 측정하는 데 사용된다. 이 화성암의 나이를 측정한 후에 그 화성암과 인접한 지층의 관계를 통해 그 지층의 나이를 추정하게 된다. 그러나 이론적으로 서술하기는 쉽지만 실제 야외에서 퇴적지층과 화성암의 관계를 결정하는 것은 보통 어려운 일이 아니며, 모든 퇴적지층이 화성암과 인접해서 발견되는 것도 아니다. 그러나 어쨌든 여기서 화산암의 연대를 결정하는 대표적인 방법을 알아보기로 하자.

화산 폭발 때 분출하는 용암의 연대를 알기 위해 가장 많이 사용하는 것이 K-Ar(칼륨-아르곤) 방법이다. 앞에서 ^{14}C가 ^{14}N로 날아가는 것과 마찬가지로 불안정한 K는 Ar가스로 붕괴하여 날아가 버린다. 그러나 생물체와 달리 용암은 굳은 다음에는 치밀해져서 Ar가스가 쉽게 빠져나가지 못한다. 그러므로 일단 용암이 굳은 다음에는 K의 붕괴로 생산된 Ar가스가 빠져나가지 못하고 점점 쌓이게 되며, 오래될수록 용암 안에 Ar가스의 양이 많아질 것이다. K-Ar 방법은 바로 이 Ar가스의 양이 얼마나 많이 남아 있는지를 측정해서 용암의 나이를 결정하는 방법이다. 그러니까 굳어진 용암 안에 Ar가스의 양이 많으면 오래된 것이고, Ar가스의 양이 적으면 최근에 폭발한 것이다.

K이 Ar가스로 붕괴하는 반감기는 12억 5,000만 년이다(여기서 가끔 혼동하는 경우가 있는데 12억 5,000만이란 숫자는 반감기, 즉 K이 Ar으로 날

아가는 속도가 아주 느리다는 것이지 그 암석의 나이와는 무관하다).

그런데 지질학자들이 다른 방법보다 K-Ar 방법을 더 선호하는 이유가 있다. 이는 방사성 동위원소 연대측정법의 가장 큰 고민 거리인 초기 값을 '0'으로 가정하기 쉽기 때문이다. 용암은 너무 뜨겁기 때문에 굳기 전에 처음 갖고 있던 Ar가스는 모두 날아가 버리며, 현재 암석 안에 있는 모든 Ar가스는 용암이 굳어진 다음 K에서 붕괴된 것만 존재한다는 가정을 할 수 있기 때문이다. 이 방법은 초기 값을 '0'으로 놓을 수 있으니 지질학자들에겐 참으로 매력적이지 않을 수 없다. 단순히 남아 있는 Ar가스의 양만 측정하여 반감기를 적용하면 간단하게 나이가 계산되기 때문이다. 이런 이점 때문에 K-Ar 연대측정법은 개발된 이래로 지질학자들이 가장 선호하는 방

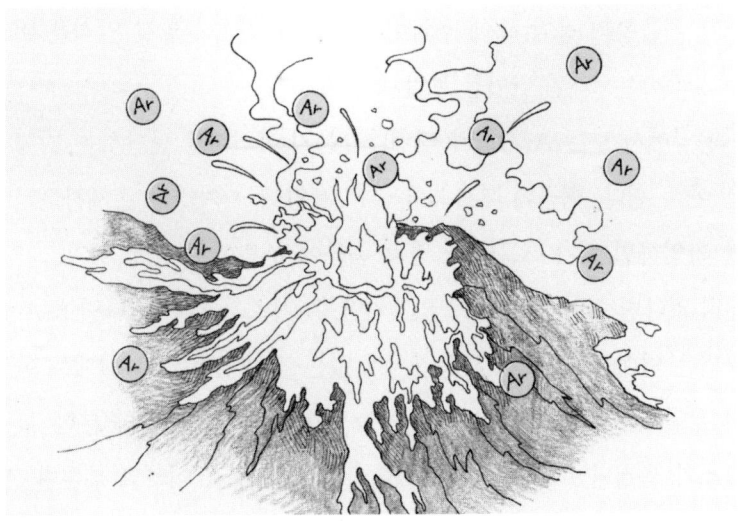

용암에서 Ar가스가 날아가는 모습

법이 되었다. 아직도 많은 K-Ar 연대측정법은 초기 Ar가스의 양이 '0'이었다는 가정 하에 계산된다.

그러나 이 방법 역시 처음 사용될 때부터 논란이 되었다. 왜냐하면 대부분의 용암은 매우 두꺼운데, 과연 그 용암의 중간이나 아랫부분에 있는 Ar가스까지 모두 밖으로 빠져나갔을까 하는 의문이 들기 때문이다. 실제로 용암에서 모든 Ar가스가 빠져나간다는 것은 무모한 발상이다. 오히려 Ar가스가 빠져나가기 전에 굳어 버린다는 생각이 더 설득력 있다. 만약 Ar가스가 다 빠져나가지 못하고 용암에 남아 있었다면 지금 측정된 Ar가스는 모두 K의 붕괴에 의해서 생성된 것이 아니다. 그러면 그 높은 Ar의 양 때문에 실제보다 긴 시간으로 계산될 수밖에 없다. 실제로 K은 Ar가스로 12억 5,000만 년이라는 반감기로 아주 느리게 붕괴하기 때문에, 만약에 Ar가스가 처음부터 용암 속에 조금이라도 남아 있었다면 그 암석은 비정상적으로 오래된 나이를 보일 수밖에 없다.

용암에서 모든 Ar가스가 빠져나갔는지 아닌지를 판단하는 방법은 아주 쉽다. 최근에 분출해서 굳은 용암에 Ar가스가 존재하는지만 확인하면 되기 때문이다. 만약 최근에 분출한 용암에 Ar가스가 전혀 없다면 이 방법은 쓸모 있겠지만, Ar가스가 남아 있다면 K-Ar 방법은 연대측정으로서 사용가치가 없는 것이다. 그러나 실제로 화산 분출의 시기가 확인된 용암을 측정한 결과 한결같이 충분한 Ar가스가 측정되었다. 지질학자들은 이를 '초과된 Ar'이라고 부른다.

격변의 예로서 몇 번 소개됐던 1980년 폭발한 세인트헬렌스 산의 용암을 6년 후에 측정했을 때 Ar가스가 충분히 있었다. 이는 방사능 붕괴로는 50만~280만 년이 걸려야 누적될 수 있는 양이다. 즉 결코 화산재나 용암에서 Ar가스가 모두 빠져나갈 수 없음을 보여 주는 것이다.[110] 가장 활동적이라고 하는 뉴질랜드의 나우루호에 (Ngauruhoe) 화산은 1949년, 1954년, 1975년에 각각 분출했는데 Ar가스 양을 측정하자 27억~350만 년이라는 연대가 나왔다.[111]

지질학 논문을 통해서도 초과된 Ar가스가 여러 번 발표되었는데, 심지어는 그 광물의 화학 조성상 K을 갖고 있지 않은데도 Ar가스가 발견되기도 했다![112, 113] 이 Ar가스는 분명히 K 붕괴에서 나온 것이 아니라 용암이 굳을 당시부터 그 안에 존재했던 것이다(더 많은 예들은 이 책 269~270쪽에서 볼 수 있다).

그러나 검증에 의해 나타난 이런 문제점들은 K-Ar 방법으로 연대측정을 사용했던 논문에서는 거의 언급하고 있지 않다. 아래 지질학자들의 표현은 초과된 Ar가스가 얼마나 심각한 문제가 있는지를 잘 지적하고 있다.

"연대측정 광물에 대한 K-Ar 방법의 한계 중에 하나는 초과 Ar인데, 이는 이 광물들이 비정상적으로 오래됐다고 결정되는 이유다. …… 그러므로 비정상적으로 오랜 연대를 가져온다."[114]

"초과 Ar은 연대측정을 위해 전통적으로 사용된 광물과 암석에서 관찰되었다."[115]

"현재 이 초과 Ar은 비정상적으로 오랜 연대를 보여 주며 어떤 환경에서는 어떤 광물들 특히 흑운모에서 일반적인 현상이다."[116]

"Ar은 문제를 일으켜 왔다. 고생대 중엽이라고 여겼던 머스그레이브 블록(Musgrave Block, 호주)은 3억 4,300만 년에서 45억 년까지 다양하게 측정되었다"[117] (45억 년은 진화론자들이 말하는 지구의 나이다).

"K-Ar 연대들은 지질학적으로 타당한 것보다 종종 훨씬 크게 계산되는데, 어떤 경우에 그들은 지구의 연대보다 더 오래되었다……"[118]

> 초과 Ar가스로 인해
> 오랜 연대로 측정된 용암의 예들

You really wanna know?

다음은 화산 폭발이 언제 일어났는지 알고 있는 용암의 Ar가스의 양을 측정한 예다. 그리고 Ar가스의 양을 가지고 그 용암의 나이를 환산해 본 것이다. 한결같이 초과 Ar가스로 인해 비교할 수 없이 오래된 나이를 보여 준다. 이는 용암이 단단하게 식기까지 Ar가스가 그 용암으로부터 모두 빠져나가지 못했다는 것을 말해 준다. 이는 다른 말로 하면 초기 Ar가스의 값을 '0'으로 놓는 가정에 심각한 문제가 있음을 의미한다.

용암 이름	장소	화산 폭발 연도	Ar가스 양으로 환산한 나이
Hualalai 현무암	하와이	AD 1800~1801년	160만 년
Mt. Etna 현무암	시칠리아	BC 122년	25만 년
Mt. Etna 현무암	시칠리아	AD 1792년	35만 년
Mt Lassen 사장석	캘리포니아	AD 1915년	11만 년
Sunset 분화구 현무암	애리조나	AD 1064년	27만 년 (이상)[19]
Hualalai 현무암	하와이	AD 1800~1801년	29억 년[20]
Kilauea 현무암	하와이	AD 1959년	800만 년
Mt. Stromboli 화산탄	이탈리아	AD 1963년	240만 년
Mt. Etna 현무암	시칠리아	AD 1964년	70만 년
Medicine Lake Highlands 흑요석	워싱턴 주	500년 전	1,200만 년
Hualalai 현무암	하와이	AD 1800~1801년	2,280만 년
Kilauea 현무암	하와이	200년 이내	2,100만 년
Kilauea 현무암	하와이	1,000년 이내	4,290만 년(이상)[21, 122]

269쪽의 표는 실제 용암의 나이와 측정된 Ar가스의 양으로 계산된 나이다. K-Ar 측정치가 얼마나 오류가 심한지 알 수 있을 것이다. 어떤 경우 같은 용암을 다시 측정했을 때 전혀 다른 값을 얻기도 한다. 이와 같은 결과는 동일한 용암이라도 암석이나 광물 샘플마다 초과된 Ar가스 값이 다르다는 것을 말하는 것이다.

269쪽의 표에서 알 수 있는 것은 실제 나이와 Ar가스의 양과는 어떤 상관관계도 없다는 사실이다. 오래된 용암이라고 해서 Ar가스가 더 많거나 최근의 용암이라고 해서 더 적거나, 또는 그 반대의 관계를 보여 주지 않는 것이다. 이는 Ar가스의 양을 통해서 용암의 나이를 알려고 하는 시도가 무의미하며, 근본적인 문제점을 안고 있음을 보여 준다.

아울러 오래된 연대에 적합하다는 K-Ar 방법으로 측정된 용암과 젊은 연대에만 적용하는 탄소 연대측정치를 비교할 때, 서로 어울리지 않는 전혀 엉뚱한 결과를 보여 주는 예는 너무 흔하다.

뉴질랜드 북부 랑기토토(Rangitoto) 용암의 10개 샘플을 K-Ar로 측정했을 때 50만 년이 나왔지만 그 용암 밑에 있던 나무 화석의 $^{14}C/^{12}C$ 값으로는 단지 225년밖에 되지 않았다. 둘 중에 하나는 틀린 것이든지, 아니면 둘 다 틀린 것이다. 둘 중에 하나가 맞다면 어떤 것이 맞는 것이고, 어떤 것이 틀린 것일까?

또한 호주 북동부 중앙 퀸즐랜드(Central Queensland)의 용암은 K-Ar 방법으로 측정했을 때 3,700만~4,400만 년으로 계산되었지만, 그 밑에서 발견된 나무 화석은 $^{14}C/^{12}C$ 값으로 3만~4만 5,000년으로 계산되었다.[123]

1 2 3 4 **Step** 6 7
5

더 발전적인 방법? _등시선법
문제들을 숨기려는 또 다른 문제들

언제나 연대측정법의 가장 어려운 요소는 초기 값이다. 초기 값에 대한 타당성을 주장하기 위해 탄소 연대측정은 $^{14}C/^{12}C$ 값을 오늘날의 대기의 비율로, 전통적인 K-Ar은 처음 용암에는 Ar이 '0'이라는 조건을 내세운다. 그러나 여기에는 심각한 문제점이 있다는 것을 앞에서 이미 소개하였다. 이를 보완하기 위해 나중에 개발된 것이 등시선(isochron) 방법이다. 측정된 시료의 동위원소 비율을 도표상에 모았을 때 직선의 배열을 보이면 타당한 초기 값을 얻을 수 있다는 것이다. 주로 Rb-Sr이나 Sm-Nd 연대측정법에서 사용하며, K-Ar에서도 등시선법을 사용하기도 한다 .

그러나 이것 역시 앞에서 다룬 세 가지 기본 조건, 즉 일정한 반감기, 초기 값, 닫힌계(closed system)의 문제점을 벗어나지 못한다. 단지 숨기고 있을 뿐이다! 다른 연대측정과 같이 수학적으로는 그럴듯하지만 역시 실제 사용에는 동일한 문제점을 안고 있다. 여기서는 자세한 원리를 소개하지 않겠지만 다음 논문들을 보면 그 잠

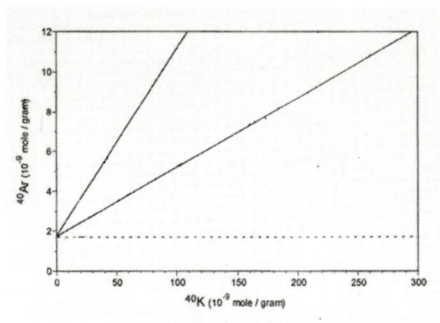

등시선법_ 동위원소 비율이 직선의 배열을 보이면 타당한 초기 값을 얻을 수 있다고 본다

재적인 문제의 심각성을 알 수 있을 것이다. 특별히 등시선 방법을 사용하는 사람들이 가장 크게 내세우는 타당성인 직선 배열은 무의미하다는 내용에 주목할 필요가 있다.

"Rb-Sr 동위원소 데이터만으로 겉보기(가짜) 등시선과 타당한 (진짜) 등시선을 구별하는 것은 불가능하다. …… 결론적으로 전통적인 Rb-Sr 등시선법의 기본 가정들은 수정되어야 하며 관찰된 등시선은 지질학적 틀에 대하여 타당한 연대 정보를 분명히 규명하지 못한다. 점들이 등시선 도표상에 잘 놓였을지라도(직선을 보일지라도) 말이다. 이 문제는 그냥 넘어갈 수 없으며, 특히 숫자로 시간대를 평가할 때는 더욱 그렇다. 비슷한 의문은 Sm-Nd와 U-Pb 등시선법을 적용할 때도 드러난다."[124]

"많은 저자들이 등시선 도표상에 점들이 직선 배열된 상태를 보이면 타당하다고 하는 가정을 경고해 왔다. …… 등시선은 어떤 암석의 실제 나이를 품고 있지 않다. 단순한 개방계에서의 양상들은 등시선들이 '변할 수' 있음을 보여 준다."[125]

이와 비슷한 표현을 한 논문들은 이외에도 많이 발견된다.[126, 127]

"다양한 환경에서 개방계의 논리적인 Rb-Sr 증거는 지금까지 화성암 결정 작용에 대한 연대측정 도구로서 사용된 Rb-Sr 등시선법을 불신시켜 왔다."[128]

"시생대 지질학의 문헌들은 의심스러운 광물들의 나이로 난무하다. 특히 Rb-Sr 겉보기 등시선이 그렇다. 그리고 나는 일반적으로 그와 같은 연대를 인용하지도 않으며 그들에 의한 혼돈을 논의하지도 않는다."[129]

"분명히 고전적인 Rb-Sr 등시선의 이론적 기초는 의심스러우며 기본 가정의 한계가 드러난다."[130]

재미있는 시도가 루츠와 스로기에 의해 행해졌다.[131] 과연 등시선의 직선 배열이 다른 것에 오염되지 않은 순수한 단일 화성암을 만드는지 알아보기 위해서였다. 그들은 다른 여러 개의 화성암 샘플을 무작위로 Rb-Sr 방법을 사용하여 컴퓨터로 계산하였다. 그러자 바로 직선의 등시선 배열이 이루어졌다. 이 실험은 진화론자들이 무게를 두고 있는 등시선의 직선 배열에 어떤 의미를 둔다는 것은 스스로를 속이는 또 다른 자기 최면임을 보여 주었다.

창조과학자들이 그랜드캐니언에서 지질학적으로 가장 최근의 것이며, 인디언 역사에도 기록된 화산암을 일반 실험실에 의뢰하여 Rb-Sr 등시선 방법을 적용시켰다. 그런데 11억 년이란 엄청난 수치가 나왔다. 이는 그 지역에서 가장 오래됐다고 하는 선캄브리아기의 화성암 나이보다 더 오래된 것이다![132] 아울러 같은 암석을 다른 원소의 등시선 방법으로 여러 번 측정할 경우 서로 같은 나이가 나오지도 않았다.[133]

위의 지질학자들의 시도와 논문들은 과연 무엇을 말하는가? 한결같이 등시선법의 문제점과 직선 배열이 무의미함을 지적하고 있다. 문제가 있더라도 대안이 없으면 그냥 사용하는 패러다임에 갇힌 전형적인 모습을 보여 주는 것이다.

실제로 기존 연대측정 방법이 잘 맞는다면 왜 굳이 등시선법으로 보완하려는 것일까? 이는 순수한 동위원소 방법에 심각한 오류가 있음을 스스로 인정하는 것이 아닌가? 그렇다면 기존에 발표된 일반 연대측정법으로 얻었던 오래된 나이들은 어떻게 처리해야 할까? 등시선법은 그 자체도 동일한 문제가 있을 뿐 아니라, 지금까지 우리에게 영향을 주었던 이전에 사용했던 방사성 측정법의 오류를 스스로 인정하는 것이다.

아슬아슬한 가정들 위에

캘리포니아 산호세의 한 침례교회에서 '지구의 나이'라는 제목으로 세미나를 할 때 받았던 질문이다. 최근에 분출되어 이미 나이가 확인된 용암을 K-Ar 연대측정을 했을 때 전혀 다른 오랜 연대를 보여 준다는 내용을 다룰 때였다.

"K-Ar은 반감기가 길기 때문에 그렇게 젊은 용암에는 적용할 수 없잖아요? 반감기가 12억 5,000년인데 몇 년밖에 되지 않은 용암에 적용하면 오차 범위가 커서 부적절할 것 같은데요. K-Ar 방법은 아주 오래된 암석에만 적용할 수 있습니다."

질문한 분은 공학을 하는 분이었고 연대측정법의 원리를 잘 이해하고 있음에 틀림없었다.

"아주 중요한 지적입니다. 그렇다면 진화론자들이 연대를 모르는 화산암을 만났을 때 어느 측정 방법이 적당한지 어떻게 결정할까요? 그러면 어떻게 감히 긴 연대인지 미리 알아서 긴 반감기의 K-Ar 방법을 선택할까요? 이미 오래되었다고 스스로가 정했기 때문이 아닌가요?"

나의 대답이었다. 이 세미나에서 최근의 용암에 대한 예를 들었던 것은 연대 자체보다는 초과 Ar가스의 존재를 통해 K-Ar 방법으로 연대를 측정하는 것이 얼마나 무모한지를 지적하기 위해서였다.

다음은 미국 창조과학연구소 소장으로 있는 존 모리스 박사가 펜실베이니아 대학의 유명한 고고학자와 답사를 갔을 때 나누었던 내용이다.[134]

"그가 알고 있는 고고학자 중에 ^{14}C 연대를 인정하는 사람은 아무도 없다고 한다. 측정치가 그가 알고 있는 역사적 연대와 일치하면 발표를 하고, 그렇지 않으면 무시해 버린다는 것이다. 연구 자금을 계속 받기 위해서는 유물 나이를 탄소 연대측정법으로 측정해야 한다고 한다."

다음 지질학자들도 자신이 예상한 나이와 일치하지 않는 결과들은 발표하지 않는다고 고백하고 있다.

"K-Ar 연대측정 데이터의 전통적 해석을 할 때, 지질연대표와 같은 그룹이나 유효한 데이터와 비교한 다음 실제로 너무 높거나 낮게 나온 연대는 버리는 것이 통상적이다. 버린 것과 사용한 것들 사이의 불일치는 Ar의 초과와 손실 때문에 온 것으로 임의대로 결정한다."[135]

"대부분의 경우에 그 연대들은 깨끗이 버려지고, 실험실 데이터 파일에서 사라져 버린다."[136]

과연 지질학자나 고고학자가 의뢰했던 동위원소 연대측정 결과를 받게 되면 어떤 조치를 취할까? 그 숫자를 그대로 발표할까? 그렇지 않다. 먼저 기존의 지질계통표, 지층의 순서, 고고학적 자료를 고려한다. 그리고 그 기존 가정과 맞는 것만 선택해서 발표하는 것이다. 그러니까 먼저 자신이 갖고 있는 편견에 따른 것만 선택하는 자기 합리화의 순환논리다. 그러므로 결코 객관적이지 않다. 과학자들이 측정은 했지만 결과에 대하여는 주관적으로 선택하여 발표하는 것이다. 이것은 객관성을 지향하는 과학의 순수한 동기에 완전히 반하는 심각한 도전이며, 과학자로서 양심을 저버린 행위인 것이다.

모리스 박사는 같은 책에서 미국 고고학회 학술대회(American Archeological Society)에서 진화론자들과 논쟁하면서 일어난 일도 기술하였다.

> "나는 전국 고고학회 학술대회에서 고고학자들이 ^{14}C 방법을 결코 신뢰하지 않음을 솔직히 인정해야 한다고 했다. 청중들 사이에 웃음은 있었지만 어느 누구도 나를 반박하려 하지 않았다."

방사성 동위원소 연대측정법이 사용된 이래 수십 년이 흘렀다. 시작할 때도 문제점이 지적되었을 뿐 아니라 시간이 갈수록 더 많은 오류들이 드러나고 있다. 단지 지구가 오래되었다는 패러다임 때문에 쉽게 채택되었으며 아직까지도 이를 유지하고 있을 뿐이다.

시카고 대학의 고생물학자인 라우프는 일관성 없는 방사성 동위원소 연대측정을 다음과 같이 지적했다.

> "지질학적 연대측정에서 방사성 동위원소의 사용은 많은 문제점을 갖고 있다. 그 방법은 부정확하고 많은 근본적 오차를

내포한다. …… 한 암석에 대한 일련의 측정 연대들이 아주 다른 결과들을 보여 준다."[137]

존 화이트필드도 「네이처」에서 "지구의 지질 연대 구분은 쉽게 변한다"면서 "지난 10년간의 여러 연대측정 기법들과 실험실의 결과들이 서로 불일치함이 명백해졌다"고 그 일관성 없는 결과를 분명히 지적했다.[138]

Step 6

젊은 지구를 지지하는 결과들은 많이 있다

지구의 나이를 측정하는 다른 방법들

사실 주위에서 지구의 나이를 측정하는 방법은 많이 있다. 방사성 동위원소 연대측정은 그 중 하나일 뿐이다. 그리고 그 중 많은 것들이 지구가 그렇게 오래되지 않았다는 결과를 보여 준다. 창조과학자인 러셀 험프리는 물리학자로서 미국에서 많은 과학상을 받은 사람이다. 다음은 그가 한 말이다.

"나는 지구 나이를 얻기 위해 사용된 수백 개의 과정들을 평가해 왔다. 이들 중 단지 10여 개만이 수십억 년 되었다고 말하는 것 같다. 나머지 90%는 수십억 년보다 훨씬 젊은 연대를 보여 준다."[139]

그의 말은 방사성 동위원소 연대측정법은 여러 방법들 중 하나인데 문제점이 있음에도 단지 진화론적 패러다임 안에 있는 수십억 년과 맞아떨어지기 때문에 그 결과만이 소개되고 있다는 뜻이다. 방사성 연대측정 이외에 잘 알려진 두 가지 방법을 소개해 본다.

대기 중의 헬륨의 양

방사성 원소인 우라늄은 여러 과정을 통해 납으로 붕괴된다. 이 붕괴하는 과정에서 알파(α) 입자가 튀어 나오는데 이 알파 입자는 헬륨가스로 변해 암석에서 빠져나간다. 그런데 만약 진화론자들이 주장하듯이 지구의 나이가 수십억 년 되었다면 그동안 계속해서 암석 중의 헬륨이 대기로 방출됐을 것이다. 그 결과 대기 중에는 헬륨 기체로 가득 차야 한다. 그러나 실제로 대기 중에는 아주 적은 양의 헬륨만이 존재한다. 양으로 환산하면 1만 년이 넘지 않은 젊은 대기를 보여 준다.

이 같은 결과는 지구가 오래되었을 것으로 여기는 과학자들에게는 상당히 당혹스런 결과가 아닐 수 없다. 그래서 그들은 헬륨이 대기권 밖으로 빠져나갔을 가능성을 시사했다. 그러나 노벨상 수상자로 지목을 받기도 했던 물리화학자인 쿡 박사는 그럴 가능성은 거의 없다고 잘라 말했다.[140] 고기후학자 발드만 박사도 대기에서 헬륨이 사라질 수 있는 여러 가능성을 모두 조사했지만 어떤 것도 방사능 붕괴에 의해 발생하는 헬륨의 속도와는 비교될 수 없을 정도로 적다는 결론을 내렸다.[141]

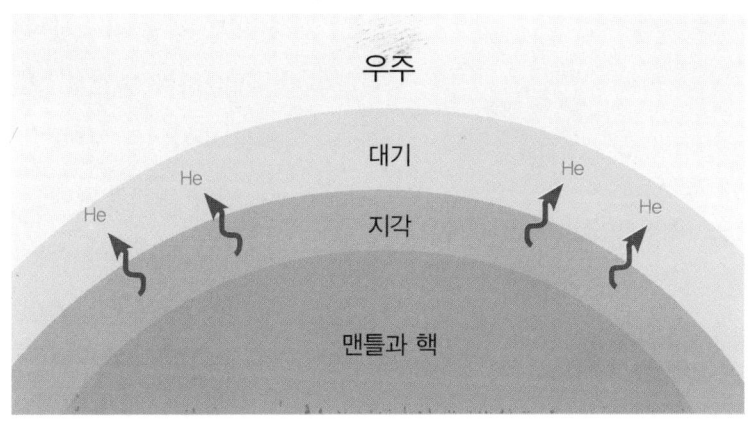

대기 중의 헬륨의 양

자기장의 감소

앞서 탄소 연대측정법을 설명할 때 지구 자기장의 세기가 점점 감소하고 있다고 언급한 바 있다. 그리고 과거 자기장이 강했기 때문에 대기 중의 ^{14}C의 양을 떨어뜨려서 연대측정에 중요한 영향을 주었을 가능성도 다루었다. 자기장은 지구상에 생명체가 살기 위해 중요한 역할을 한다. 왜냐하면 우주선과 같은 해로운 광선으로부터 지구를 보호해 주는 일차적인 조건을 만들기 때문이다. 그러나 자기장이 세다고 해서 항상 좋은 것은 아니다. 너무 세도 지구의 온도가 올라가 생명체가 살 수 없게 된다. 그러니까 적당한 세기의 자기장은 지구에 생명체가 살 수 있는 중요한 조건이다.

그동안 과학자들은 지자기가 점점 감소한다는 것을 확인했는데, 지난 150년간 측정 가능할 정도였으며 1829년보다 지금이 7%나 감소되었다. 자기장도 방사성 동위원소와 마찬가지로 지수함수 패

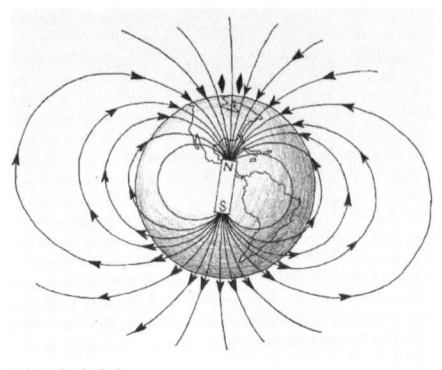
지구의 자기장

턴으로 점점 감소하며 1,400년마다 반으로 감하는 반감기를 보여 준다. 만약 과거의 자기장을 감소 그래프에 적용시키면, 단지 1만 년만 거슬러 올라가도 지구의 자기장이 너무 세서 중성자별과 같이 엄청난 열을 발생하게 된다. 이 연구를 시작했던 물리학자 바네스 교수는 "지자기장에 대한 결과는 지구가 젊다는 최고의 물리적 증거"라고 말했다. 아울러 "자기장의 증거로 보면 그리 오래되지 않은 과거에는 생명체가 살 수 없었을 것이며, 과거의 어떤 때도 지구의 자기장이 그렇게 강해서 중성자별과 같은 상태였다는 증거는 없다"고 했다.[142]

Step 7 최근의 시도들 _RATE 프로젝트
창조과학자들이 발표한 최근의 연구들

1997년부터 2005년까지 창조과학자들이 RATE(Radioisotope and the Age of The Earth, 방사성 동위원소와 지구의 나이)라는 심도 있는 연구를 했다. 그 결과가 2005년 11월에 최종 발표되었다. 이 연구는 2003년에 이미 미국 지구물리학회(American Geophysics Union) 컨퍼런스에서 일부 그 내용이 발표되어 방사성 동위원소 연구를 하는 일반 과학자들도 관심을 가졌던 내용이다. RATE의 모든 결과들은 지구가 단지 수천 년밖에 되지 않았다는 결론을 보여 준다. 그 가운데 대표적인 내용을 소개한다.[143]

석탄 속에 충분한 양의 ^{14}C

$^{14}C/^{12}C$가 대기 중에 1/1조이며, ^{14}C는 ^{14}N로 5,730년의 반감기로 날아가기 때문에 수만 년이 지난 유기물에는 측정 가능한 ^{14}C가 남아 있기 어렵다는 것은 앞에서 상세하게 다루었다. 이에 기초하여

RATE 프로젝트를 통해 석탄 속에 충분한 ^{14}C가 있음을 확인했다

미국 석탄시료은행에서 10개의 석탄을 얻어 각각 ^{14}C의 양을 측정해 보았다. 이 10개의 석탄들은 진화론자들이 고생대(4개), 중생대(3개), 신생대(3개)로 각각 구분한 수억에서 수천만 년 된 지층 안에 있었던 것들이다.

이들 10개의 석탄 시료 모두 충분한 ^{14}C를 갖고 있었으며, 오늘날 대기 중의 양과 비교하면 평균 0.25%나 되었다. 이 ^{14}C의 양을 가지고 진화론자들이 하는 방법대로 연대를 환산하면 수만 년 전의 나이로 가까워진다. 수억 년에서 수만 년으로 젊어진 것이다. 그러나 예전에 지구 자기장이 강해서 ^{14}C의 양이 지금보다 적었다는 것을 고려하면 더욱 젊어져서 수천 년으로 가까워진다.

더욱 재미있는 결과는 10개의 석탄 샘플에 들어 있는 ^{14}C의 양이 진화론적 시대와는 상관관계를 전혀 갖고 있지 않다는 점이다. 예를 들면 ^{14}C의 양이 신생대의 석탄이라고 해서 더 많거나 고생대의 석탄이라고 해서 더 적거나 하는 관계를 전혀 보여 주지 않는다. 이는 지질계통표가 보여 주는 진화의 순서가 무의미하며 석탄이 모두 비슷한 시기에 형성되었다는 것을 뒷받침하는 결과라고 할 수 있다. 아울러 석탄이 형성된 시기를 지금으로부터 4,500년 전에 일어난 노아 홍수로 볼 때 오히려 석탄의 ^{14}C가 수천 년의 나이를 보여주는 양이라는 점은 당연한 수치라 할 수 있다.

다이아몬드 속의 ^{14}C

위의 석탄과 같은 방법으로 다이아몬드에 적용해 보았다. 다이아몬드는 순수한 탄소의 결정이며 지구상에서 가장 단단한 물질이다. 다이아몬드는 지하 150km의 높은 압력과 온도인 상부 맨틀에서 형성된다고 여겨진다. 그리고 지하의 마그마가 지표로 올라왔을 때 우리가 얻을 수 있다. 다이아몬드는 단단하며 4,000℃의 높은 온도에서 녹기 때문에 화학적 변질이나 오염의 가능성이 거의 없다. 물 분자도 들어갈 수 없을 만큼 치밀하기 때문에 '닫힌계'가 보장된 광물이다. 그런 면에서 석탄보다 그 결과를 더 신뢰할 만하다.

RATE 연구가들은 서아프리카와 남아프리카에서 나온 12개의 다이아몬드를 연구 대상으로 삼았다. 모두 기존에 수백만 년 전의 것으로 여겨지는 암석 속에 있던 것들이었다. 여기서도 모든 다이아몬드에서 ^{14}C가 검출되었다. 평균 양은 오늘날 대기의 0.09%였는데 이것도 수만 년 전에 형성되었음을 나타내는 수치다. 이

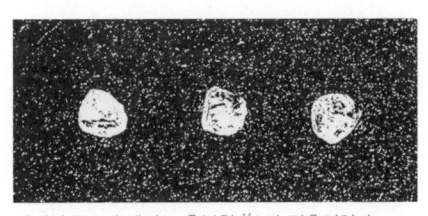

다이아몬드 속에서도 충분한 ^{14}C가 검출되었다

수치도 지구 자기장을 고려하면 수천 년 전에 형성된 것으로 줄어든다.

광물 속에 풍부한 헬륨

헬륨은 불활성(안정하여 다른 원소들과 화학반응을 일으키지 않음) 기체이며 방사성 원소가 붕괴될 때 발생한다. 앞에서 대기 중에 있는 헬륨의 양이 젊은 지구를 지지한다는 내용을 이미 다루었다. RATE 팀은 이번에는 광물 결정 속에 있는 헬륨의 양을 가지고 연대측정을 시도해 보았다. 특별히 화강암 속에 있는 지르콘(zircon) 결정 안에 있는 헬륨을 그 대상으로 삼았다.

화강암을 육안으로 보면 검은색을 띤 광물이 보이는데 이들이 흑운모다. 흑운모를 고배율의 현미경으로 보면 아주 작은 기둥 모양의 결정이 관찰되는데 이것이 바로 지르콘이다. 지르콘은 우라늄과 토륨 같은 방사성 원소를 함유하기 때문에 방사성 연대측정에 가장 널리 사용되는 광물 중 하나다. 그 방사성 원소가 붕괴하면서 헬륨기체가 생성되기 때문에 헬륨기체의 생성 속도를 측정할 수 있다. 한편 생성된 헬륨기체는 지르콘 결정 밖으로 빠져나가는데 그 빠져나가는 확산 속도도 측정할 수 있다.

그런데 방사능 붕괴로 헬륨이 생성되는 속도는 아주 느린 데 비하여 헬륨이 지르콘에서 빠져나가는 속도는 그 결정 격자가 헬륨에 비해 크기 때문에 상대적으로 아주 빠르다. 그러므로 헬륨이 지르콘 안에 남아 있기란 아주 어려울 것이다. 이런 것들은 모두 오랜 연대를 믿을 경우 예상되는 결과다.

그러나 실제 측정 결과는 이와 반대였다. RATE 팀들은 선캄브리아기 지층에 있는 15억

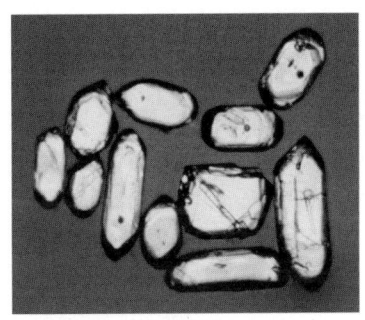

지르콘 속에 충분한 헬륨

년 전의 것으로 여겨지던 뉴멕시코의 화강암 속에서 지르콘을 추출해 헬륨의 양을 조사해 보았다. 그런데 지르콘 안에는 많은 양의 헬륨이 존재했다. 만약에 오랜 지구를 지지하는 사람들의 주장을 받아들인다면 지르콘에서 헬륨이 빠져나가는 확산 속도가 10만 배나 느려야 할 만큼 많은 양의 헬륨이 존재하는 것이다. 또한 진화론자들은 지구가 처음에 뜨거웠을 것으로 예상하는데, 실험에 의하면 온도가 높을 경우 확산 속도가 더 빨라져서 지르콘 안에 남아 있는 헬륨의 양은 훨씬 더 적어야 한다. 실제로 현재 지르콘에 남아 있는 헬륨의 양은 수천 년에 불과해 보이는 충분한 양이다.

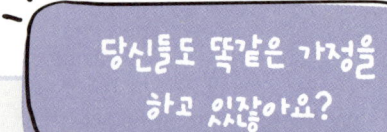

You really wanna know?

"당신들도 똑같은 가정을 하고 있잖아요?"

지구의 나이를 주제로 세미나를 하다 보면 자주 받는 질문이다.

앞에서 다루었던 대기 중의 헬륨 양과 지구 자기장의 감소, 그리고 RATE 프로젝트의 석탄 속의 탄소, 지르콘 결정 속의 헬륨의 양 등을 모두 숫자로 표기하려면, 결국 오랜 나이로 계산해서 나온 동위원소 연대측정에서 말한 기본적인 세 가지 가정을 그대로 적용해야 한다. 즉 동일한 붕괴 속도(상수), 초기 값, 닫힌계다. 그리고 이 책에서 여러 번 지적했던 동일과정설의 패러다임을 그대로 사용해 본 것이다. 그러나 앞에서 언급한 것처럼 어떤 대상의 나이를 숫자로 나타내기 위해서는 연대측정의 세 가지 기본 가정을 고려하지 않는다면 불가능하다. 창조과학자들도 이런 사실을 모르는 바가 아니다.

그러나 창조과학자들이 그렇게 위험하다고 지적했던 가정들을 그대로 인정하면서 연대를 측정하는 이유가 있다. 즉 그런 동일한 가정 속에서도 지구가 젊다는 많은 증거가 있음을 보여 주려는 것이다. 방법의 신뢰를 떠나서 단지 지구가 오래되었다는 패러다임의 편파성 때문에 소개되지 않고 있을 뿐이다. 앞서 험프리가 말한 것처럼 연대를 측정했던 다양한 시도들의 대부분은 지구가 수십억 년과 같이 오래되지 않았음을 보여 준다. 단지 패러다임이 이를 거부하고 있는 것이다. 그런 면에서 젊은 나이를 말하는 타당한 증거를 널리 알리는 일은 의미가 있다. 왜냐하면 패러다임이 얼마나 우리에게 한쪽 면만을 접하게 하는지를 이해시킬 수 있기 때문이다. 다른 말로 하면 카운터 패러다임(counter paradigm)이라 할 수 있을 것이다.

언젠가 한국에서 세미나를 할 때 이런 질문도 받았다.
"앞에서는 탄소 연대측정법의 가정이 잘못되었다고 하더니, 나중에는 탄소 연대측정법을 그대로 적용해서 젊은 나이를 말하는 것은 모순이 아닌가요?"

충분히 나올 법한 질문이다. 창조과학자들이 지구의 나이에 대한 주제를 다룰 때 '소극적 방법'과 '적극적 방법'을 사용한다. '소극적 방법'이란 방사성 동위원소의 연대측정에 사용된 가정들의 문제점을 지적하는 수준에서 그치는 것이다. 한편 '적극적인 방법'은 진화론자들이 하는 방법을 그대로 사용해서 오히려 젊은 지구가 타당하다는 것을 보여 주는 것이다. 앞에서 다룬 대기 중의 헬륨의 양, 지구 자기장 감소, RATE 프로젝트 등은 모두 적극적인 방법이다.

이때는 진화론자들이 사용하는 가정을 그대로 사용하기도 하는데, 그 이유는 그것이 "왜 우리 진화론자들의 방법을 무시하냐?"는 그들의 항의를 잠재우는 방편이기도 하기 때문이다. 진화론자들이 수십억 년이라는 '숫자'를 쓰기 때문에 RATE 프로젝트에서는 동일한 방법으로 수천 년의 '숫자'를 사용하는 것이다. 진화론자들은 오랜 지구라는 패러다임에 갇혀 있기 때문에 화석의 나이를 탄소로 측정하지 않지만, 창조과학자들은 그런 편견에서 벗어날 수 있기 때문에 탄소로 화석을 측정한다. 그리고 그 안에 있는 충분한 ^{14}C의 양을 통해 그 화석이 죽은 지 수천 년밖에 되지 않았음을 보여 준다.

비슷한 방법으로 수억 년 동안 누적되어야 가능한 Ar가스가 최근의 용암에서 이미 측정 가능한 양으로 존재하고 있음도 보여 준다. 더 나아가 연대측정의 모순을 지적하는 데 그치지 않고, 이미 화산의 폭발 시기를 아는 용암 속의 Ar가스 양으로 진화론자들의 방법대로 시간을 환산해 보임으로써 연대측정이 실제 나이와 엄청난 차이가 있음을 역설한다. 즉 화산이 폭발했던 시기를 모른 채 화산암을 측정했다면 최근의 것이라도 수억 년으로 측정되는 모순을 지적하기 위한 것이다.

우리가 알아야 할 것은 창조과학자들의 연구 대상은 기존 진화론자의 것과 동일하다는 점이다. 지층, 사층리, 화석, 석탄, 산, 강…… 모두 진화론자들도 똑같이 다루는 학문의 대상들이다. 지질학뿐이 아니다. 생물학, 천문학 등 다른 학문 분야도 마찬가지다. 다만 창조과학자들은 이 똑같은 대상들을 대하며 진화론과 동일과정설의 패러다임에서 벗어나 '창조'와 '전 지구적인 대격변'으로 오히려 더 쉽게 지구의 역사를 이해할 수 있음을 보여 준다. 더불어 진화론자들에게 패러다임에 갇혀 있음을 일깨우고, 일반인들에게는 그 패러다임의 모순이 무엇인지를 알리고자 한다. 더 나아가 이 대격변이 바로 성경에 기록된 노아 홍수 심판 사건이라는 것을 밝히고자 한다.

 방사성 동위원소 방법과 원리에 대하여도 마찬가지다. 오랜 지구의 패러다임에서만 벗어나면 오히려 방사성 동위원소 방법이 지구가 수천 년밖에 되지 않았음을 지지하는 귀한 도구임을 알리려는 것이다.

Step3 우리의 진짜 역사

하나님은 완전한 사실을 우리에게 전하길 원하신다

지구가 창조된 이래 고생대, 중생대, 신생대 식의 과거 역사는 없다. 이런 역사는 진화론자들의 마음속에만 있다. 그러므로 단순한 생물이 수십억 년 동안 점점 진보하여 인간이 된 것도 아니고, 하나님이 창조와 멸종의 시행착오를 하셔서 여기까지 온 것도 아니다. 오히려 우리는 처음이 좋았다. 모든 것을 초월하는 전능하신 하나님이 '창세기 1장'과 "여호와가 6일 동안 하늘과 땅과 바다와 그 안에 있는 모든 것을 만들었다"(출 20:11)는 말씀대로 엿새 만에 세상을 완전하게 창조하셨다. 우리의 역사는 여기서 출발했다.

그러나 첫 사람 아담과 하와의 범죄로 말미암아 땅에서 가시덤불과 엉겅퀴가 났다. 더 이상 하나님 보시기에 좋은 모습을 유지하지 못하게 된 것이다. 그리고 첫 사람의 범죄 후에 그 후손들이 모두 죄악으로 가득 찼으며, 하나님은 홍수로써 이들을 심판하셨다. 우리는 그 격변의 현장을 그분의 말씀과 수많은 증거들을 통해 보았다.

하나님은 심판에서 구원받은 노아 가족 여덟 명에게 "땅에 충만하여라"(창 9:1)고 명령하셨다. 그러나 그들의 후손들은 얼마 되지 않아 "흩어지지 않게 하자"(창 11:4)라며 하나님의 말씀을 정면으로

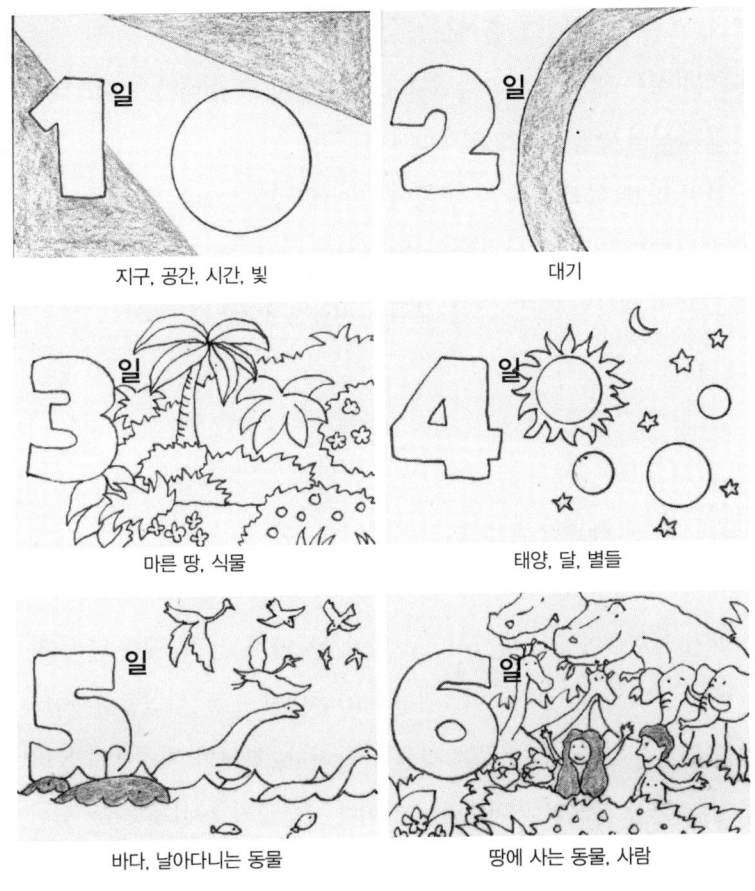

창세기 1장의 순서

거역했다. 바벨탑을 쌓은 것이다. 이때 하나님이 언어를 혼잡하게 하여 강제로 흩으셨다. 우리가 지금 각 대륙에 퍼져 있는 것은 하나님의 말씀을 순종해서가 아니라 오히려 거역해서 하나님이 강제로 흩으신 것이다. 그 흩어진 민족 가운데 하나님은 어느 한 민족을 택하셨는데 바로 이스라엘이다. 하나님이 그 선택받은 이스라엘에게 자신의 말씀을 맡기셨다(롬 3:2).

한편 다른 나라들은 각자 흩어지기 시작했다. 계속 흩어졌다. 흩어지면서 잊어버리기 시작했다. 이 세상을 누가 창조하였는지, 자신이 그분의 형상인지, 또 그분 앞에서 죄인인지…….

"그 세대가 모두 조상 곁으로 돌아갔고 그들을 뒤이어 여호와를 모르고 여호와께서 이스라엘을 위해 행하신 일도 전혀 모르는 다른 세대가 자라났습니다" 삿 2:10

마치 여호수아에서 사사시대로 넘어가자마자 단 두 세대 만에 하나님을 곧바로 잊어버린 이스라엘처럼 흩어진 모든 나라들은 하나님을 잊어버렸다. 잊어버리는 것은 간단하다. 부모가 자식에게 똑바로 전달하지 않으면 잊어버리는 것이다. 그 과거 사실을 알고 있던 자가 전달해야만 다음 세대가 알 수 있다. 왜냐하면 하나님이 과거를 "스스로 알 수 없다"(욥 38:4)고 하셨기 때문이다.

다른 나라들이 하나님을 잊어 가고 있을 때, 계시의 책을 받은 이스라엘에 그 말씀대로 창조주 하나님이 오셨다. 성경에서 예언됐던 그대로 하나님이 자신의 형상 때문에 이 땅에 오신 것이다. 바로 하나님이신 성자 예수님이 오신 것이다.

예수님이 바로 마지막 아담이셨다(고전 15:45). 왜냐하면 첫 사람 아담은 하나님이 보시기에 심히 좋았고 죄 없이 거룩했기 때문이며, 예수님은 죄 없던 자신의 형상 첫 사람 아담으로 오셨기 때문이다. 그러나 범죄했던 아담과는 달리 예수님은 죄 없이 흠 없는 어린 양으로 영원하신 생명의 피를 흘리고 돌아가신 후 다시 사셨다.

예수님의 십자가 사건 후에 변화가 일어났다. 바로 그 계시의 성경책이 전파되기 시작한 것이다. "어리석게 보이는 말씀 선포를 통해 믿는 사람들을 구원하시기를 기뻐하셨습니다"(고전 1:21). 하나님의 말씀이 세상에 선포되기 시작했다. 선교가 시작된 것이다(마 28:19). 그리고 교회가 세워지고(엡 5:27), 도저히 스스로 깨달을 수 없어서 비밀일 수밖에 없는 그 사실이 세상에 알려지기 시작했다(골 1:26).

수십억 년의 막연한 진화 역사는 있지도 않았지만, 어떤 기록도 성경 기록만큼 분명한 역사를 보여 주지 않는다. 하나님이 우리에게 성경책을 주신 이유가 여기에 있다. 완전한 사실을 우리에게 전해 주고 싶으셨기 때문이다. 이 완전한 사랑은 이 땅에 하신 역사적 사실에 기초한다. 하나님은 창조자의 사랑을 완전하게 알려 주기 위해 완전한 그분의 말씀을 담을 책이 필요했다. 바로 우리를 포함한 모든 만물의 역사책인 성경이다.

엿새 동안의 창조와 함께 빽빽하게 기록된 성경의 족보는 아무리 길어도 만 년이 채 안 된 역사를 보여 준다. 이 족보는 창세기 5

장과 11장에 자세히 기록되어 있다. 이 족보는 역대상 1장에서 다시 한 번 반복된다. 신약에서는 누가복음 3장에서 예수님의 족보를 말하면서 다시 한 번 확인시킨다. 또한 유다서에 "아담의 칠 대 손 에녹"이라는 말과 함께 노아 홍수 이전의 족보인 창세기 5장의 족보를 분명히 한다. 성경은 곧 우리의 역사이며 하나님이 우리를 위해서 우리에게 행하신 역사다. 결코 막연할 수 없다. 시작도 분명하며 끝도 분명하다. 그리고 그 사이에 일어났던 과정도 분명하다. 우리의 진짜 역사는 성경이다!

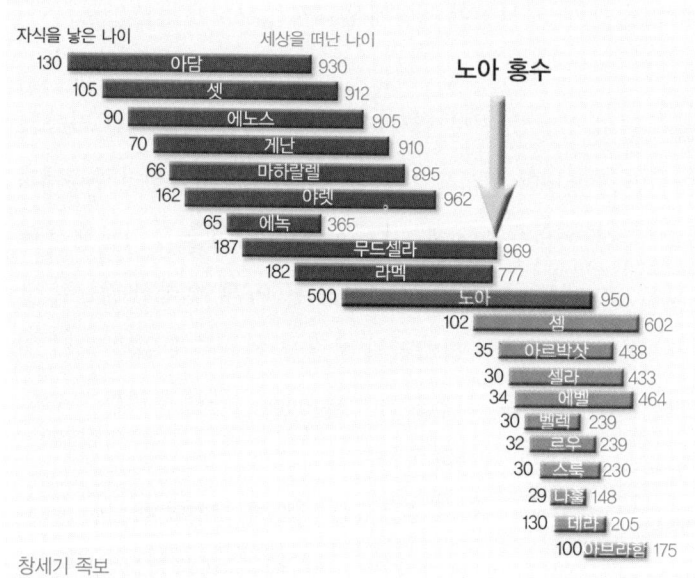

창세기 족보

 **Step4** 홍수가 끝나고

예수님 때문에 우리는 지금 여기서도 좋을 수 있다

『노아 방주의 진짜 이야기』[144]라는 책이 있다. 노아 홍수와 방주에 대하여 마치 실제 상황처럼 그림을 곁들인 재미있는 책이다. 이 책에 보면 홍수가 끝난 다음 노아 가족이 마치 기념 촬영을 한 듯한 그림이 하나 있는데, 여덟 명 모두 전혀 웃지 않고 있다. 웃지 않을 뿐 아니라 아주 심각한 얼굴이다. 대부분의 어린이용 노아 홍수 비디오에서는 방주에서 나온 노아가 만면에 웃음을 띠는 장면이 나오는데 이와는 대조적이다. 그러나 그림을 앞에 두고 조금 더 생각해 보면 이 작가의 마음을 충분히 이해할 수 있다.

노아 가족

과연 방주에서 나왔을 때 노아 가족은 기뻤을까? '일년여 동안 갑갑한 방주에 갇혀 지냈는데, 이제야 신선한 공기를 마시며 일상으로 돌아갈 수 있겠구나!'라고 생각했을까? 과연 우리가 노아라면 어떤 생각이 들었을까?

　노아는 하나님의 진노를 직접 보았다. 하나님이 행하신 심판을 보았고, 거룩하신 하나님과는 결코 죄악이 같이 할 수 없다는 것을 눈으로 직접 보았다. 물론 하나님이 가장 적절한 시기에 방주에서 나오게 하셨겠지만, 방주에서 나왔을 때 상황은 노아 자신이 600년 동안 살았던 홍수 이전의 모습이 아니었다. 수마가 할퀴고 지나간 자국이 확연했다. 추위와 더위라는 것도 처음 경험하게 되었다(창 8:22). 하나님은 육식을 하라고 하셨다(창 9:3). 과연 노아 가족이 처음 육식을 할 때 기분이 어땠을까? 우리는 육식에 익숙해져서 고기를 좋아하지만 처음 육식을 하는 노아로서는 그리 기쁘지 않았을 것이다. 홍수 전에는 주위에 많은 일가친척과 친구들이 있었지만 이제는 달랑 자신들만 남은 것이다(창 7:23).

　그런 상황에서 하나님이 일방적으로 말씀하시기 시작했다. 무지개를 보여 주시면서 '언약'을 확인하신 것이다(창 9:9-17). 여기서 '언약'이란 단어는 성경에서 처음 등장하는 것이 아니다. 언약은 홍수 전에 노아가 방주에 들어갈 때 처음 등장한다. "너와는 내가 언약을 세우겠다. 너와 네 아들들과 네 아내와 네 며느리들은 방주 안으로 들어가라"(창 6:18). 그때 사용하신 언약을 홍수가 끝나고 다시 확인하고 계신 것이다.

　노아는 하나님의 은혜로 구원을 받았다(창 6:8). 하나님의 은혜란 무엇인가? 믿음으로 말미암는 은혜다(롬 5:21). 성경에서 말하는 믿음은 창조주만이 나의 유일한 구원자라는 믿음이다. 노아는 그 믿음이 있었다. 창조주가 자신의 구원자라는 믿음. 그 믿음으로 은혜 안에 들어갔고, 그리스도의 언약 안에 들어간 것이다. 노아에게는 창조주 그리스도가 있었기 때문이다. 홍수가 끝나고 하나님이 무지개를 통해 언약을 다시 확인하실 때 노아는 이 세상 어디서도 얻을 수 없는 힘을 얻었을 것이다. 홍수가 쓸고 지나간 이후에 더 악화된 곳에서 살지라도 말이다.

우리는 모두 홍수 심판 이후에 살고 있다. 우리가 살고 있는 이 땅은 높은 산과 깊은 물, 그리고 협곡, 추위와 더위가 있고, 육식을 하며, 홍수, 가뭄, 산불, 지진, 화산 폭발 등이 끊이지 않는다. 그러나 성경에서 말하는 분명한 한 가지는 우리가 만나는 이런 장면들이 하나님이 처음 창조하셨을 때의 모습이 아니라는 것이다. 하나님이 창조하셨을 때는 가시덤불조차도 존재하지 않았다. 우리는 '처음이 좋았다.' 우리는 죄가 들어와서 가시덤불과 엉겅퀴가 나고, 죄악이 가득 차서 한 번 쓸어 버린 심판 뒤에 살고 있다.

그러나 우리도 노아와 같이 힘을 얻고 하나님께 찬양할 수 있다. 우리도 언약 안에 들어갔기 때문이다(고전 11:25). 바로 창조주이신 예수 그리스도가 우리 안에 있기 때문이다.

"나는 그리스도와 함께 십자가에 못 박혔습니다. 그러므로 이제 더 이상 내가 사는 것이 아니라 내 안에 그리스도께서 사시는 것입니다" 갈 2:20

생명이신 창조주 예수님이(요 14:6) 내 안에 계신다. 그러므로 나는 새로운 피조물이 되었다.

"그러므로 누구든지 그리스도 안에 있으면 새로운 피조물입니다. 옛것은 지나갔으니 보십시오. 새것이 됐습니다" 고후 5:17

그러므로 "우리는 낙심하지 않습니다. 우리의 겉사람은 쇠할지라도 우리의 속사람은 날마다 새로워지고 있습니다"(고후 4:16)라고 고백할 수 있다.

죄로 인해 하나님이 저주하시고 심판하셨던 땅에서 살지만 우리는 낙심하지 않는다. 날로 새로워진다. 세상은 처음이 좋았지만 내 안에 계신 생명이신 예수님 때문에 우리는 지금 여기서도 '좋을 수 있다.' 그리고 궁극적으로 우리에겐 부활의 소망이 있다. 예수님을 만나는 것이다. 은혜의 하나님이시며 예수 그리스도 안에서 영원한 영광으로 불러 주실 그때를 향한 소망이다. 그때는 완전히 좋게 될 하늘나라 소망이다.

"그러면 모든 은혜의 하나님, 곧 그리스도 예수 안에서 여러분을 그분의 영원한 영광 가운데로 부르신 분이 잠시 고난받는 여러분을 친히 온전하게 하시고 굳건히 세우시고 강하게 하시고 견고하게 하실 것입니다" 벧전 5:10

그러므로 우리는 지금 여기서도 기뻐할 수 있다.

"주 안에서 항상 기뻐하십시오. 내가 다시 말합니다. 기뻐하십시오." 빌 4:4

| 참고문헌 |

1. Berthault, G. (1998), "Experiment in Stratification", *Sarong* (35min DVD).
2. Julien, P. Y., Lan, Y. and Berthault, G. (1994), "Experiments on stratification of heterogeneous sand mixtures", *Technical Journal*, 8(1):37-50.
3. 최근에는 수중 중력류(subaqueous gravity flow)라는 용어로 사용하는 경향이 있으나 그 근본적인 의미는 크게 다르지 않았기에 여기서는 기존 용어인 저탁류(turbidity, current)를 그대로 사용한다.
4. Piper, D. J. W., and Normark, W. R. (1983), "Turbidite depositional patterns and flow characteristics, Navy Submarine Fan, California borderlands", *Sedimentology*, 30:681-94.
5. Porebski, S. J., Meischner, D., and Gorlich, K. (1991), "Quaternary mud turbidites from the South Shetland Trench: Recognition and implications for turbidite facies modeling"., *Sedimentology*, 38:691-716.
6. Schieber, J, Southard, J., and Thaisen, K. (2007), "Accretion of Mudstone Beds from Migrating Floccule Ripples", *Science*, vol. 318, 5857:1760-1763.
7. Bornhold, B. D., Rabinovich, A. B., Thomson, R. E. and Kulikov, E. A. (2003), "The Grand Banks Landslide-Generated Tsunami of November 18, 1929: Analysis and Numerical Modeling", *Geophysical Research Abstracts*, vol. 5, 01775.
8. Steven, A. A. (1986), "Mount St. Helens and Catastrophism", *the First International Conference on Creationism*, Pittsburgh, Pennsylvania.
9. Lewis, D. and McConchie, D. (1994), *Practical Sedimentology*, Chapman & Hall, New York, NY, pp. 114-127.
10. Rubin, D. M. and McCulloch, D. S. (1980), "Single and Superimposed Bedform: A Synthesis of San Francisco Bay and Flume Observation", *Sedimentary Geology*, 26:207-231.
11. Coleman, P. J. (1978), *Tsunami Sedimentation*, in Fairbridge, R. W. and Bourgeois, J. eds., *The Encyclopedia of Sedimentology*, Stroudsburg, Pennsylvania, Dowden, Hutchison & Ross, pp. 828-831.
12. http://www.creationsafaris.com/crev1202.htm#geo55
13. Brand, L.R. and Tang, T. (1991), "Fossil vertebrate footprints in the Coconino

Sandstone [Permian] of northern Arizona: evidence for underwater origin", *Geology*, 19:1201-1204.

14. Roth, A. (1998), *Origins*, Review and Herald Publishing Association, p. 189.
15. Dicks, L. (1999), "The creatures time forgot", *New Scientist*, 164(2209):36-39(Creation ex nihilo 22(2):56 Marchby David Catchpoole 에서 인용).
16. Feduccia, A. (1993), "Archaeopteryx: Early Bird Catches a Can of Worms", *Science*, vol. 259, 5096:764-765.
17. Cracraft, J. (1984), "The Significance of the Data of Systematics and Paleontology for the Evolution-Creation Controversy", in Awbery, F. T., and Thwaites, W. M., eds., *Evolutionists Confront Creationists*: San Francisco, CA., American Association for the Advancement of Science, v. 1, Part 3:189-205.
18. Schoch, R. M. (1983), "Evolution Debate", *Letter in Science*, 22:360.
19. Ridley, M. (1981), "Who Doubts Evolution?", *New Scientist*, 90:831.
20. Ruse, M. (1982), "Is there a Limit to Our Knowledge of Evolution", *Commentary in BioScience*, 101.
21. Stanley, S. M. (1981), *The New Evolutionary Timetable: Fossils, Genes, and the Origin of Species*, Basic Books, Inc., Publishers, New York, p. 40.
22. Darwin C., (1872), *Origin of Species*, 6th edition, p. 413.
23. Huxley, T. H. (1869), *Cited in Ian Taylor's 'In The Minds of Men'*, 2003, TFE Publishing, Zimmerman, MN, p. 309.
24. 어떤 책에서는 지질주상도(geologic column)란 용어를 사용하기도 한다. 그러나 일반적으로 지질주상도는 한 지역의 암석을 순서적으로 그릴 때 사용되며, 고생대, 중생대, 신생대 식의 시대를 말할 때는 지질계통(geologic system)이란 용어가 더 타당하다. 시대의 연도까지 넣어서 사용할 때는 '지질연대 구분표'(geologic time scale)라고 한다.
25. Woodmorappe, J. (1981), "The Essential Nonexistence of the Evolutionary-Uniformitarian Geologic Column: A Quantitative Assessment", *Creation Research Society Quarterly*, vol. 18:46-71.

26. Cutler, A. H., and Plessa, K. W. (1990), "Fossils out of Sequence: Computer simulations and Strategies for Dealing with Stratigraphic Disorder", *Palaos*, v. 5:227-235.
27. Woodmorappe, J. (1983), "A Diluviological Treatise on the Separation of Fossils", *Creation Research Society Quarterly*, December: p. 133-185.
28. Shu, D.-G., Morris, S. C., Han, J., Zhang, Z.-F., Yasui, K., Janvier, P., Chen, L., Zhang, X.-L., Liu, J.-N., Li, Y., and Liu, H.-Q., (2003), *Nature*, 421:526-529.
29. Brand, L. and Florence, J. (1982), "Stratigraphic Distribution of Vertebrate Fossil Footprints Compared with Body Fossils", *Origins*, 9(2):67-74.
30. Maxwell, W. D. and Benton, M. J. (1990), "Historical tests of the absolute completeness of the fossil record of tetrapods", *Paleobiology*, 16(3):322-335.
31. Sepkoski, J. J. (1992), "A compendium of fossil marine animal families", 2nd edition, *Milwaukee Public Museum Contributions to Biology and Geology*, No. 83:7.
32. Spencer, H. (1859, reprinted 1966), *Illogical geology; in: The Works of Herbert Spencer*, Proff and Company, Osnabrilck, Germany, 13:192-210
33. Allan, R. S. (1948), "Geological Correlation and Paleontology", *Bulletin, Geological Society of America*, Jan., vol. 59:1-10.
34. Gould, S. J. (1984), "The Ediacaran Experiment", *Natural History*, Feb., 93:23.
35. Gould, S. J. (1988), *Time's arrow time's cycle: Myth and metaphor in the discovery of deep geological time*, Harvard University Press, Cambridge MA, pp. 157-158.
36. Kenrick, P. and Li, C-S. (1998), "An early, non-calcified, dasycladalean alga from the Lower Devonian of Yunnan Province, China", *Review of Palaeobotany and Palynology*, 100:73-88.
37. Shu, D., et al. (1999), "A pipiscid-like fossil from the lower Cambrian of south China", *Nature*, 400(6746):746-749.
38. Shu, D., et al. (1999), "Lower Cambrian vertebrates from south China", *Nature*, 402(6757):42-46.
39. Senowbari-Daryan, B. and Stanley, G.D. (1998), "Neoguadalupia oregonensis new

species: reappearance of a Permian sponge genus in the Upper Triassic Wallowa Terrane, Oregon", *Journal of Paleontology*, 72(2):221-224.

40. Waller, T.R. and Marincovich, L. (1992), "New species of Camptochlamys and Chlamys(Mollusca: Bivalvia: Pectinidae) from near the Cretaceous/ Tertiary boundary at Ocean Point, North Slope, Alaska", *Journal of Paleontology*, 66(2):215-227.

41. Vega, F.J. and Perrilliat, M.C. (1999), "Molluscan survivors of the K/T event in Paleocene strata at La Popa Basin, northeastern Mexico", *Geological Society of America Abstracts with Programs*, 31(1):A-36.

42. King, G. M. and Jenkins, I. (1997), "The dicynodont Lystrosaurus from the Upper Permian of Zambia: evolutionary and stratigraphical implications", *Palaeontology*, 40(1):149-156.

43. Berggren, W. A., and Van Couvering, J. A., eds.(1984), *Catastrophes and Earth History: The New Uniformitarianism*, Princeton, New Jersey, Princeton University Press, pp. 115-117.

44. McKee, E.D. and Gutschick, R.C. (1969), "History of the Redwall Limestone of northern Arizona", *Geological Society of America*, Memoir 114.

45. Walcott, C.D. (1888), "Pre-Carboniferous strata in the Grand Canyon of the Colorado, Arizona", *American Journal of Science, third series*, vol. 26: 438-439.

46. West, R. (1968), "Paleontology and Uniformitarianism", *Compass*, 45:216.

47. O' Rourke, J. E. (1976), "Pragmatism versus materialism in stratigraphy", *American Journal of Science*, Jan., vol. 276:47.

48. Stuart E. N. (1976), "The Origin of Coal", *Impact*, Institute for Creation Research, November.

49. Price, P. H. (1932), "Erratic Boulders in Sewell Coal of West Virginia", *Journal of Geology*, vol. 40: 62-73.

50. Hocking, J.B. (1988), *Gippsland Basin; in: Douglas, J.G. and Ferguson, J.A.* (eds.), Geology *of Victoria*, Geological Society of Australia, Melbourne, pp. 322-347.

51. Spackman, W., Schol, D. W., and Taft, W. H., *Field Guidebook to Environments*

of Coal Formation in Southern Florida: Geological Society of America Fieldtrip, November 16, 17, 18, 1964. 탄화 정도(%)에 대한 온도(T), 압력(P), 시간(t)의 관계는 (%) = 30.93 + 0.13T + 0.08P - 0.00t였다.

52. Morris, S. (1987), "The Search for the Precambrian-Cambrian Boundary", *American Scientist*, March/April, vol. 75, No. 2:157-167.
53. Gould S. J., (1980), *Panda's Thumb*, W. W. Norton and company Publisher, pp. 238-239.
54. Gould S. J., (1989), *Wonderful Life: The Burgess Shale and the Nature of History*, W. W. Norton and Company, New York, pp. 23-24
55. Davis, W.M. (1889), "The Rivers and Valleys of Pennsylvania", *National Geographic*, vol.1: 183-253.
56. Daily, B., Twidale, C.R., and Milnes, A. R. (1974), "The Age of the Lateritized Summit Surface an Kangaroo Island and Adjacent areas of South Australia", *Geological Soc. Australia Jour.*, vol. 21.
57. Hack, J. T. (1975), *Dynamic equilibrium and landscape evolution: Theories of Landform Development*, Allen and Unwin, Boston and London, pp. 87-102.
58. Ollier, C., and Pain, C. (2000), *The Origin of Mountains*, Routledge, London.
59. Dury, G. H. (1968), "Streams Underfit", in Fairbridge, R.W., ed., *The Encyclopedia of Geomorphology*, NY: Reinhold, pp. 1070-1071.
60. Garner, H. F. (1974), *The Origin of Landscapes*, NY: Oxford, p. 734
61. Cotton, C. A. (1968), *Encyclopedia of Geomorphology, Relic Landforms*, Reinhold Book Corp., New York.
62. Garner, H. F. (1974), *The Origin of Landscapes*, Oxford University Press, London.
63. Costa, J. E. (1983), "Paleohydraulic reconstruction of flash-flood peaks from boulder deposits in the Colorado Front Range", *Bulletin, Geological Society of America*, vol. 94, No. 8:986-1004.
64. Blatt, H., Middleton, G. and Murray, R. (1972), *Origin of Sedimentary Rocks*, Prentice-Hall, Englewood Cliffs, NJ.
65. Klevberg, P. and Oard, M. J. (1998), "Paleohydrology of the Cypress Hills

Formation and Flaxville gravel", in: Walsh, R.E. (ed.), *Proceedings of the Fourth International Conference in Creationism, Creation Science Fellowship*, Pittsburgh, Pennsylvania, pp. 361-378.

66. Oard, M.(2000), "Antiquity of landforms: Objective evidence that dating methods are wrong", *Technical Journal*, April, 14(1):35-39.
67. Baumgardner J. R., (2005), "Recent Rapid Uplift of Today's Mountains", Institute for Creation Research, *Impact*, March, 381.
68. Gordon, R. G. (1991), "Plate tectonic speed limits", *Nature*, vol. 349: 16-17.
69. Steven, A. A., and Morris, J. D. (1986), "Tight Folds and Clastic Dikes as Evidence for Rapid Deposition of Two Very Thick Stratigraphic Sequences", *International Conference on Creationism*, 3-15.
70. Snelling, A. A. (1994), "Regional Metamorphisma within A Creationist Framework: What Garnet compositions Reveal", *Presented at the Third International Conference on Creationism*, July, Pittsburgh, PA: 18-23.
71. Grand, S.P. (1994), "Mantle shear structure beneath the Americas and surrounding oceans", *Journal of Geophysical Research*, 99:11591-11621.
72. Vidale, J. E. (1994), "A snapshot of whole mantle flow", *Nature*, July, 370:1617.
73. Baumgardner, J. R. (1990), "Numerical simulation of the Large-scale Tectonic Changes Accompanying Noah's Flood", *Proc. second International Conference on Creationism*, 2:35-45.
74. Baumgardner, J. R. (1994), "Computer Modeling of the Large-scale Tectonics Associated with the Genesis Flood", *Proc. Third International Conference on Creationism*, 49-62.
75. Bunge, H.-P, Richards, M. A., and Baumgardner, J. R. (1996), "The effect of depth-dependent viscosity on the planform of mantle convection", *Nature*, 379:436-438.
76. Bunge, H.-P., Richards, M. A., Lithgow-Bertelloni, C., Baumgardner, J. R., Grand, S. P., and Romanowicz,B. A. (1998), "Time scales and heterogeneity structure in geodynamic earth models," *Science*, 280:91-95.
77. Ollier, C., and Pain, C. (2000), *The Origin of Mountains*, Routledge, London.

78. Sigleo, A. C. (1978), "Organic geochemistry of silicified wood, Petrified Forest National Park, Arizona", *Geochimica et Cosmochimica Acta*, vol. 42: 1397-1404.
79. Segment on "Burke's Backyard" (1995), *Channel 9 TV*, June, Sydney.
80. Hicks, H. (1986), "Mineralized sodium silicate solutions for artificial petrification of wood", *United States Patent*, Sept., Number 4,612,050, 1-3.
81. Steven, A. A. (1986), "Mount St. Helens and Catastrophism", *the First International Conference on Creationism*, August 49., Pittsburgh, Pennsylvania.
82. Oard, M. (2004), *The Woolly Mammoth, the Ice Age, and the Bible*, Master Book.
83. Young, R. A. and Earle, S. E. (editor), (2004), *Colorado River Origin and Evolution: Proceedings of Symposium Held at Grand Canyon National Park in June*, Grand Canyon Association,. 2000.
84. Ranney, W. (2005), *Carving Grand Canyon: Evidence, Theories, and Mystery*, Grand Canyon Association.
85. Steven, A. A. (1994), *Grand Canyon: Monument to Catastrophe*, Institute for Creation Research, Santee, California.
86. Darwin, C. (1839), *Voyage of the Beagle.London: Smith, Elder*, Quoting from chapter 9 under the entry dated April 26, 1834.
87. Huxley, T. H. (1869), *Cited in Ian Taylor's 'In The Minds of Men'*, 2003, TFE Publishing, Zimmerman, MN, p 309.
88. Shea, J. H. (1982), "Twelve fallacies of uniformitarianism", *Geology*, vol. 10:455-460.
89. Shea, J. H. (1985), "Creationism, Uniformitarianism, Geology and Science", *Journal of Geological Education*, vol. 31:05.
90. Ager, D. (1981), *The Nature of the Stratigraphical Record*, Wiley, John & Sons, Incorporated, pp. 46-47.
91. Hsu, K. J. et. (1986), "Rare events in geology discussed at meeting", *Geotimes*, v. 31, No. 3: 11-12.
92. Lewin, R. (1983), "Extinction and History of Life", *Science*, vol. 221:935-937.
93. Bjornstad, B. (2006), *On the Trail of the Ice Age Floods, A Geological Field Guide*

to the Mid-Columbia Basin, Keokee Book.
94. Young, D. (1990), "The Harmonization of Scripture and Science", *Science symposium at Wheaton College*, March 23.
95. Ross, H. (1996), *Dallas Theological Seminary chapel service*, Sept., 13
96. Ross, H. (1997), *Toccoa Falls Christian College*, Staley Lecture Series, March.
97. 양승훈 (2006), 『창조와 격변』, 예영.
98. Stewart, W. N. and Rothwell, G. W. (1993), *Paleobotany and the Evolution of Plants, 17276*, Cambridge, UK: Cambridge University Press.
99. Huh, C.-A. (1999), "Dependence of the decay rate of 7Be on chemical forms", *Earth and Planetary Science Letters*, 171:325-328.
100. Jueneman, F. B.(1982), "Secular Catastrophism", *Industrial Research and Development*, June, vol. 24:21.
101. De Vries, H. (1958). "Variation in concentration of radiocarbon with time and location on earth", *Koninkl. Ned. Akad. Wetenschap*, Proc B61, 94-102.
102. Suess, H. E. (1955). "Radiocarbon concentration in modern wood", *Science*, 122:415-417.
103. Lingenfelter, R. (1963), "Production of C-14 by cosmic ray neutrons", *Review of Geophysics*, 51.
104. Ager, D (Nov. 1983), "Fossil Frustrations," *New Scientist*, v. 100: 425.
105. Morris, J. (2006), *Young Earth: the Real History of the Earth- Past, Present, and Future*, Master books, Green Forest, Arizona, p. 66.
106. Stutz, H. (1997), "Dating in conflict: Which 'age' will you trust?", *Creation*, March, 19(2):42-43 (스위스의 Physikalisches Institute of the University of Bern 에서 측정).
107. Snelling, A. (1999), "Dating Dilemma: fossil wood in 'ancient' sandstone", *Creation*, June, 21(3):39-41. (GLCM, Geochron Lab in Cambridge, Massachusetts 에서 측정).
108. Snelling, A. (1998), "Stumping old-age dogma", *Creation*, 20(4):48-51.
109. Snelling, A. (1999), "Geological conflict: Young radiocarbon date for ancient

fossil wood challenges fossil dating", *Creation*, 21(3):39-41(GLCM에서 측정).

110. Snelling, A. A. (2000), "Geochemical Processes Radioisotopes and the Age of the Earth", in *Radioisotopes and the Age of the Earth, Vol. I*, Institute for Creation Research, pp. 123-304.

111. Vardiman, L. (2005), ed., *Radioisotope and the Age of the Earth, Vol. II*, Institute for Creation Research, p. 420.

112. Funkhouser, J.G., Barnes, I.L. and Naughton, J.J. (1966), "Problems in the Dating of Volcanic Rocks by the Potassium-Argon Method", *Bulletin of Volcanology*, 29:709-717.

113. Laughlin, A. W. (1969), "Excess Radiogenic Argon in Pegmatite Minerals", *Journal of Geophysical Research*, 74:6684-6690,

114. Morozova, I. M. (1996), "Inheritance of radiogenic argon by newly formed minerals during glauconite hydrothermal transformations", *Geochemistry International*, 35(8):716-723.

115. Rubleve, A. G. (1985), "The possibility of correcting for excess argon in phegites", *Chemical Geology*, 121:327-343.

116. Smith, P. E. et al. (1994), "A Laser 40Ar-39Ar study of minerals across the Grenville Front: investigation of reproducible excess Ar patterns", *Canadian Journal of Earth Sciences*, 31:808-817.

117. Webb, A.W. (1985), "Geochronology of the Musgrave Block", *Mineral Resources Review*, South Australia, 155, pp. 23-27.

118. McDougal, I., and Harrison, T. M., (1988). *Geochronology and Thermochronology by the 40Ar/39Ar Method*, New York: Oxford University Press, p. 212.

119. Darlymple, G. B. (1969), "40Ar/36Ar analysis of historic lava flows", *Earth and Planetary Science Letters*, 6:47-55.

120. Punkhouser, J. G. and Naughton, J.J. (1968), "He and Ar in ultramafic inclusions", *Journal of Geophysical Research*, vol. 73: 4601-4607.

121. Snelling, A. A. (1999), "Excess Argon: The Achillies' Heel of Potassium-Argon and Argon-Argon 'Dating' of Volcanic Rocks", *Impact*, Jan., 1.

122. Snelling, A. A. (1998), "Radioactive 'dating' failure: Recent New Zealand lava flows yield 'ages' of millions of years", *Creation*, Dec, 22(1):18-21.
123. Snelling, A. A. (1998), "Radioactive 'dating' failure: Recent New Zealand lava flows yield 'ages' of millions of years", *Creation*, Dec, 22(1):18-21.
124. Zheng, Y.-F. (1986), "Crust-mantle Rb-Sr mixing isochron and its geological significance", *Terra Cognita*, vol. 6:1 & 14.
125. Kwan T. S., Krahenduhl, R. and Jager, E. (1992), "Rb-Sr, K-Ar and fission track age for granites from Penang Island, West Malaysia", *Contributions to Mineralogy and Petrology*, 111:527-542.
126. Siebel, W. (1995), "Anticorrelated Rb-Sr and K-Ar age discordances, Leuchtenberg granite, NE Bavaria Germany", *Contributions to Mineralogy and Petrology*, 120:197-211.
127. Schleicher, H. (1998), et at al, "Enriched subcontinental upper mantle beneath southern India", *Journal of Petrology*, 39(10):1765-1785.
128. Dickin, A. P. (1988), "The North Atlantic Tertiary Province"(111-149), in J. D. MacDowgal, ed., *Continental Flood Basalts*, The Netherlands: Kluwer Academic Publishers, 41.
129. Hamilton, W. B. (1988). "Archean Tectonics and Magmatism", *International Geology Review*, 40:1-39.
130. Brooks, C., James, D. E. and Hart, S. R. (1976), "Ancient lithosphere: its role in young continental volcanism", *Science*, vol. 193:1086-1094.
131. Lutz, T. M., and Srogi, L. (1986), "Biased isochron ages resulting from subsolidus isotope exchange: A theoretical model and results", *Chemical Geology*, 56:1-21-2, pp. 63-71.
132. Austin, S. A. (1994) (Ed.), *Grand Canyon: Monument to Catastrophe*, Institute for Creation Research, Santee, California.
133. DeYoung, D. (2005), *Thousands... Not Billons...: Challenging an Icon of Evolution Questioning the Age of the Earth*, Master Books, Grand Rapids,

Michigan, pp. 109-122.
134. Morris, J. (2006), *Young Earth: the Real History of the Earth- Past, Present, and Future*, Master books, Green Forest, Arizona, p. 66.
135. Hayatsu, A. (1979), "K-Ar Isochron Age of the North Mountain Basalt, Nova Scotia", *Canadian Journal of Earth Science*, April, vol. 16: 973-975.
136. Jagoutz, E. (1994), *Isotopic systematics of metamorphic rocks* (p.159), in Lanphere at al., op. cit.
137. Raup, D. M. (1983), *The Geological and Paleontological Arguments of Creationism*, in Godfrey (editor), p. 81.
138. Whitfield, J. (2004), "Geology: Time Lords", *Nature*, 429:124-125.
139. Wieland, C. (1993), "Creation in the physics lab: An illuminating interview with physicist Dr D. Russell Humphreys", *Creation*, June., 15(3):20-23.
140. Cook, M. A. (1957), "Where is the Earth's Radiogenic Helium?" *Nature*, 179:213.
141. Vardiman, L. (1986), "The Age of the Earth's Atmosphere Estimated by Its Helium Content", *International Conference on Creationism*, vol. II: 87-194.
142. Barnes, T. G. (1989), "Dwindling Resource Evidence of a Young Earth", *Creation Research Society Quarterly*, vol. 25, No. 4:170-171.
143. DeYoung, D. (2005), *Thousand... Not Billions*, Master Book.
144. Dooley, T. (illustrated by Looney, B.) (2003), *The True Story of Noah' Ark*, Master Book.